ESCRIBIR 

MANUAL PARA NOVELISTAS

Primera edición: septiembre de 2021
Tercera edición: septiembre de 2024

ISBN: 978-84-8393-297-1
Depósito legal: M-21147-2021
IBIC: DSK

© De los textos, sus autores, 2021
© Escuela de Escritores. El Invernadero Producciones S.L., 2021
© De esta portada, maqueta y edición: Editorial Páginas de Espuma, S. L., 2021

Editorial Páginas de Espuma
Madera 3, 1.º izquierda
28004 Madrid

Teléfono: 91 522 72 51
Correo electrónico: info@paginasdeespuma.com

Impresión: Cofás

Impreso en España - Printed in Spain

ESCUELA DE ESCRITORES

ESCRIBIR novela

MANUAL PARA NOVELISTAS

PÁGINAS DE ESPUMA

Índice

Anexos

DOS O TRES CERTEZAS ENTRE LA NIEBLA

Ignacio Ferrando

Este no es un libro sobre arte.

Es un manual sobre la escritura de novelas.

Se sitúa, por tanto, en una etapa *pre*artística.

De toma de decisiones.

Tradicionalmente se ha dividido a los escritores entre aquellos que planifican y los que no. Los llamados escritores *brújula* —que se guían por la intuición— y los escritores *mapa* —que predefinen las variables de su historia antes de sentarse a escribir. Vila Matas, por ejemplo, habla de la Vía Finnegans para los primeros y la Vía Bovary para los segundos. Ray Loriga, entre los que usan sombrero —en alusión a los vagabundos de las obras becketianas— y los que siguen la rivera del Mississippi como guía o dirección. Para los primeros, el modo de abordar la escritura se rige por una suerte de *chaosmos* caracterizado, en palabras de Umberto Eco, por «una inestabilidad formal y una ambigüedad semántica aterradora»; mientras que los segundos basan su narración en la planificación, la trama y el argumento.

Pero lo cierto es que solo hay escritores que saben escribir novelas y los que no, y esta dislocación o frentismo entre ambas posturas solo obedece a la necesidad teórica de polarizar lo que, en realidad, va de la mano. También sirve para cubrir las necesidades solipisistas de ciertos autores convencidos de poseer un don, un genio en su acepción romántica —frente a las formas neoclásicas, más tendentes a lo tabulado—. Todo músculo se desarrolla con ejercicio. Sin ejercicio, no hay músculo. La novela, en palabras de Jules Renard, es un ejercicio de titanes.

Bien.

Quizá.

Sea como fuere, toda historia cuenta una historia.

Incluso libros como *Paradiso*, *Rayuela* o *Farabeuf o la crónica de un instante*, que tradicionalmente no cuentan historias, cuentan historias. Otra cosa es que la omisión, alteración o fragmentación de elementos discursivos no permitan percibir con claridad lo que fluye debajo. Utilizando la niebla como símil, esas voces están cubiertas de una veladura —o cristal esmerilado— cuya utilidad no es otra que la de servir de invitación al lector para dialogar con lo impreciso. Lars von Trier o Godard, por ejemplo, son cineastas neblinosos. Y no por ello son menos capaces de urdir la compleja red de variables que compone su discurso visual. Javier Marías, Julio Cortázar o Clarice Lispector también pertenecen a esa estirpe de escritores que dibujan desdibujando; una vez te agarran, ya no te sueltan, te sumergen en un universo de lenguaje para hacerte desconfiar de la realidad.

Como se verá a lo largo de este manual, la elección de una determinada cronología o una estructura, de un narrador en primera persona del plural o de una voz de registro lingüístico alto, forma parte de las atribuciones competenciales del novelista. No son decisiones arbitrarias. Tampoco exhibicionistas. En sus *Pavesas*, Samuel Beckett establece una relación directa entre el contenido —lo que cuenta la historia— y la forma —el modo de contarla—. Habría pues que aceptar que lo que cuenta una novela está intrínsecamente ligado al modo de contarlo y, por tanto, urge que el novelista se arme de una caja de herramientas suficiente y tan amplia como sea posible. Limitarse a escribir en primera persona y en tiempo pretérito está bien, incluso, en determinadas ocasiones, es lo más cabal, pero este libro está pensado por quienes creemos que siempre existe una solución técnica —y solo una— para contar una historia.

Thomas Bernhard afirmaba que cada vez que veía asomar en sus novelas una historia la enterraba bajo paletadas de palabras. Cierto. Quien ha leído a Bernhard sabe que es así. Pero *Corrección* —la novela a la que el escritor austriaco alude en la cita anterior— tiene un argumento preciso. Rescato de la estantería mi manoseada edición de Alianza y leo el texto de cuarta:

> El narrador anónimo de la novela, tras el suicidio de su amigo Roithamer, llega a la casa del taxidermista Höller, construida en la garganta del Aurach, para hacerse cargo de las notas que aquel le ha legado. Roithamer había permanecido en la buhardilla de esa casa —inva-

dida por el incesante estruendo del río— durante seis años entregado a la tarea de planear y construir, en el centro geométrico exacto del bosque de Kobernauss, un Cono que, desafiando las leyes de la construcción tradicional, estaba destinado a ser residencia de su hermana…

Quien ha leído *Corrección* sabe que también esto es cierto. ¿De verdad no hay un planteamiento, un desarrollo y un desenlace en el libro del austriaco? Conclusión: nunca se crean a un autor hablando de su propia obra. Repetimos: la novela, en palabras de Jules Renard, es un ejercicio de titanes. Es comprensible, por tanto, que los escritores no podamos permitirnos el lujo de parecer terrenales. Cualquier discurso coherente, por orgánico y desestructurado que parezca, tiene detrás una técnica elaborada. Y esa técnica es consciente o solo intuitiva, pero está ahí. Un texto sin técnica y sin historia es solo una piscina de palabras —por ejemplo: *Finnegans Wake*; por ejemplo: *Saúl ante Samuel*—. Puedes nadar en ella, pero si no encuentras algo a lo que asirte pronto te agotas y te hundes. Cuanto más nadas, antes te cansas.

A Capote le encantaba escuchar las conversaciones de los autobuses.

Yo prefiero las librerías.

En realidad, las conversaciones en las librerías siempre son la misma.

Uno afirma: «este libro está muy bien»; el otro pregunta: «¿de qué va?». Pocas veces, en todos estos años, he escuchado a los compradores de libros afirmaciones del tipo: «¡oh! ¡qué subordinadas de segundo nivel tan maravillosas!, ¿te has fijado en los conectores? ¿En la calidad antagonista?» y al otro replicar: «¿y las metáforas?, ¿te has fijado en la metáfora del pájaro encerrado en el avión?». No estoy hablando de que el autor deba rendirse a la dictadura del lector o a su pretendida simplicidad —no hay nada menos cierto— sino que un novelista debe reafirmar con cada nueva obra su compromiso, no solo con la historia, sino con la técnica para contarla con efectividad.

Otra aclaración importante.

Muchos escritores afirman no saber a dónde van cuando comienzan sus historias —incluso que se aburren si lo saben—, vale, pero lo que es un hecho es que si el autor concluye su libro sin saber lo que quiere contar, nos encontramos, en el mejor de los casos, ante un libro que no sabe lo que quiere contar. Es decir, ante un desatino. Un desatino no tiene nada que ver con la actitud hermética de ciertos autores ante su propia obra —sobre todo cuando se ven obligados a abandonar el subsuelo laboral para comunicarse tímidamente con el mundo—. Beckett, por ejemplo, era un genio; sabía perfectamente que *Esperando a Godot* hablaba del sinsentido de la vida ligado a la espera, pero nunca afirmó de modo taxativo o concluyente que fuera así. Todo lo contrario. *Esperando a Godot*, y los autores que no quieren explicar sus obras, están en las antípodas de los desatinos. Lo único que ocurre es que la interpretación es no concluyente. Los campos de minas semióticos se basan en un diálogo tácito y sostenido con el lector. Una conversación subterránea. Es precisamente este diálogo el que genera el significado. Una interpretación abierta no tiene nada que ver con una trama errática o un punto de vista mal elegido. Es solo otra de las elecciones que el autor toma para vestir su historia de esta manera y no de otras. No digo que no haya algún lector al que le interesen los desatinos que no saben a dónde van, pero al lector tradicional, al que me adscribo, suele tener preferencia por las historias bien escritas que entiende y que le recompensan con una resolución a la altura del esfuerzo realizado, aunque lo que quieren contar no sea lo que el autor quiso decir o lo que el comprador de libros entendió.

Aunque durante el proceso creativo el escritor de novela no sepa lo que quiere contar, o cómo hacerlo, termina sabiéndolo.

La abstracción siempre deviene en concreción.

A Somerset Maugham se le atribuye la cita: «Existen tres reglas para escribir una novela. Por desgracia, nadie sabe cuáles son».

Lo cierto es que hay mil tipos de novelista diferentes.

Dos mil.

Cada uno tiene su método.

Lo que a mí me vale, al resto le parecen bobadas.

El objetivo de este manual de novela es que cada uno de sus lectores encuentre su propio método. Sus dos, tres verdades. No más. Que se sienta libre de desechar el resto. Que sea capaz de conciliar esas dos verdades con su parte artística para explorar la idea con la profundidad máxima hasta alcanzar lo inefable, es decir, hasta borrar las cicatrices de la razón.

Este tampoco es un manual sobre filología o historia de la literatura, aunque se aborden en él conceptos relacionados.

Este manual es un compendio de muchos años de enseñanza y docencia. Se apoya en el extraordinario material del temario de novela de la Escuela que coordinó Fernando Maremar y en su versión definitiva Alfonso Fernández Burgos, y que Pablo Mazo seleccionó y editó. No encontrarás en él nada que sus autores —escritores en su mayoría— no hayan experimentado en sus propias carnes. Y, sobre todo, creo que te va a ahorrar muchas horas de fracaso y error —las que no son estrictamente necesarias—.

Está dividido en dos partes:

La primera es una inmensa caja de herramientas, una despensa llena de estantes de los cuales puedes servirte. Si la abres, verás en sus compartimentos el corazón de una historia: su conflicto, el modo en que las arterias lo riegan: la tensión dramática, los órganos que permiten que se mueva: el personaje, la ambientación, el compás de su latido: el ritmo y la temporalidad.

La segunda sección es una cocina o una guía de viaje y está más centrada en la composición de la historia, en sus partes, así como en el trabajo con diálogos y digresiones, en el papel de las emociones y en algunos trucos que te resultarán de gran utilidad.

La creación es algo inexplicable.

Maravilloso.

Escribir novelas es el mejor oficio del mundo.

Por suerte la inmensa mayoría de las personas que conoces pasa por la vida sin saberlo.

No te engañes: la novela exige un escritor.

Monstruos inexorables de movimientos lentos.

Además, tiene la mala costumbre de desbancar a quienes no lo son.

Con suerte, mañana, las dos o tres certezas que hoy has sacado de la lectura de este manual se desdibujarán consumidas por la niebla y todo volverá a comenzar.

PARTE 1

HERRAMIENTAS

1

ESTRUCTURA Y TRAMA EN LA NOVELA

María José Codes

> Lytton dice que el libro forma un todo unitario. [...] Debes acometer algo más loco y más fantástico, buscar una estructura en la que quepa todo, como la de Tristram Shandy. Pero, en este caso, perderé el contacto con las emociones, he dicho. Mostrándose de acuerdo, ha observado: Ciertamente debes partir de la realidad. Solo Dios sabe cómo te las arreglarás para conseguirlo.
>
> Virginia Woolf

¿Qué quiero contar? *¿Por dónde* empiezo? *¿Cómo* lo estructuro para atrapar al lector? De este proceso concreto que experimenta cualquier escritor a la hora de estructurar su novela es de lo que empezaremos hablando.

1.1. ¿DE QUÉ HABLAMOS CUANDO HABLAMOS DE ESTRUCTURA?

El epígrafe con el que comienza este tema pertenece al diario de Virginia Woolf. En él, la autora resume una breve conversación mantenida con su amigo y también escritor, Lytton Strachey, a quien admiraba y respetaba, sobre la novela *La señora Dalloway*, recién publicada el mes anterior. Pero vayamos unos meses atrás en el diario y veamos lo que le preocupa a Virginia Woolf durante la revisión de su novela, justo antes de publicarse. En el siguiente fragmento de su diario, escribe sus opiniones y las de Leonard, su marido.

> Revisé *La Sra. D.*, lo cual es la parte más helada de la tarea de escribir, la más deprimente, la que más exige. La parte peor de la novela se encuentra en el principio (como de costumbre), cuando el aeroplano se lleva la atención durante unas cuantas páginas y el relato queda aguado. L. ha leído el libro; dice que es lo mejor que he escrito, pero ¿cuándo no dice eso? De todas maneras estoy de acuerdo con él. Estima que tiene más coherencia que *El cuarto de Jacob*, pero que es de lectura difícil debido a la aparente falta de conexión entre los dos temas.

En la novela *La señora Dalloway*, hay dos historias: la de la propia Clarissa Dalloway y la de Séptimus Warren Smith, un individuo desconocido para ella, de cuyo suicidio oye hablar por primera vez durante la fiesta que ha preparado en su casa. Los fragmentos del diario que acabamos de leer hablan de algo que no se refiere al estilo o a los personajes de la novela, ni al tiempo o al espacio de Londres, donde sucede la historia. En ellos se menciona un problema de exceso de longitud en la *escena* del principio, se habla de la colocación de los elementos de la historia, de su conjunto, de la manera de conectar las dos tramas. Por otras anotaciones, sabemos que Virginia Woolf planeaba inicialmente, aunque luego cambió de idea, que Clarissa se suicidase arrojándose por una ventana, para así conectar de un modo evidente la otra historia, la de Séptimus. En resumen, se habla de algo tan importante como la estructura de la novela.

> La *estructura* de una novela es el esqueleto narrativo sobre el que se sostiene la historia y, como tal, no debería verse durante la lectura. Solo cuando la novela es analizada con bisturí teórico es posible comprender que la ordenación de los elementos de la narración obedece a un propósito claro y estudiado.

Malcolm Lowry, harto de que su manuscrito *Bajo el volcán* fuese rechazado trece veces por los editores, reveló que su novela estaba dividida en doce capítulos, en alusión a los trabajos de Hércules. Que transcurría además en un período de doce horas, tiempo que aludía a un día real, a los doce meses, a la cabalística, etcétera…

Hay cierta intención de reflejar la bajada a los infiernos de la *Divina comedia*. Por otra parte, las conexiones entre ella y el *Ulises* de Joyce o el *Fausto* de Goethe son claras. Pero también hay en la novela un gran misticismo y mucha simbología cósmica en la que Lowry creía. Revelar a los editores la intención estructural premeditada que subyacía en *Bajo el volcán* fue para su autor la manera de pedir que tomasen la obra más en serio de lo que hasta entonces la habían tomado. Diremos, por tanto, que esta fase de estructuración de la novela es en cierto modo la más conceptual y necesariamente pasa por la reflexión del autor antes, durante —y hasta después— de la escritura de su novela.

Esa reflexión comienza por una pregunta crucial: ¿de *qué* quiero hablar? O lo que es lo mismo: ¿cuál es el tema de mi novela? Este es el difícil punto de partida de la reflexión. Después vendrán las decisiones.

1.2. Tengo algo que decir: el tema

Resulta muy difícil para un escritor resumir en uno solo el tema de su novela, al menos *a priori*. Normalmente sabemos sobre lo que queremos hablar y, lo que es más importante, sabemos que tenemos algo que decir al respecto. Sin embargo es frecuente sentir una especie de incapacidad para definir con precisión nuestra idea. Esta incapacidad no es un problema en absoluto si pensamos que puede ser precisamente lo que nos impulsa a escribir, que tiene que ver con la escritura misma.

El escritor y editor Constantino Bértolo lo expresaba de una manera muy didáctica: «nuestras novelas no son más que ejemplos». Un escritor es alguien a quien le cuesta decir lo que quiere expresar en pocas palabras, y más bien te dice: «Verás, te voy a poner un ejemplo para que me entiendas». Y ese ejemplo es la novela entera.

En un ensayo o en un tratado filosófico se expresan ideas abstractas. Los novelistas mostramos nuestras ideas y nuestra filosofía a través de nuestras ficciones. ¿Qué es entonces el tema de una novela? ¿Cuántos temas hay?

> El *tema* de una novela es la idea principal o idea-eje que subyace en ella y que es susceptible de ser resumida en una palabra o un breve enunciado abstracto.

Anderson Imbert dice que los temas en Literatura son tres: la lucha del hombre contra los dioses, contra los demás y contra sí mismo. El guatemalteco Augusto Monterroso bromeaba, sin embargo, sobre los temas de la novela resumiéndolos en su libro *Movimiento perpetuo* así:

> Hay tres temas: el amor, la muerte y las moscas. Desde que el hombre existe, ese sentimiento, ese temor, esas presencias lo han acompañado siempre. Traten otros los dos primeros. Yo me ocupo de las moscas, que son mejores que los hombres.

Deshagamos el equívoco sobre los temas, rebajemos la gravedad al hablar de ellos como hizo Monterroso. Los grandes temas de las novelas no son tales, en realidad. Son las experiencias personales, únicas e intransferibles que cada autor posee de ellos las que nutren la Literatura. Y si después de todo aún no tenemos claro qué es lo que queremos decir, quizá nos sirvan de consuelo las palabras que Raymond Carver escribió en el prólogo del libro de su maestro John Gardner *Para ser novelista*:

> Tenía por principio básico el de que el escritor encontraba lo que quería decir en el continuo proceso de *ver* lo que había dicho. Y a ver de esta forma, o a ver con mayor claridad, se llegaba por medio de la revisión. Creía en la revisión, la revisión interminable; era algo muy serio para él y que consideraba vital para el escritor en cualquier etapa de su desarrollo como tal.

El propio Gardner nos hace ver en este libro que, si bien el tema es importante —pues sin duda el contenido que subyace en *Bartleby el escribiente*, de Melville o en *Muerte en Venecia* de Thomas Mann nos atrae e interesa—, a la hora de la verdad —de la lectura—, lo que realmente cuenta es una historia bien contada, que atrape al lector y suscite su interés.

1.3. RESPUESTA PARA LOS AMIGOS: EL CONCEPTO

Hay pocas cosas que estresen más a un escritor que la fatal pregunta por la novela en curso: «¿Y de qué trata?».

Sin ser retórica, la pregunta así formulada tampoco requiere una respuesta muy detallada. No se espera desde luego que entremos en detalles técnicos, ni que hablemos sobre el estupendo diálogo oblicuo que acabamos de escribir, sino que seamos capaces de sintetizar la peripecia y transmitir en una o dos frases la médula del relato:«Durante la Guerra de la Independencia americana, un espía español al servicio del conde de Aranda se enamora de una joven y se ve envuelto en un caso de asesinato de un alto cargo británico». Unas treinta palabras es el número que sugiere Daniel Calvisi para definir el concepto o *logline* de la historia.

> El *concepto* es la definición de la novela en la que se explica la peculiaridad de la historia, quién es el protagonista y cuál el conflicto; agrupa el mayor número posible de elementos dramáticos de la obra en dos o tres frases.

Si hemos definido el concepto antes de sentarnos a escribir, será como meter en nuestro GPS creativo las coordenadas del viaje narrativo que vamos a emprender, una manera segura de no perder el norte. Veamos el concepto de una conocida novela: «Jean-Baptiste Grenouille, perfumista francés del siglo XVII, quiere crear el perfume más exquisito del mundo con la fragancia de mujeres hermosas a las que ha de asesinar para ello».

He ahí la singularidad de *El perfume*, de Patrick Süskind. Grenouille mata por razones que lo diferencian de cualquier otro asesino: para obtener el aroma que emana de las mujeres bellas. Su olfato privilegiado y sus motivos lo convierten en un protagonista único.

1.4. RESPUESTA PARA LOS EDITORES: SINOPSIS, ARGUMENTO Y TRAMA

Cuando nos dirigimos a un editor o profesional literario, el concepto por sí solo no basta. Puede, eso sí, ser una excelente tarjeta de visita, la primera tentativa de captación de interés. Pero cuando enviamos una propuesta a un editor una buena sinopsis de la trama puede inclinar la balanza a nuestro favor y lograr que nuestro manuscrito gane posiciones en la pila de lectura. El mejor modo de aclararlo es por medio de un ejemplo.

1.4.1. DIFERENCIA ENTRE ARGUMENTO Y TRAMA

Ronald B. Tobias, en su libro *El guion y la trama,* cuenta la siguiente historia, que califica de «leyenda urbana»:

Una mujer volvió a casa después de hacer la compra de la mañana y vio que su dóberman estaba ahogándose y que no podía respirar. Llevó rápidamente al perro al veterinario, donde le dejó para que le dieran un tratamiento de urgencia.

Cuando la mujer llegó a su casa, el teléfono estaba sonando. Era el veterinario:

—Salga ahora mismo de su casa —gritó.

—¿Qué ocurre? —preguntó ella.

—Salga ahora mismo. Vaya a casa de un vecino. Estaré ahí en un momento.

Unos minutos más tarde, cuatro coches de la policía se detienen enfrente de la casa. La policía irrumpe en la vivienda con las armas en la mano. Aterrorizada, la mujer sale para ver lo que ocurre.

Llega el veterinario y le explica lo sucedido. Cuando examinó la boca del perro, halló dos dedos de un ser humano. Se imaginó que el perro habría sorprendido a un ladrón. La policía encontró a un hombre en un profundo estado de *shock* escondido en el baño con una mano ensangrentada.

El «dóberman atragantado», dice Tobias, es una *trama* en estado puro. Las palabras del veterinario cuando llama a la mujer, la urgencia con la que la apremia para que abandone su casa, provoca inmediatamente la intriga del lector: ¿Por qué ha de salir inmediatamente de su casa? ¿Qué tiene que ver el veterinario con la noticia? ¿Qué le ocurre al perro? Si esta misma historia fuese contada en orden cronológico, quizá perdería parte o todo su interés. Hagamos la prueba:

Una mañana una mujer que tiene un dóberman por mascota, sale a comprar al mercado, dejando al perro en casa. Durante su ausencia, un ladrón que ignora la existencia del dóberman, entra en el piso a robar. El perro le ataca y le arranca dos dedos, así que el ladrón, que no puede huir por la puerta porque el perro se lo impide, corre a esconderse en el baño, al tiempo que contempla su mano sin dedos con horror. Pero el perro se atraganta con los dos dedos y, cuando la mujer llega del mercado, lo lleva de inmediato a urgencias para que lo atiendan. De regreso a casa, la mujer recibe una llamada del veterinario para que salga de allí inmediatamente. Enseguida llega la policía y descubre al ladrón en su escondite.

Está claro que la historia, tal como lo narra Tobias, es bastante más atractiva y suscita más interés. Los hechos se han presentado de tal modo que la información se ha ido dosificando a fin de que el mecanismo de la intriga funcione como una cadena de interrogantes. Es decir, ha buscado una manera estratégica de contar la historia para generar curiosidad. Por tanto:

¿Qué es «argumento»?
Es la historia de la sucesión de hechos narrada en orden temporal y causal, imitando el propio discurrir de la vida.

¿Y qué es «trama»?
Es la organización de los acontecimientos de un modo determinado o estratégico para generar interés en el lector y profundizar en la causalidad y encadenamiento de los hechos con el objeto de transmitir su significado más profundo.

Podríamos decir, por tanto, que mientras el argumento se refiere a los simples hechos en sucesión cronológica, la trama se articula de una manera intencionada por parte del autor para conferir a los hechos una resonancia y un sentido trascendente, que apuntan hacia «el tema» de la obra. El escritor partirá del argumento y lo colocará del modo que considere más interesante, empezando a contar la historia por el lugar que mejor convenga para generar la curiosidad del lector. ¿Argumento y la trama pueden coincidir? Sí, si se narra la historia en estricto orden cronológico y causal, sin que exista esa ordenación significativa de la trama. No obstante, la más lineal de las tramas puede esconder una intencionalidad precisa y eficaz.

Las uvas de la ira de John Steinbeck narra la historia de la familia Joad. Tom Joad acaba de salir de la cárcel y, al llegar a su casa, ve cómo todos sus familiares se disponen a emigrar a California en busca de una vida mejor, ya que debido a las malas cosechas de algodón los banqueros y especuladores se han adueñado de sus tierras. La familia monta en un viejo camión con la esperanza de encontrar trabajo en una tierra fértil donde establecerse. Pero California les tiene reservada una sorpresa: cientos de miles de inmigrantes se han desplazado allí con la misma idea, por lo que apenas hay trabajo para los Joad. La familia tendrá que desplazarse de un lugar a otro para conseguir trabajo, comida y alojamiento en campamentos donde son tratados como individuos de segunda categoría. La historia de los Joad está narrada de un modo lineal, desde un punto de vista causal y cronológico. Los personajes se desplazan de un lugar a otro impulsados por la noticia de que hay trabajo en algún lugar cercano, o bien escapan de un buen campamento ante el miedo a que se descubra que Tom Joad ha violado la libertad bajo palabra al salir de Oklahoma. Pero con esta decisión estructural, en absoluto inocente, Steinbeck convierte el viaje y contingencias de la familia Joad —que es también el nuestro como lectores— en el verdadero protagonista de la novela.

1.4.2. Un as en la manga: subtramas

Volvamos por un momento al comienzo del tema, cuando hablábamos de Virginia Woolf y de su novela *La señora Dalloway*. Por los fragmentos del diario de la autora a los que hacíamos referencia al principio, sabemos que le preocupaba la manera de conectar las dos tramas principales: la historia de Clarissa Dalloway y la de Séptimus Warren Smith, un individuo desconocido para ella, de cuyo suicidio oye hablar por primera vez durante la fiesta que ha preparado en su casa. Conviene aclarar que aunque Virginia Woolf habla en sus diarios de «las dos tramas», lo cierto es que la de Séptimus es una historia ajena a la vida de Clarissa, que se entrelaza en la trama principal de la protagonista y las personas que la rodean. Veamos su argumento.

La historia comienza una mañana de junio de 1923, en Londres. La señora Dalloway, esposa de un diputado conservador y madre de una adolescente, sale de casa para comprar unas flores para la fiesta que ha organizado en su mansión. Después del breve paseo de la mañana —paseo que se produce al tiempo que el de Séptimus y su joven esposa italiana, Rezia—, Clarissa regresa a casa, donde recibirá la visita de Peter, un antiguo pretendiente que mueve en ambos antiguos recuerdos de juventud. A la fiesta acuden personajes que representan la vida de Clarissa, su pasado y su presente. Y es casi al final de la velada cuando por medio de Lady Bradshaw, esposa del prestigioso psiquiatra William Bradshaw, también presente en la fiesta, Clarissa conoce la noticia del suicidio de ese excombatiente a quien no conoce, pero a quien de un modo insólito parece comprender.

Durante toda la novela asistimos al vuelo del narrador —y decimos vuelo porque realmente se diría que la voz narrativa volase del interior de un personaje a otro, con la más increíble sutileza—, entre las personas que verán a Clarissa durante su fiesta, por un lado, y las que ven, a veces accidentalmente, a Séptimus Warren Smith, el que va a ser el último día de su vida, antes de que se arroje por la ventana de su habitación. Séptimus pasea por el mismo parque que Peter Walsh (quien repara en él y Rezia, a los que considera una pareja infeliz) y visita, por indicación de su médico, a William Bradshaw (invitado a la fiesta de Clarissa también), quien decide recluirle ese mismo día en el psiquiátrico que regenta. Veamos un ejemplo de cómo la autora enlaza durante toda la novela una trama y otra, la de Séptimus Warren Smith subordinada a la principal, actuando sobre ella como un bajo continuo:

> Eran exactamente las doce; las doce del Big Ben; el sonido de cuyas campanadas fue transportado en el aire hacia la parte norte de Londres; mezcladas con las de otros relojes, débil y etéreamente mezcladas con las nubes y con bocanadas de humo, las campanadas murieron allí, entre las gaviotas. Las doce sonaron cuando Clarissa Dalloway dejaba su vestido verde sobre la cama, y el matrimonio Warren Smith avanzaba por Harley Street. Las doce era la hora de su visita al médico. Probablemente, pensó Rezia, aquella casa con el automóvil gris parado delante era la de sir William Bradshaw. (Los círculos de plomo se disolvieron en el aire).
>
> Y realmente era el automóvil de sir William Bradshaw; bajo, poderoso, gris, con las sencillas iniciales enlazadas en la plancha, como si las pompas de la he-

ráldica fueran impropias, al ser aquel hombre el socorro espiritual, el sacerdote de la ciencia…

De modo que el joven suicida forma parte indirecta del presente de Clarissa y su muerte acaba reverberando en la fiesta como el contrapunto a la aparente normalidad de la vida londinense después de la Gran Guerra. Así conecta Virginia Woolf las dos tramas, casi al final de la novela:

> ¿Qué derecho tenían los Bradshaw a hablar de muerte en su fiesta? Un joven se había matado. Y de ello hablaron en su fiesta, los Bradshaw hablaron de muerte. Se había matado, sí, pero ¿cómo? El cuerpo de Clarissa siempre lo revivía, en el primer instante, bruscamente, cuando le contaban un accidente. (…) Había una cosa que importaba; una cosa envuelta en parloteo, borrosa, oscurecida en su propio vivir, cotidianamente dejada caer en la corrupción, las mentiras, el parloteo. Esto lo había conservado aquel joven. La muerte era desafío. La muerte era un intento de comunicar, y la gente sentía la imposibilidad de alcanzar el centro que místicamente se les hurtaba; la intimidad separaba; el entusiasmo se desvanecía; una estaba sola. Era como un abrazo, la muerte. (…)
>
> Luego (Clarissa lo había sentido precisamente aquella mañana), estaba el terror; la abrumadora incapacidad de vivir hasta el fin esta vida puesta por los padres en nuestras manos, de andarla con serenidad: en las profundidades del corazón había un miedo terrible.

Después de leer estas palabras en boca de Clarissa Dalloway es inevitable pensar en los propios sentimientos de Virginia Woolf, cuyo dramático final conocemos.

Con la doble trama, en cualquier caso, se completa la historia. El hiperrealismo con que observamos cada detalle cotidiano de ese día de junio en la vida de Clarissa Dalloway se entrelaza inexorablemente con el sobrepeso de la obligación de vivir y la tentación de liberarse de tal deber. Entonces las dos tramas se entrelazan y apoyan en función de un único sentido.

> Las subtramas o tramas secundarias tienen la función de ahondar en la historia principal, de explorar en ella y hasta de servir como guía a la principal, de modo que en muchos casos es la más importante o, al menos, la más profunda.

1.5. LA ESTRUCTURA DE LA TRAMA

La señora Dalloway, Las uvas de la ira, de Steinbeck, *Bajo el volcán,* de Lowry… Se da la casualidad de que en estos casos mencionados el orden de la historia coincide con su orden cronológico, aunque sabemos que las historias no siempre comienzan así. Pongamos como ejemplo el principio de la novela *El Túnel,* del Ernesto Sabato:

> Bastará decir que soy Juan Pablo Castel, el pintor que mató a María Iribarne; supongo que el proceso está en el recuerdo de todos y que no se necesitan mayores explicaciones sobre mi persona.

En este caso, el autor ha decidido comenzar la novela por el desenlace y no por el principio de la historia. No podemos olvidar que uno de los textos narrativos más antiguos del mundo occidental, la *Odisea* de Homero, comienza justo por la mitad de la historia, recurso conocido como *in medias res* («en mitad de las cosas»). También en mitad de la historia empieza *Cien años de soledad*, de García Márquez, cuando el coronel Aureliano Buendía se encuentra frente al famoso pelotón de fusilamiento:

> Muchos años después, frente al pelotón de fusilamiento, el coronel Aureliano Buendía había de recordar aquella tarde remota en que su padre lo llevó a conocer el hielo.

Comiencen por el principio, por el final o *in medias res*, estas novelas tienen en común algo de lo que ya nos hablaba Aristóteles en su *Poética*. La estructura en tres partes: planteamiento, nudo y desenlace.

1.5.1. LA ESTRUCTURA CLÁSICA: PLANTEAMIENTO, NUDO Y DESENLACE

Sabemos que todas las historias deben comenzar en algún momento (planteamiento) y algo ha de ocurrir (nudo) antes de que terminen (desenlace); conceptos muy básicos que todos conocemos pero cuyo significado conviene recordar:

- Planteamiento: es lo que no supone necesariamente nada anterior, pero sí necesita una continuación. El planteamiento contiene los datos necesarios para que la historia empiece: en él se suele informar sobre dónde y cuándo ocurren los hechos que se van a contar. Se nos presenta al personaje o personajes protagonistas, sujeto de las acciones que se narran, y se nos muestra qué es lo que le ocurre, el conflicto, el problema.

- Nudo: necesita un precedente y una continuación. En el nudo se muestra la lucha del protagonista por conseguir resolver su problema. Nos mostrará las fuerzas contra las que tendrá que luchar, esas que tratarán de impedir el éxito de su empresa. Esta parte de las historias está compuesta por diferentes episodios, obstáculos, dilaciones, interrupciones, indecisiones o errores del personaje, peligros, miedos, culpas, en fin, la serie de sucesos que lo ponen a prueba mientras hacen marchar la historia.
- Desenlace: supone un precedente, pero no una continuación. La pugna del protagonista contra aquello o aquellos que se interponen a llegar a un término, el conflicto que puso en marcha el motor de la historia ha de resolverse.

1.5.2. LOS PUNTOS DE GIRO

El concepto de punto de giro lo hemos oído normalmente referido a los guiones cinematográficos. Pero tiene la misma función en los relatos y novelas. Se trata de una escena, incluso un pequeño acontecimiento, que empuja la historia, le da un nuevo horizonte, la complica, la reactiva, y con ello estimula la curiosidad del lector. Normalmente puntúan alguno —o varios— de los tres bloques de la estructura clásica —planteamiento, nudo y desenlace—. El primer punto de giro es ese suceso que marca la transición entre el planteamiento de la historia y su nudo. El segundo punto de giro será el que separa el nudo y el desenlace.

Los llamamos puntos de giro porque estos sucesos tienen la peculiaridad de hacer que la historia «gire» en una dirección diferente e imprevista. Logran que la trama tome un nuevo impulso, ya que reavivan los problemas y obligan al protagonista a la toma de decisiones.

Aunque siempre hay casos de novelas singulares en las que la organización estructural no tiene unas divisiones claras, diremos que las tramas y subtramas de una novela suelen constar —además de planteamiento, nudo y desenlace— de dos puntos de giro que actúan de bisagras entre los tres bloques, aunque tal estructura no siempre sea muy evidente.

Veamos cómo podríamos aplicarlo en la novela corta de John Fante, *Mi perro Idiota*, obra de madurez del escritor y guionista americano, a quien Bukowski sacó del anonimato por considerarlo su maestro literario.

1.5.3. UN EJEMPLO PRÁCTICO: *MI PERRO IDIOTA* DE JOHN FANTE

La historia se desarrolla en dos tramas. Por una parte la historia del perro (Idiota, le llamará el hijo menor) que aparece un buen día en el jardín de la casa de la familia Molise. Por otra, está la propia historia de la familia. Uno y otro plano narrativo se van alternando pero Idiota servirá de enlace siempre a todos los hechos que van sucediendo, y tanto las primeras conjeturas sobre él como las discusiones por su causa, van a servir para mostrarnos una realidad más profunda, la de Henry Molise y su familia, en el preciso momento en que la familia va a disgregarse.

La novela comienza con una presentación de los personajes, a través de su reacción ante el perro aparecido, al que tratarán de echar de la casa.

Ya en el primer capítulo está contenida toda la información que se irá desarrollando durante la novela. Es enero y llueve. Henry Molise lleva seis meses sin trabajar. Tiene un Porsche de lujo, aunque han devuelto las cuatro últimas letras del banco. Vive hace veinte años en una especie de mansión, en Santa Mónica, con media hectárea de terreno al borde de un acantilado. La casa está pagada, lo que indica solvencia anterior y éxito como escritor. El sueño de Molise es vender la casa y marcharse a Roma con una morena. Pero por el momento no es posible porque sus cuatro hijos viven con él.

> Planteamiento: comienzo, presentación del personaje y del antagonista.

Vemos a un escritor en declive (protagonista), sin trabajo, bebedor, con familia e hijos (sus antagonistas) de los que sueña huir para irse a Roma (conflicto y deseo). Hay algo en el jardín, un animal grande y peludo que apenas se ve por la oscuridad y la lluvia. Este es el acontecimiento que pone en marcha la acción de la novela.

> Y era un perro, un perro muy grande de espeso pelaje marrón y negro, de cabeza gorda y nariz corta y aplastada, un animal triste con ensombrecida cara de oso. Si no hubiera sido por el acompasado movimiento del pecho, habría inferido que estaba muerto.

En todas las primeras descripciones del perro veremos un reflejo o una proyección de los personajes que lo hacen. Al ser un animal de aspecto y comportamiento raros, caben las especulaciones de los demás. Las primeras reacciones son:

—Es un perro vagabundo —dije—. Un animal socialmente irresponsable, un fugitivo.

—Está agotado —dijo Dominic—. Oíd sus ronquidos.

—Es como si hubiera sufrido una gran decepción —dijo Harriet—. ¿Lo habrán maltratado?

Henry y Harriet deciden que no pueden quedarse con Idiota (nombre que le ha puesto el hijo menor).

Primer punto de giro: la decisión.

Padre e hijo toman a Idiota y se disponen a soltarlo en la playa, para lo que tendrán que pasar por delante de todas las mansiones de sus vecinos y de sus correspondientes perros guardianes. Es entonces cuando Idiota se revela como un perro fuerte que no teme a los demás perros, a los que se va enfrentando uno a uno, para terminar con una sorprendente lucha y victoria contra Rommel el pastor alemán de la última casa, el actual rey de la vecindad, al que tratará de montar obsesivamente. Henry decide que el perro se quede.

—Nos lo quedamos. […]
—Es problemático. Está loco.
—Es un luchador con estilo.
—No es un luchador, papá. Es un violador.
—Nos lo quedamos. […]
Sabía por qué quería aquel perro […]. Estaba harto de derrotas y fracasos. Ansiaba la victoria. Tenía cincuenta y cinco años y no había victorias a la vista, ni siquiera una batalla […]. Idiota representaba la victoria […]. Representaba el triunfo sobre los antiguos fabricantes de jadeos que habían machacado mis guiones hasta hacerlos sangrar […]. Al igual que mi querido Rocco aliviaría el dolor y los golpes de mis días intermina-

bles, la pobreza de mi infancia, la desesperación de mi juventud, la desolación de mi futuro.

Era un perro, no un hombre, pero era un animal y con el tiempo sería mi amigo, llenaría mi cráneo de orgullo, diversión y tonterías. Estaba más cerca de Dios de lo que nunca estaría yo, no sabía leer ni escribir y eso también era bueno. Era un inadaptado y yo era un inadaptado. Yo luchaba y perdía, él luchaba y vencía. Pondría firmes a todos, al altanero gran danés, a los ensoberbecidos pastores alemanes, y encima les daría por culo y yo me lo pasaría en grande.

Medio o desarrollo: fuerzas contra las que tendrá que luchar.

Tras diferentes discusiones con Henry, los hijos se irán marchando de la casa por causas siempre relacionadas con el perro. El penúltimo en marcharse será Jamie, que en sus últimos días en la casa se refugia en el cariño del perro, antes de ir a cumplir el servicio militar. Al marcharse él, el perro cae en un estado melancólico parecido a aquel en el que se lo encontraron en el jardín al principio de la narración. Henry se da cuenta de que en realidad no era su perro, así que pierde el interés en Idiota, se siente decepcionado y desea que el perro se vaya.

Estaba empezando a fastidiarme. Todos aquellos meses le había alimentado, bañado, fumigado, extirpado las glotonas garrapatas [...]. No es que pidiera favores especiales ni esperase su devoción absoluta, pero digo yo que me merecía un poco de obediencia y alguna muestra de respeto. ¿Dónde estaría si no le hubiera dado un hogar y prodigado atenciones, y tratado mejor que a los de mi propia sangre? Debía de ser cosa de la raza. Era un hijo de puta desconsiderado e indiferente, sin la inteligencia que se necesita para responder al amor y a la amabilidad. Mi perro Rocco habría saltado de alegría con la mitad de atenciones.

La casa vacía se hace inhabitable. Tratan de venderla pero los compradores potenciales no ven en ella sino defectos, de modo que renuncian a esa idea. Henry y Harriet dan fiestas pero solo sirven para enemistarse con más vecinos y artistas del cine.

Segundo punto de giro: el ultimátum.

Idiota ha desaparecido, como Henry deseaba (puede que él haya tenido algo que ver). Desaparecido el perro y con la casa vacía, Henry comienza a darle vueltas a la posibilidad de tener otro bull terrier (como su antiguo Rocco) y Harriet le amenaza con marcharse de casa si lleva a otro perro. Henry no cede ante la amenaza: o se compra un perro o se marcha a Roma. Harriet le anima a marcharse.

Desenlace: confrontación con la realidad
y abandono del sueño.

Henry comienza a vender todos sus objetos personales (muy pocos ya que es Harriet quien mantiene la casa debido a una herencia). Pero obtiene mucho menos dinero del que pensaba. No quiere ir sin dinero, en realidad ni siquiera quiere ir a Roma, piensa, nunca ha querido, ya estuvo allí varios meses antes de que naciera Jamie y la conoce bien. Pero tiene que justificarse ante Harriet. Milagrosamente alguien llama diciendo que tiene a Idiota y pide una recompensa que le servirá a Henry para hacerse el padre generoso ante su mujer: ¿qué no haría un padre por sus hijos? Pero a la vuelta, Henry no solo trae a Idiota, sino también a una enorme cerda de la que tanto el perro como él han quedado enamorados. La melancolía de Idiota y de Henry ha desaparecido. Cuando Harriet ve a la cerda, se echa a llorar. La imagen final de un 747 volando por encima de sus cabezas, perdiéndose en la lejanía, simboliza el desvanecimiento del sueño, el falso idealismo de Molise y la aceptación de la realidad.

> Miré el horizonte de la bahía azul. Un 747 pasaba zumbando a lo lejos, reflejando la luz del sol mientras trazaba una amplia curva sobre el mar y volvía al continente, rumbo al este, a Chicago, a Nueva York o a Roma. Bajé los ojos y vi el tejado de la casa en forma de Y, luego los visillos de organdí de las ventanas de Tina, luego las ramas de alto pino amarillo en el que todavía quedaban los restos de la casita arborícora que Dominic había construido de pequeño, y luego me fijé en el oxidado parachoques del coche de Denny, que sobresalía por la puerta del garaje, y en la red rota de la canasta donde Jamie jugaba al baloncesto.
>
> Y me eché a llorar.

1.6. RAZONES PARA UNA ESTRUCTURA: INTENCIÓN DEL AUTOR E INTRIGA DEL LECTOR

La elección de la trama, de la combinación de subtramas y otros elementos estructurales, su organización en escenas y la estas en capítulos o en un todo unitario, con una o varias voces narrativas, y de un determinado estilo (en algunos casos como en el *Ulises* de Joyce o *La señora Dalloway* de Woolf el monólogo interior se considera elemento estructural) suele obedecer a dos razones:

- La intención del autor de transmitir eso que quería decir (el tema).

- El deseo de suscitar en el lector la intriga y/o suspense, provocando con la sucesión de sucesos una cadena de interrogantes que lo conduzca de principio a fin en la narración.

En *El amor en los tiempos del cólera*, García Márquez cuenta la historia de un triángulo amoroso entre Juvenal Urbino, Fermina Daza y Florentino Ariza. El libro está estructurado en seis partes, de las que la primera y la última, enmarcando el resto, están dedicadas a la vejez, y la cuarta y la quinta a la edad madura. Gerald Martin, el biógrafo de Gabo, explica que la estructura en seis partes se divide nítidamente en dos mitades de tres capítulos. Es una novela donde priman el dos y el tres, el triángulo y la pareja. Desde las primeras líneas se hace alusión a los amores contrariados, que es el tema de la novela.

Era inevitable: el olor de las almendras amargas le recordaba siempre el destino de los amores contrariados. El doctor Juvenal Urbino lo percibió desde que entró en la casa todavía en penumbras, adonde había acudido de urgencia a ocuparse de un caso que para él había dejado de ser urgente desde hacía muchos años. El refugiado antillano Jeremiah de Saint-Amour, inválido de guerra, fotógrafo de niños y su adversario de ajedrez más compasivo, se había puesto a salvo de los tormentos de la memoria con un sahumerio de cianuro de oro.

La novela *Las uvas de la ira*, de Steinbeck, consta de treinta capítulos, entre los cuales podemos distinguir dos clases, según su disposición en el texto, y tres tipos en cuanto al tratamiento narrativo: por una parte están los capítulos que se refieren a la historia de la familia Joad y, por otra, los llamados capítulos intercalados o intercapítulos, unos de los cuales son los descriptivos, de tono lírico, relacionados con el paisaje y, otros, dedicados a reflejar la situación social de los granjeros en la época de la Depresión. Así que la novela está estructurada en capítulos personales referidos a la historia de la familia Joad y sus relaciones con otros personajes, y capítulos impersonales concebidos casi como ensayos o crónicas sociales de los granjeros del Medio Oeste en su migración hacia California. Es obvio que el propósito de Steinbeck era asegurarse de reflejar una situación social de la manera más objetiva posible, algo como lo que hizo Dorothea Lange con sus fotografías de la época.

1.7. ¿Cómo se consigue la estructura adecuada?

Hay autores que escriben en fichas bibliográficas el título de sus escenas y un breve resumen de lo que ocurre en cada una. Luego las clavan en un corcho y las van cambiando de orden hasta que encuentran el que produce el efecto que quieren. Otros, más amigos de la tecnología, utilizan programas como *yWriter* o *Scrivener*, dos ejemplos de *software* desarrollado para escritores.

La escena es una parte de la narración cerrada en sí misma, sometida a unos principios de unidad (de tiempo, lugar y acción) y, en la mayoría de los casos, de punto de vista. Constituye por tanto una unidad narrativa completa.

En *El mundo de la narrativa*, dice K. M. Weiland, hay dos grandes grupos de novelistas: los que trazan la estructura antes de escribir su novela y los que se van dejando llevar. En inglés se llaman respectivamente *plotters* y *pantsers*. En español hablamos de escritores de mapa y escritores de brújula. Los *plotters* o escritores de mapa, defensores de diseñar una estructura previa, sostienen que comenzar el trabajo sin tener un esquema es como lanzarse a la carretera de un país que no se conoce. Los *pantsers*, o escritores de brújula, piensan que un plan minucioso constriñe la creatividad, y prefieren dejarse sorprender e ir descubriendo la novela. Para ser un escritor intuitivo no hace falta más que sentarse a escribir. Para los planificadores es necesario trabajar de un modo coherente y organizado, sentar las bases de la historia antes de poner manos a la obra. A la hora de escribir una primera novela, hacerlo con una planificación previa es como trabajar con una red de seguridad. Con el mapa se hace menos difícil el vértigo de la página en blanco.

1.7.1. La pregunta dramática central

En toda novela hay una pregunta dramática central que se debe plantear desde el comienzo y a la que no se da respuesta sino al final. Sirve, además, como guía para escribir las escenas. Si en algún momento dudamos sobre el camino a seguir, será de gran ayuda volver a la pregunta dramática central.

En *El amor en los tiempos del cólera* esa pregunta es si Florentino conseguirá reconquistar el amor de Fermina Daza. En *Plenilunio*, de Muñoz Molina, lo que queremos saber es quién es el asesino de la niña y por qué lo hizo. En *Las uvas de la ira* nos preguntamos si la familia Joad se establecerá en California, en *Mi perro Idiota*, si Henry Molise logrará cumplir su sueño de huir a Roma.

Una vez formulada esa pregunta dramática central, que no podemos perder de vista nunca, lo recomendable será comenzar a hacer un esquema de la novela, sobre todo si se trata de la primera. De esa manera obtenemos una perspectiva más clara de lo que resulta esencial en la novela, y podremos ubicar en el lugar adecuado los puntos de giro y combinar de un modo equilibrado los momentos de clímax de la historia. Si lo que estamos escribiendo responde al objetivo trazado, la vía creativa quedará despejada. Si, por el contrario, nos encontramos ante una escena de relleno, hay que repensarla, reescribirla o eliminarla. Esta última opción es una de las más difíciles de tomar. Parte del entrenamiento como escritores consiste en aprender a deshacerse de todo lo que no responda al núcleo de la historia, todo lo que estorbe o distraiga, lo que afloje la tensión narrativa. *Cien años de soledad* tenía en origen más del doble de páginas que en la versión final. Significa que García Márquez eliminó como mínimo la mitad del trabajo de su obra maestra.

1.7.2. EL MAPA DE LA HISTORIA

El mapa de una historia contiene una serie de bloques básicos que sintetizan la idea, los personajes y el argumento, así como los principales elementos dramáticos y una estimación aproximada del número de capítulos o de páginas que se necesitarán para desarrollarlo. Daniel Calvisi, en su libro *Mapas de la historia. Cómo escribir un gran guion,* dice que un mapa de la historia contiene los siguientes elementos:

- El protagonista.
- Lo que quiere.
- Lo que impide que lo consiga.
- De qué trata la historia.
- Cómo cambia el protagonista.
- Cómo termina la historia.

Con este mapa de la historia, podemos empezar a organizar la novela estructuralmente. Decidiremos, por ejemplo, por dónde comenzar la novela.

- En nuestras notas sobre el planteamiento, partiremos de una situación en la que ofreceremos la información suficiente —no excesiva— para formular esa *pregunta dramática central* de la que hemos hablado.
- En cuanto al nudo, tendremos en cuenta *qué* información adicional debemos ir añadiendo y *cuándo,* para desarrollar el conflicto.

- Y finalmente, decidiremos cuál es la crisis final cuyas consecuencias iniciarán el descenso dramático hacia el final de la novela.

Sea cual sea el orden que decidamos para los acontecimientos en la trama y subtramas, la forma estructural que planifiquemos y el ritmo que le imprimamos a la narración, la consigna será siempre crecer en la profundización del conflicto y en la tensión argumental hacia el desenlace, y responder finalmente esa gran pregunta que quedó formulada en el planteamiento. En los capítulos siete, ocho y nueve de este manual profundizaremos en las funciones y demandas específicas de estos tres momentos de la estructura narrativa clásica.

1.7.3. La ordenación en capítulos: orígenes y razones

La organización en capítulos, partes o libros, dentro de una novela es lo que en principio parece ofrecer una idea más clara de su orden estructural. Es como si de este modo, el autor estuviese intentando separar con pulcritud los componentes de la materia narrativa, para mejor comprensión del lector. La organización en capítulos proporciona un ritmo y una progresión en la lectura que facilita la posibilidad de ser suspendida en ciertos puntos de reposo. La mayoría de las obras de Dickens fueron escritas por entregas mensuales o semanales en periódicos como el *Master Humphrey's Clock* y el *Household Words*. Es famoso el hecho de que en el puerto de Nueva York la multitud se agolpaba a la espera del nuevo capítulo de alguna de esas novelas, que normalmente tardaban en llegar un mes desde Inglaterra, donde por fin averiguarían lo que iba a ocurrir a los personajes. Es decir, que en aquellos tiempos, la estructura en capítulos tenía una razón logística y obligada, que ahora no tenemos.

Sin embargo, una parte considerable de las novelas actuales siguen estando ordenadas en capítulos concebidos como piezas narrativas con un objetivo propio. Un capítulo puede contener una o varias escenas, con diálogos, descripciones, digresiones… pero el sentido tiene que apuntar en una dirección. Dicho de otra forma, cuando pensamos en el capítulo de una novela, en cierto modo debería contener su propio ángulo de visión del tema general y su propia organización estructural. El hecho de separarlo del anterior y del siguiente no debería ser una decisión arbitraria sino razonada, como casi siempre en narrativa.

Tomemos por ejemplo el primer capítulo de la novela *Desgracia*, de Coetzee. En él, el narrador nos presenta al protagonista, David Lurie, un profesor de Lenguas Modernas en la Universidad de Ciudad del Cabo. Se trata de un hombre divorciado, poco motivado profesionalmente, que frecuenta a una prostituta una vez por semana. Accidentalmente descubre a Soraya en una situación cotidiana y eso rompe la relación que tenían. El siguiente capítulo comienza del siguiente modo:

> Sin los interludios de los jueves, la semana se torna monótona como el desierto. Hay días en los que ya no sabe qué hacer con su tiempo. (…)
>
> Un viernes por la noche regresa a su casa dando un rodeo por los viejos jardines de la universidad, y de pronto se fija en que una de sus alumnas recorre el mismo sendero que él. Va unos pasos por delante. Se llama Melanie Isaacs, es de su curso de los poetas románticos.

> No es la mejor de sus alumnas, pero tampoco es de las peores: es bastante lista, pero le falta interés.
> Va remoloneando; no tarda en alcanzarla.

En este segundo capítulo asistimos a todo un baile de seducción profesor /alumna, aunque al final de ese mismo capítulo comprenderemos que los roles del que domina y del dominado no están tan claros como parece. Cada uno de estos dos capítulos de *Desgracia* (y lo mismo ocurrirá con los siguientes), cumple el objetivo de narrar un aspecto concreto en la decadente vida del profesor Lurie.

Algunas de las novelas que optan por la división en capítulos, pueden tener además una clara diferencia y/o jerarquía entre ellos: recordemos por ejemplo la estructura de *Las uvas de la ira* de Steinbeck, dividida en capítulos e intercapítulos, los capítulos de la familia Joad y los llamados intercapítulos impersonales, relacionados con el paisaje o con la situación social. El escritor británico Evelyn Waugh, además de dividir sus libros en capítulos, a veces fragmenta estos en subcapítulos. Otras novelas llegan a la casi atomización narrativa, presentando la obra en forma de breves fragmentos. La novela corta de Annie Ernaux, *La ocupación*, una crónica liberadora de un proceso de celos escrita a modo de diario, comienza con este brevísimo párrafo suelto:

> Siempre quise escribir como si no fuera a estar cuando publicaran lo escrito. Escribir como si fuera a morirme y ya no hubiera jueces. Aunque es posible que sea una ilusión creer que el advenimiento de la verdad depende de la muerte.

Tras este primer párrafo hay varios espacios en blanco hasta el fragmento siguiente:

> El primer ademán que hacía yo al despertarme, era cogerle el sexo, que le había enderezado el sueño, y quedarme así, como aferrada a una rama. Pensaba: «Mientras esté agarrada a esto no estoy perdida en el mundo». Y, si pienso hoy en lo que significaba aquella frase, creo que lo que yo quería decir era que no había nada más que desear, solo cerrar la mano para asir el sexo de aquel hombre (…).

Se diría que con esa estructura, a ráfagas, pero unitaria, Annie Ernaux deseara que la novela se leyese sin interrupción, con la misma urgencia emocional y ciclotímica que debió de sentir al escribirla. Tampoco *La señora Dalloway* está dividida en capítulos sino en largos fragmentos en los que, como dijimos antes, el narrador entra, una tras otra, en diferentes mentes de personajes relacionados con Clarissa Dalloway, como si se tratase de un pájaro. En este fluir narrativo hallamos unas leves divisiones, señaladas por una línea en blanco, para cambiar de espacio o de tiempo. Tiene lógica esta fragmentación tan leve, tratándose de una novela que se desarrolla en un solo día.

1.7.4. Formas estructurales

Si el tema se ha ido complicando y a estas alturas pensáis que la cuestión de la estructura es un laberinto y que no seréis capaces de tomar la decisión correcta, tened calma. La decisión sobre la estructura de la novela suele venir acompañada de otras decisiones respecto a la trama y subtramas, decisiones que se refieren al punto de vista narrativo, al orden cronológico de las partes de la historia, al proceso de averiguación de la misma, etcétera. Muchas de estas decisiones son intuitivas y, en parte, determinadas por el tipo de historia que queramos contar. Pongamos algunos ejemplos de diferentes estructuras:

1.7.4.1. ESTRUCTURAS PERSPECTIVÍSTICAS: PUNTO DE VISTA

Quizá en nuestra novela, la clave narrativa de la historia se halle en las distintas perspectivas desde las que se cuenta la historia. Es el caso, por ejemplo, de la novela *Rosaura a las diez*, del escritor argentino Marco Denevi. En ella se narra la relación de Camilo Canegato, un tímido restaurador de cuadros, y la bella y enigmática Rosaura —aparecida muerta—, a través de la visión de tres personajes diferentes que viven en la misma pensión que Camilo. Así, hay tres partes diferenciadas en la novela, que corresponden a la declaración de los hechos según cada uno.

El Cuarteto de Alejandría, de Lawrence Durrell, también está estructurado en cuatro libros, con una perspectiva poliédrica en cuanto a los puntos de vista desde los que se narra la historia. *Justine*, *Balthazar*, *Mountolive* y *Clea*, narrarán un mismo periodo de sus vidas, transcurrido en Alejandría en la época de entreguerras. *El tiempo es un canalla*, de Jennifer Egan, es otro ejemplo (mucho más reciente) de este tipo de estructura, aunque algo más anárquica. Egan toma a los personajes y narra sus historias pasadas y presentes desde los años ochenta hasta los primeros años del nuevo milenio, tras el atentado de las Torres Gemelas. Destaco en particular esta novela (Premio Pulitzer 2011), porque en sus historias la autora homenajea a Ernest Hemingway y a Foster Wallace. Además, incorpora en sus relatos los lenguajes de las comunicaciones por *mail*, *sms*, *chats* e incluso llega a construir el relato completo de una niña, desde su punto de vista infantil, familiarizado con las nuevas tecnologías, en forma de presentación secuenciada en PowerPoint.

1.7.4.2. Estructuras panópticas: el espacio

A veces el autor elige narrar la historia de un lugar y sus habitantes, para lo que selecciona determinados personajes principales y secundarios. Es el caso de *Winesburg, Ohio*, de Sherwood Anderson. En ella, George Willard, reportero de un periódico local, se convierte en observador de diferentes personajes del pueblo y narrador de los relatos de su vida cotidiana. Una novela de planteamiento similar es *Olive Kitteridge* de Elizabeth Strout. Olive es una maestra retirada, de un pueblo pequeño de Nueva Inglaterra, que es testigo de las transformaciones del pueblo y de la evolución vital de los niños que fueron sus alumnos, cuyas historias se van narrando hasta formar una pintura actual del pueblo.

1.7.4.3. Estructuras temporales

En ciertas novelas el tiempo de la narración determina su forma estructural. Cuando la historia parte de un momento en el tiempo y concluye con el regreso al mismo punto, nos encontramos ante una estructura circular: En *El guardián entre el centeno* de Salinger o *El túnel*, de Ernesto Sabato, los protagonistas-narradores cuentan su historia tiempo después de que haya ocurrido. Ambas novelas comienzan en el presente del narrador, se desarrollan en el pasado, para regresar finalmente al punto de partida, al momento y lugar en el que comenzaron.

En la novela *Libertad*, de Jonathan Franzen, se cuenta la historia de la familia Berglund. Tras una primera parte de presentación de los personajes y un breve resumen del encuentro de la pareja, matrimonio y situación actual de la familia, la narración continúa con una autobiografía de Patty Berglund, escrita a sugerencia de su psicoterapeuta, en la que conocemos muchos episodios del pasado de ella y su actual marido, Walter, y de Richard Katz, un viejo rockero, antiguo compañero de Walter con el que Patty tiene una aventura. La narración se reanuda en 2004. El matrimonio Belgrund se separa después de que Walter ha leído la narración de Patty. Más adelante vuelve a haber otro fragmento escrito por Patty, a modo de epílogo de su autobiografía, que de nuevo regresa y explica lo sucedido desde que Walter y ella se separaron. Finalmente hay un reencuentro de la pareja. La historia se estructura por tanto según un esquema temporal de progresos y retrocesos:

* Resumen y presente de los Belgrund.
* Autobiografía de Patty: retroceso al pasado.
* Continuación del presente de los Belgrund, divorcio y vidas separadas. Progreso temporal hacia delante.
* Conclusión de la autobiografía de Patty: nuevo retroceso al pasado.
* Reencuentro en el lago: Progreso hacia el final.

Las novelas policiacas tienen un patrón estructural temporal común, ya que en ellas se parte del hecho delictivo y, a medida que la novela avanza hacia adelante en revelaciones que esclarecen lo ocurrido, lo hace también hacia atrás, en el pasado, dado que el propio proceso de averiguación de la historia se remonta al tiempo anterior al crimen.

1.7.4.4. ESTRUCTURAS DESORDENADAS

La novela burlesca, desordenada y digresiva por excelencia es *Tristram Shandy* de Laurence Sterne. En esta novcla dcl siglo XVIII, la asimetría y la irregularidad estructural es un verdadero caos. Rompe todo tipo de reglas temporales, espaciales o estilísticas. En ella la historia fluye más bien hacia atrás, hay numerosas digresiones —en las que se ridiculiza a filósofos y críticos de la época—. A los capítulos de dimensiones normales, les suceden otros de una línea o dos o incluso de ninguna o de puntos suspensivos. En *Finalmusik*, de Justo Navarro, hay varios motivos temáticos recurrentes en su obra: la mezcla difusa de realidad e invención, la presencia de alguna intriga o episodio misterioso, unas relaciones familiares y las dudas acerca de la identidad. El narrador cuyo nombre responde a las iniciales J. N. es granadino y tiene como profesión la de traductor. Dice en un momento de la novela: «Toda mi vida es esta multiplicación de historias oídas, leídas, traducidas, inventadas. Mi sentido de la irrealidad es mucho mayor que mi sentido de la realidad». Realmente esta magnífica novela es eso, una mezcla de diferentes historias, mezcla de realidad y ficción, mezcla de recuerdos, reflexiones e impresiones. En homenaje a la propia Literatura hay en ella intertextos de Lorca y de Salinas, fragmentos de la novela de Trenti que está traduciendo el narrador (en recuerdo de un Joyce traductor en Roma) y la mención de algunas obras inexistentes que parecen auténticas. No temo desvelar nada relevante en *Finalmusik* si reproduzco aquí algunos fragmentos del final de la novela, que muestran ese desorden estructural que debe no poco a Sterne y su *Tristram Shandy*:

> Monseñor Wolff-Wapowski, a quien desde hace setenta y dos horas no veré más en mi vida, sube al cielo por una escalera transparente, por encima de nuestras cabezas, en el aire, iluminado, como los fuegos de artificio que acaban de estallar en la fiesta en via Appia. No está en la fiesta. (…) Fui a liquidar por 135 000 euros mis habitaciones en Granada. Confié la maleta al *check-in* del aeropuerto de Fiumicino y, marcada con etiqueta y código de barras, la vi alejarse sobre la cinta transpor-tadora. Un escáner lee el código de barras y dirige el equipaje por el recto camino, hacia la máquina de rayos X, en su viaje automático hasta la bodega del avión. Conoceré pronto el secreto de todos los crímenes de Carlo Trenti, la solución de todos los enigmas, lo menos interesante y lo que más interesa, 48 páginas rutinarias que todavía tendré que traducir para encontrar al responsable de cada maldad y olvidar a Trenti y su nieve rusa negroamarilla. (…) Son 979 páginas, unos setenta y cinco días de traducción, una novela americana, Damnation in Paradise, de Martha Gianalella. La conferencia de Heisenberg en Zúrich ocupa solo 455 páginas, otra novela americana, Star of Damnation, de Nick Behm, trabajo de algo más de un mes, cientos de miles de muertos. Despegamos. No sé si mi maleta ha viajado con buena suerte hasta la bodega del avión.
>
> (…) La batalla mundial en Roma se ha evaporado de los noticiarios, no sé si porque ya ha sucedido o porque hoy no sucederá, y la fila exigua de sospechosos en la que paso el control de metales es la entrada

a un espectáculo que se desmonta mientras se realiza la última función: el anunciado fin del mundo romano el 15 de agosto de 2004 si Italia no depone al Primer Ministro. Le pediré a mi padre 150 000 euros por mi parte de la casa.

1.8. EL INTERÉS DEL LECTOR: INTRIGA Y SUSPENSE

No debemos olvidar que la ordenación de la trama y la estructuración de la novela, obedece, como ya dijimos, a dos propósitos: por una parte, a la intención del autor por transmitir el tema profundo, y por otra, al deseo de suscitar en el lector el interés por llegar al final de la historia. La escritora oxoniense Phyllis Dorothy James, más conocida como P. D. James, en el capítulo titulado «A qué nos referimos y cómo empezó todo», de su ensayo *Todo lo que sé sobre novela negra*, cómo estimular la curiosidad del lector:

En el libro *Aspectos de la novela*, E. M. Forster escribe: *«El rey murió y luego murió la reina» es una historia. «El rey murió y luego la reina murió de pena» es una trama. [...] «La reina murió, nadie sabía por qué, hasta que se descubrió que fue de pena por la muerte del rey», es una trama con misterio, un enunciado que admite un desarrollo mayor.*

Yo añadiría: «Todo el mundo creyó que la reina había muerto de pena hasta que descubrieron la marca del pinchazo en el cuello». Eso es un misterio sobre un asesinato, y también admite un desarrollo mayor.

En efecto, la escueta trama que propone P. D. James es terreno abonado para que el lector se haga preguntas y elabore conjeturas diversas de cara a la explicación final. Este proceso, provocado por el escritor y aceptado de modo casi reflejo e involuntario durante el acto de leer, es el generador de la intriga, del que ya hablamos en el tema anterior del conflicto.

- Podríamos decir que la *intriga* en una ficción es el arte de encadenar situaciones en la trama de manera que suscite interrogantes en el lector.

Esta *intriga* se transforma progresivamente por la aparición de nuevos indicios, presentación de posibles sospechosos e incluso seguimiento de pistas que conducen a callejones sin salida en la investigación. Preguntas y más preguntas surgen, unas dentro de otras, como en cajas chinas, o en diferentes direcciones en el espacio y en el tiempo. Las respuestas irán llegando poco a poco.

Pero el hecho de que la narrativa policiaca contenga *intriga* no significa de ningún modo que todas las novelas de intriga sean necesariamente policiacas.

Raymond Carver decía que la narración debe contener siempre un leve aire de amenaza, tensión, una sensación de que algo es inminente. En una historia de *suspense*, hay una situación climática o intensa cuyo desenlace es retardado o *suspendido* de un modo deliberado, para suscitar en el lector el deseo de seguir adelante y conocer su desenlace.

- El *suspense* es una técnica que usan los autores de cualquier género literario, valiéndose de recursos diversos, para mantener la tensión y el interés del receptor, que puede o no conocer el desenlace dramático de antemano, de la misma manera que pueden saberlo o ignorarlo el personaje protagonista y los demás.

Podríamos resumir de un modo muy básico que la intriga apela al interés intelectual del lector y el suspense a su interés emocional o sensitivo. Veamos algunas claves estructurales que contribuyen a generar este interés:

1.8.1. Los *cliffhangers*

La psicología nos ha enseñado que retenemos con mayor facilidad las tareas inacabadas en comparación con las concluidas. Es lo que en 1927 se llamó «efecto Zeigarnik», apellido de la psicóloga que se interesó por este fenómeno de la motivación para terminar tareas. Una aplicación de tal efecto son los *cliffhangers* narrativos. Se dice que las escenas o imágenes inacabadas motivan al lector hacia su terminación. Este recurso consiste en cerrar cada capítulo o parte de la novela con alguna escena, imagen o frase impactante, o inexplicable aún, que requiera continuar la lectura para su resolución o comprensión. Como una pregunta que necesita ser contestada y cuya respuesta solo se consigue en las páginas siguientes.

El origen de los *cliffhangers*, como herramienta para mantener la expectación del lector hay que situarlo en las primeras novelas por entregas de escritores como Charles Dickens o Wilkie Collins antes mencionadas. Pero se cree que el término *cliffhanger* pudo haberse originado a partir de la publicación por entregas de la novela de Thomas Hardy *A Pair of Blue Eyes* en el *Tinsley's Magazine*, entre septiembre de 1872 y julio de 1873. En uno de esos capítulos, Hardy decidió dejar a uno de sus protagonistas, Henry Knight, literalmente «colgado» de un acantilado, mirando fijamente los pétreos ojos de un trilobites incrustado en la roca.

El uso de los *cliffhangers* se generalizó a partir de la publicación en revistas de los relatos *pulp* americanos. Entonces el recurso de mantener en vilo al lector se convirtió también en una herramienta efectiva para incrementar las ventas. No negaremos, sin embargo, que como técnica narrativa existía mucho tiempo atrás. ¿Acaso no utilizaba Sherezade los *cliffhangers*, en *Las mil y una noches*, para mantener el interés del sultán con el *suspense* de sus historias y sobrevivir así noche tras noche a su destino? El *cliffhanger*, sea más o menos efectista, suele usarse como herramienta narrativa en la mayoría de las novelas al cierre de cada capítulo. Dos ejemplos diferentes de *cliffhanger* son estos fragmentos de novelas:

> La miro desnuda y reclamándome en la media luz de un anochecer o de una madrugada insomne y no puedo soportar la evidencia de que otros hombres han estado con ella y les ha sonreído al tenderles sus brazos separando los muslos igual que me recibe a mí. Hasta ahora nunca supe que el amor quiere prolongar su dominio hacia el tiempo en que aún no existía y que se pueden tener celos feroces del pasado.
>
> *El jinete polaco*
> Antonio Muñoz Molina

En esta escena, la pasión y los celos que acaba de descubrir Manuel respecto a Nadia, hacen que el lector se pregunte si el protagonista sería capaz de cometer cualquier crimen pasional futuro, si es el personaje a quien creía conocer o si aún ha de descubrir otros «feroces» sentimientos en él. Preguntas que sin duda son un perfecto aliciente para continuar la lectura en el siguiente capítulo. Veamos un ejemplo más:

> La policía en estos momentos investiga las causas del incendio, sigue diciendo la locutora, mientras yo me digo que Sarcós sigue siendo igual de bruto que siempre. Mañana hablaré con él para que me cuente cómo ha hecho las cosas, y también tendré que llamar a Collado. Decirle al herido: Qué te ha pasado, en qué lío te has vuelto a meter, hijo mío. Qué te han hecho, quién ha sido, no tendrá nada que ver con lo que querías contarme cuando me llamaste el otro día. Qué manera de meterte en líos. Espero que escarmientes. Llámame la semana que viene. Si te va mal a lo mejor yo puedo conseguirte algo. Volver a hablarle como un padre habla a su hijo.
>
> *Crematorio*
> Rafael Chirbes

En el final del primer capítulo de *Crematorio*, se sugiere que Rubén, el narrador, está implicado en el «supuesto» accidente que está escuchando por la radio. De manera sutil se deja entrever la posibilidad de que él mismo haya encargado una especie de escarmiento al tal Collado, a quien le une cierta relación, en apariencia paternal. Es evidente que el interés por averiguar si estas sugerencias son o no ciertas, incitan a pasar la página y continuar enseguida la lectura.

1.8.2. Suspender la acción: la digresión

Las digresiones pueden cumplir una función de mero retardo, pero su efecto es diferente si se incluye en un momento álgido de tensión o dramatismo. Es una herramienta que alimenta la tensión del conflicto, pero también puede cobrar relevancia estructural.Recordemos, por ejemplo, los intercapítulos de *Las uvas de la ira*, de Steinbeck, que no hacen avanzar la historia de la familia Joad. Estos capítulos impersonales son largas digresiones que confieren mayor relieve social y humano a la historia de la familia protagonista. John Steinbeck escribió en el verano de 1936, por encargo del diario *The San Francisco News,* siete reportajes sobre la emigración a California de los granjeros del Medio Oeste arruinados por la gran sequía. Es obvio que estos reportajes son la fuente directa de la historia, pero sobre todo de los capítulos digresivos que se intercalan en ella.

Aunque no se trate exactamente de una novela, o por lo menos de una novela en el sentido estricto, *Anatomía de un instante,* de Javier Cercas es una muestra excelente, y quizá extrema, de dosificación digresiva, pues la totalidad de la obra es una cadena de largas digresiones en capítulos, que se intercalan durante la narración del momento en que se produjo en España, en el Congreso de los Diputados, el golpe de estado del 23 de febrero de 1981. En el prólogo, Cercas explica y justifica su intención de narrar en el transcurso de la novela, solo una escena breve, el momento en el que Suárez permaneció sentado en su escaño de Presidente, mientras el Congreso de los Diputados era tiroteado. En el epílogo de la novela, concluye toda la digresión en torno a ese momento en el que Suárez permaneció sereno en el hemiciclo, sin ponerse a salvo como los demás:

¿Tiene razón Borges y es verdad que cualquier destino, por largo y complicado que sea consta en realidad de un instante: el instante en el que el hombre sabe para siempre quién es? Vuelvo a mirar la imagen de Adolfo Suárez en la tarde del 23 de febrero y, como si no la hubiera visto centenares de veces, vuelve a parecerme una imagen hipnótica y radiante, real e irreal al mismo tiempo… […] Anteanoche pensé que ese gesto de Suárez era el gesto de un neurótico, el gesto de un hombre que se desmorona en la fortuna y se crece en la adversidad…

El círculo se ha cerrado. El instante era el tiempo de la novela, que se ha ampliado, capítulo a capítulo. Información crucial se ha dejado gotear en cada página, suscitando la *intriga*.

Resulta interesante comprobar que si tomásemos la primera o dos primeras líneas de cada capítulo, probablemente podrían construirse un par de párrafos con sentido propio, que resumirían la totalidad de la novela. Hagamos la prueba:

Esa es la imagen; ese es el gesto: un gesto diáfano que contiene muchos gestos // El primer sentimiento es bastante acertado // Conspiran contra Suárez (o Suárez siente que conspiran contra él) los periodistas // También conspiran contra Suárez (o Suárez siente que conspiran contra él) los financieros y los empresarios y el partido de la derecha a quien jalean los financieros y los empresarios: Alianza Popular // ¿Conspira también la Iglesia contra Suárez? ¿Siente Suárez que la Iglesia conspira también contra él? // Conspira desde luego contra Suárez (o Suárez siente que conspira contra él) el principal partido de la oposición: el PSOE // Pero quien sobre todo conspira contra Suárez (quien Suárez siente sobre todo que conspira contra él) es su propio partido: Unión de Centro Democrático // Lo anterior sucede en España, donde todo parece conspirar contra Adolfo Suárez (o donde Adolfo Suárez siente que todo conspira contra él) // Así que en los últimos días de 1980 y los primeros de 1981 la realidad en pleno parece conspirar contra Adolfo Suárez (o Adolfo Suárez siente que la realidad en pleno conspira contra él) // He escamoteado al conspirador principal: el ejército.

El párrafo anterior es el resumen de los diez primeros capítulos de *Anatomía de un instante* y está construido con sus primeras frases y pausas entre sí; diez frases que contienen la información principal y toda una amplia digresión entre cada una. Tal es la idea del autor: explicar cómo toda una situación política densa y compleja durante la transición confluye de pronto en la mente de un hombre y cristaliza en su gesto de valentía o de paranoia. Desarrollaremos en extenso las posibilidades de la digresión en el capítulo once de este manual.

1.8.3. ATRAPAR DESDE EL PRINCIPIO

Finalizaremos hablando del principio, ese «por dónde empezar», tras haber visto el «qué» y el «cómo» al hablar de tema, trama y estructura. Captar la atención del lector desde el principio y suscitar en él, de entrada, esa *pregunta dramática* sobre el protagonista y lo que le ocurrirá, es todo un triunfo.Existen diferentes recursos para capturar al lector en esa primera cata, como por ejemplo: colocar en primer lugar una información incompleta o una imagen sorprendente, empezar la historia por el final, colocar a los personajes en una situación sugerente o crear una ambientación insólita.

Cuando queremos contar a alguien algo interesante que nos ha sucedido, procuramos empezar por ganar la atención de la persona que nos está escuchando. Solemos hacerlo de manera instintiva anticipando algo de eso que nos parece tan interesante, esa imagen llamativa o insólita. Por ejemplo diremos: «Ayer casi acabo en la cárcel». La imagen de uno mismo en la cárcel suscitará de inmediato, en el otro, todo tipo de preguntas; entonces contaremos la historia: «sufrí un pequeño accidente de coche… por el que acabé declarando en comisaría, donde tuve un malentendido con el agente, asunto por el que me sancionaron…». Es el caso —salvando las distancias— del arranque ya mencionado de *El túnel* de Ernesto Sabato o del célebre comienzo de *Cien años de soledad*.

Pero no es necesario anticipar un desenlace dramático para suscitar la atención. Se puede colocar a los personajes en una situación sugerente como en el comienzo de *Blanco nocturno* de Ricardo Piglia:

> Tony Durán era un aventurero y un jugador profesional y vio la oportunidad de ganar la apuesta máxima cuando tropezó con las hermanas Belladona. Fue un *ménage à trois* que escandalizó al pueblo y ocupó la atención general durante meses.

En este caso contamos con tres personajes, un hombre y dos hermanas, cuya relación causa un escándalo inmediato en un pueblo, lo que ya de por sí resulta de interés jugoso para el lector, que enseguida se preguntará: primero, por los detalles de esa relación, y segundo, por la medida en que esas hermanas eran para Durán una «apuesta máxima», más aún cuando sepamos que Tony Durán ha sido asesinado tres meses después.

También es posible seducir al lector si lo involucramos enseguida en una atmósfera intrigante o una ambientación extraña. Tal es el caso de la novela *El oficinista,* del escritor Guillermo Saccomanno:

> A esta hora de la noche, los helicópteros artillados sobrevuelan la ciudad, los murciélagos revolotean en los ventanales de la oficina y las ratas se pasean entre los escritorios sumidos en la oscuridad, todos los escritorios menos uno, el suyo, con la computadora prendida, la única prendida a esta hora.

Aunque la escena nos muestra la imagen de una oficina en la noche, los helicópteros, murciélagos y ratas, transforman por completo la idea que tenemos del entorno de un lugar del trabajo. Por esa razón nos interrogaremos enseguida sobre el lugar y el tiempo en el que sucede la acción, que parece tomado de algún lugar apocalíptico, donde la violencia hace necesaria la vigilancia armada de los helicópteros, y donde parece haber una población descontrolada de roedores. Elementos, todos, bastante perturbadores.

2

EL CONFLICTO Y EL CAMBIO.
EXPECTATIVAS Y TENSIÓN DRAMÁTICA

Ignacio Ferrando

> *La acción dramática no se limita a la tranquila y simple realización de un objetivo determinado; al contrario, se desarrolla en un medio hecho de conflictos y colisiones, y está expuesto a las circunstancias, las pasiones, los caracteres que lo rodean o que se oponen. A su vez, estos conflictos y colisiones engendran acciones y reacciones que, en un momento dado, provocan el apaciguamiento necesario.*
>
> Georg Wilhelm Friedrich Hegel

Una historia siempre cuenta algo.

Detrás de esta afirmación hay más que una simple cuestión de sentido común: cuando alguien nos interroga sobre cierto libro, su primera pregunta suele ser algo parecido a: «¿y de qué va?», «¿cuál es el argumento?». Está claro que, como lectores, una de nuestras primeras preocupaciones para establecer un vínculo de afinidad con el texto es una buena historia. Así que, como escritores, parece una cuestión primordial que debemos enfrentar desde el mismo planteamiento de nuestro proyecto.

Básicamente, una historia ocurre cuando algo anómalo se cruza en la vida de un protagonista, obligándole a superar ciertos obstáculos para lograr un determinado objetivo. Es decir, que una historia ocurre cuando Romeo se enamora de la persona inadecuada, o Don Juan siente remordimientos por sus víctimas, o Gregor Samsa se despierta convertido en escarabajo. Podríamos decir que, a partir de ahí, la historia no es más que la progresión de ese protagonista bajo el peso de las nuevas circunstancias. Preguntas como, ¿por qué Hamlet no venga a su padre?, ¿qué cambia realmente en el interior del Marlowe?, ¿logrará Jasón alcanzar el Vellocino de Oro?, ¿descubrirá Eneas su patria prometida?, obligan a la historia a avanzar, a redescubrirse, a plantear nuevas preguntas. O —dicho de otro modo— la exposición del protagonista a un conflicto y sus fuerzas opositoras generará la trama.

Sin un conflicto, por tanto, no puede haber historia; solo un texto inmanente, plano, sin tensión desde un punto de vista dramático. Necesariamente estas nuevas circunstancias afectarán, en mayor o menor medida, al protagonista. Este nunca será el mismo antes y después de la historia. No es inmune. Dorian Gray se arrepiente de haber firmado el pacto mefistofélico; Macbeth, ante el avance de las tropas de Malcolm, comprende lo erróneo de su ambición; Werther besa a Lotte pero se suicida para infligirle un mayor agravio. Es decir, se produce un cambio de actitud en la relación que inicialmente mantienen con el conflicto. El camino del protagonista concluirá con la resolución (la aceptación o no; la consecución o no) de los fines y objetivos impuestos al principio de la historia. En este tema abordaremos los elementos básicos que, desde el punto de vista de la arquitectura de lo dramático (de la *arquitrama*), son necesarios para que una historia funcione con ciertas garantías. En la segunda parte estableceremos distintas estrategias para tensionar una historia y aprovechar al máximo sus capacidades conflictivas y dramáticas.

2.1. El conflicto

¿Cuándo comienzan las historias? La primera escena de una novela suele narrar la rutina del protagonista que, en un momento dado, es rota u obligada por algo que, imprevisto o no, sucede. Este incidente desencadenante trasforma la rutina del protagonista y altera su orden de prioridades, obligándole a replantearse la situación y enfrentarse a un miedo, a un reto, puede que a sí mismo. En *La metamorfosis*, del escritor checo Franz Kafka, Gregor Samsa, sin haber cometido delito alguno, despierta convertido en un escarabajo. Su nueva situación es la de alguien repudiado por su familia, por su entorno, y esto le enfrenta a una nueva tesitura. *El extranjero*, de Albert Camus, da comienzo con la muerte de la madre de Meursault. *Un amor de Swann* se inicia cuando el protagonista conoce a la casquivana Odette y se enamora de ella. Los ejemplos son innúmeros, y remiten a la necesidad de que el protagonista quiebre su monotonía y se enfrente necesariamente a un conflicto.

2.1.1. De qué hablamos cuando hablamos de conflicto

El conflicto es, por tanto, el motor del texto narrativo, la fuerza central que lo hace evolucionar, que impele a su protagonista a luchar, a superarse; que le obliga, en definitiva, a moverse a través de la trama. Y subsecuentemente es lo que, en la mayor parte de los casos, interesa al lector. Es decir: la lucha del protagonista por superar los obstáculos.

El conflicto siempre está compuesto por un par de fuerzas de igual intensidad pero de sentido contrario. Algo que, esquemáticamente, podríamos representar así:

La *fuerza impulsora* es la que obliga a avanzar al protagonista. Suele estar constituida por un deseo (o la negación del mismo), por un anhelo, por una ambición insatisfecha, por una obligación impuesta o por una búsqueda; en definitiva, es la fuerza que guía al personaje y le impele hacia el final. Para que esta fuerza impulsora actúe correctamente debe existir una motivación verosímil. Ningún protagonista actúa porque sí. Sus motivos deben ser suficientes y sostenibles en el tiempo. Estos motivos pueden ser únicos o múltiples, y dimanar de su necesidad de supervivencia, del amor, del instinto de posesividad, de la necesidad de conocer al otro o conocerse a sí mismo… Pero solo en la medida en que, como lectores, nos identifiquemos con el protagonista y respondamos afirmativamente a las preguntas que le mueven, la fuerza impulsora será efectiva y suficiente. August Strindberg lo resume así:

Nuestras almas, curiosas de saber, no se contentan con ver suceder algo ante sus ojos, sino que quieren enterarse también de los motivos. Queremos ver los hilos, los entresijos, la maquinaria, investigar la caja de doble fondo, ponernos el anillo mágico para descubrir la sutura, escudriñar las cartas para averiguar cómo están marcadas.

En paralelo a esta fuerza impulsora, y con un sentido contrario, existe *una fuerza antagonista o represora* que se opone a que el protagonista alcance sus objetivos. Es necesario entender que la fuerza antagonista, en un conflicto, genera, asimismo una mayor intensidad dramática, un mayor interés por parte del lector. Stanislavski, que hizo del antagonismo una de sus señas identitarias, lo explica claramente:

> Toda acción se encuentra con una reacción, y la segunda suscita y refuerza la primera. Por eso en cada obra, a la par con la línea continua de la acción, pasa en sentido opuesto la otra línea, la de la acción contraria. Es una suerte, porque la reacción origina naturalmente nuevas acciones. Necesitamos esa oposición constante, pues promueve luchas, disputas y una serie de correspondientes objetivos por resolver. Suscita la actividad que es la base de nuestro arte. Si en la obra no hubiera acción contraria y todo se ordenara por sí solo, los intérpretes y los personajes representados no tendrían objetivo alguno; todo sería pasividad, y la obra no sería apta para la escena.

Una de las asignaturas a menudo desdeñadas en la narratología es la importancia de la calidad antagonista. Como autores solemos poner un mayor énfasis en caracterizar y matizar al protagonista (quizá por los movimientos empáticos e identificativos que nos unen a él). Su opositor u opositores suelen quedar desdibujados, llevados a menudo a la categoría de arquetipo, de caricatura. Pero si imaginamos la fuerza impulsora del conflicto sin su contrario, el resultado es la simple descripción de una anécdota, de una peripecia. Por ejemplo, imaginad a Gregor Samsa recién despertado, convertido en escarabajo. Su hermana y sus padres llaman a la puerta. Al verle, asumen su nueva condición con naturalidad y le dan la bienvenida: «Hola, insecto, ¿qué tal estás?». O a Romeo. Imaginad que le dice a Julieta «Te amo» y Julieta responde «Yo también a ti». Y los Montesco y los Capuleto, enterados de la noticia, responden, «Hijos, contáis con nuestro beneplácito». ¿Dónde está la historia? Parece evidente que sin fuerza antagonista aquella no existe, y que además esta fuerza ha de tener una presencia y un peso específico equilibrado dentro de la correlación que rige el conflicto, ya que existe una retroalimentación causa-efecto, una reciprocidad en la que si una crece, crecen ambas. Y viceversa: si una falla, fallan las dos. A esta diferencia entre las fuerzas impulsoras y las fuerzas antagonistas se la conoce con el nombre de «urgencia del personaje». La urgencia del personaje está directamente vinculada a la *tensión dramática* de un texto.

La fuerza antagonista puede estar constituida por un solo elemento o la suma de varios de ellos. No es erróneo considerar al protagonista, en palabras de McKee, como un «corredor de fondo». Un atleta que debe librar una multitud de obstáculos, no solo vallas y fosos, sino también luchar contra un cronómetro, contra las inclemencias, contra otros corredores y contra su propio instinto que le invita a la rendición antes de la meta. Asaltar un banco sin cámaras, sin cajeros, sin sistemas de seguridad, puede ser muy cómodo, pero, desde luego, poco narrativo. Syd Field, en *El libro del guión,* describe así el proceso de concebir las fuerzas antagonistas:

> Si conoce usted la necesidad de su personaje, puede crear obstáculos para la satisfacción de esa necesidad. Su historia es la historia de cómo supera el personaje esos obstáculos. El conflicto, la lucha, la superación de los obstáculos, son los ingredientes fundamentales de cualquier drama. Y también de la comedia. La responsabilidad del autor es provocar los conflictos suficientes para mantener el interés del lector. La historia siempre tiene que avanzar hacia la resolución.

Tradicionalmente, los elementos antagonistas han venido dividiéndose en dos grandes grupos: los internos (originados generalmente de una causa de carácter espiritual o moral) y los externos (o antagonistas físicos).

En la *Odisea* de Homero, por ejemplo, los antagonistas son, en su mayor parte, de carácter externo. Odiseo, nuestro héroe, debe superar una serie de obstáculos (la hechicera Circe, el Cíclope, el canto de las sirenas, los lotófagos…). Este esquema, que está en la base de todas las historias de aventuras, se basa en la linealidad sucesiva de antagonistas externos.

Sin embargo en, por ejemplo, *La muerte en Venecia,* Thomas Mann construye una obra cuya principal fuerza represora es el propio protagonista. Gustav von Aschenbach, escritor estéril y viudo, decide viajar a Venecia en busca del ideal de la belleza, lejos del encierro de sus libros. Allí se topa con el joven Tadzio, que ejerce sobre él una fuerte atracción. Todo en la obra ocurre en la cabeza del protagonista. Dicho en otras palabras, el antagonista de Aschenbach es el propio Aschenbach. En *Hamlet*, una de las fuerzas antagonistas —quizá la más importante de la tragedia— es el debate interno del Príncipe de Dinamarca, el famoso «ser o no ser» del acto III. Esta duda sistemática, esta incapacidad para vengar la muerte de su padre a pesar de los indicios concluyentes, obliga al personaje a crecer, a evolucionar, a librarse de sus dudas y reticencias para traspasar la línea del acto final. Sin embargo, no es menos cierto que al mismo tiempo en *Hamlet* existe todo un elenco de antagonistas externos. El tío de Hamlet, que observa su comportamiento enloquecido. U Ofelia, que dice amarle pero se pliega a los deseos de su padre. O Gertrudis, a la que no quiere dañar matando al rey traidor. De algún modo, todos estos personajes satélite ejercen una fuerza contraria, de mayor o menor intensidad que, sumada a la incapacidad del personaje, tensiona la ejecución y genera expectativas hacia el último acto. En este caso, se suman las fuerzas de los antagonismos internos y externos, aumentando la tensión de la tragedia que busca un *crescendo* progresivo.

Aunque en los dos últimos ejemplos el elemento antagónico interno tiene una presencia poco habitual, podríamos generalizar diciendo que un antagonismo externo (o físico) es siempre más fácil de visualizar por parte del lector que uno interno, y que, por tanto, su eficacia estás inmediata en términos narrativos.

2.1.2. Características del conflicto

Vamos a determinar algunos principios generales que rigen el diseño de conflictos:

Unidad alrededor del tema.

Es importante destacar que, aunque en una novela puedan existir varios conflictos, aunque su enfoque sea diverso atendiendo al protagonista sobre el que están focalizados, todos ellos deben apuntar hacia un único tema. Veamos un ejemplo sencillo: imaginad un triángulo amoroso. Un marido es infiel a su mujer. Para la esposa, el conflicto es la traición del marido. Para el marido, la necesidad de elegir entre la mujer y la amante. Y para la amante, el deseo de que abandone de un modo definitivo a su mujer o no esté lo suficientemente comprometido con ella. Tres conflictos distintos orbitando alrededor del mismo tema.

Es cierto que, a veces, dentro de una novela pueden existir varios temas. En este caso es necesario establecer una relación clara de preeminencia entre ellos, ¿cuál es el principal?, ¿cuál o cuáles son los secundarios? Es decir, que si el tema principal de *La muerte en Venecia* es la aceptación de su propia debilidad por parte de Aschenbach, no es menos cierto que, paralelamente, Mann refleja una Venecia decadente, sucia, hipócrita (una metáfora del «hundimiento» de la cultura occidental, de los valores que representa, y que, a su vez, están reflejados en la personalidad de Aschenbach): símil de una Europa prebélica, caduca, anquilosada y gris. El propio Aschenbach, admirador de Hölderlin y Goethe, se identifica con esta Europa, que se enfrenta a la amenaza del instinto. Pero queda claro que el tema principal (y su correspondiente conflicto) reside en la búsqueda de la belleza platónica representada por el joven Tadzio, y que este otro, la inutilidad de la cultura occidental ante el instinto, queda subordinado al primero.

Urgencia.

El conflicto que se le plantea al personaje debe ser mostrado cuanto antes. Solo de este modo, en la medida en que el lector entienda que al protagonista le mueve un deseo (o una frustración) y que hay una o varias fuerzas que se le oponen, tendrá la sensación de tener un norte, un referente, una carrera de obstáculos que librar. Identificando el motor de la historia, todo lo que se cuente irá adhiriéndose a la coraza del personaje, dándole entidad, creciendo, engrosándole. Nada será accesorio. Edward A. Wright lo expresa así:

> La exposición del conflicto frecuentemente se encuentra a los pocos minutos del comienzo de la obra, en esta parte aprendemos quiénes son los personajes, qué ha sucedido, cuáles son sus objetivos, sus relaciones o sentimientos entre cada uno de ellos, en resumen, el *statu quo* de su mundo.

De hecho, no es infrecuente, sobre todo en teatro, donde las necesidades de tensión dramática «instantánea» son superiores, que en el primer acto veamos enfrentados a protagonista y antagonista. Ambos sentados en sillas, retados por el otro, dialogando. Estas dos fuerzas, al actuar, generan inmediatamente, de modo recíproco y automático, un conflicto. En *El último encuentro*, del húngaro Sándor Márai, Henrik y Konrad, dos antiguos amigos, se reencuentran después de cuarenta y un años de separación. Konrad es bosquejado como un soldado con alma de artista, apasionado, noble, capaz de enamorar a la mujer de Henrik. Mientras Henrik es un general aristocrático, aburguesado, sin escrúpulos. Es decir, ambos son personajes opuestos en el *ring* de la acción dramática, y esto provoca que entre ellos surja, con carácter inmediato, un flujo de conflictividad.

Es decir, en la medida en la que el par de fuerzas antagónicas operen desde el planteamiento de la historia, esta echará a rodar con un fin. La bella y la bestia, por ejemplo, el asesino y su víctima, el padre autoritario y el hijo poeta. Pares de fuerzas irreconciliables, cuanto más asimétricos mejor, que obligan al conflicto a emerger desde las primeras líneas.

Conciencia.

Es importante destacar que la conciencia, por parte del autor, de la existencia de un conflicto es una herramienta de trabajo. La propia Patricia Highsmith, en *Suspense*, asegura que después de veinte novelas seguía colgando un folio junto a su computadora con una frase que resumiera el conflicto de su historia. De ese modo, cada vez que empezaba a divagar, sabía a dónde debía regresar. O dicho de otro modo, debemos recelar cuando nuestro protagonista transite senderos que no sean los que conducen a la resolución del mismo.

2.1.3. Clasificación de conflictos

José Luis Alonso de Santos, en su libro *La escritura dramática,* establece una clasificación exhaustiva de conflictos que amplía y matiza lo dicho hasta ahora. Para Santos existen los siguientes tipos:

Conflicto interno: el conflicto del personaje es interno y el antagonismo es generado por la necesidad del personaje de ser lo que no es y alcanzar, con ello, algún tipo de equilibrio o felicidad. *Hamlet* o *La muerte en Venecia* o *El jugador* son buenos ejemplos de conflictos internos.

Conflicto de relación: es aquel que se origina por discrepancia entre los objetivos perseguidos por el protagonista y el o los antagonistas. *Romeo y Julieta, La metamorfosis* o *El último encuentro* figurarían en esta clase de conflicto.

Conflicto de situación: se da cuando el protagonista no está satisfecho con alguna de las facetas de su presente o su pasado y quiere aspirar a una situación vital diferente (social, amorosa…). *El retrato de Dorian Gray*, donde el joven Dorian pretende la juventud eterna, sería un conflicto de situación. Dentro de los conflictos situacionales tendrían capítulo aparte aquellos en los que el protagonista ha de enfrentarse a su propio *statu quo* para superarlo: a su situación familiar (*Intimidad* de Hanif Kureishi; *Corre, conejo* de John Updike), a una situación política (*Antígona* de Sófocles), o a una situación vital (*El cartero*, Charles Bukowski).

Conflicto social: en este caso, el protagonista debe luchar contra su entorno, que trata de anularle o no le acepta, pues considera que no está a la altura de las circunstancias. En *¡Absalón, Absalón!*, de William Faulkner, Thomas Sutpen regresa a Mississippi rodeado de un aura enigmática. Para algunos es el mismísimo diablo (en realidad, representa los valores de la Nueva América) y en el pequeño y claustrofóbico pueblo, todos parecen oponerse a que Thomas logre su integración en la comunidad. Entre los motivos por los que *El amante*, de Marguerite Duras, codicia a la joven de piel blanca está su raza. O la pertinaz exclusión social de Jean Valjean en *Los Miserables*.

Por supuesto, las barreras que separan los distintos tipos de conflicto no son estancas, y muchas veces beben, al menos en parte, de varias de estas tipologías: véase el abanico de conflictos que emplea Dumas para desencadenar la trama de *El conde de Montecristo*.

2.2. El cambio

Hemos visto que toda historia debe tener un conflicto. Y que el protagonista ha de relacionarse con ese conflicto manteniendo un vínculo de superación, resignación o rendición. Pues bien, para terminar de transmitir la sensación de que «algo pasa» en nuestra historia, debe producirse un cambio en el modo en que el protagonista se relaciona con su conflicto. Cuanto mayor sea la disimetría de esta relación entre los puntos inicial y final del texto, mayor será la tensión dramática generada. De hecho, un modo muy eficaz de detectar el conflicto (y el tema) de una historia es hacer una «fotografía» del protagonista al principio de la historia y hacer otra al final. Comparando ambas, viendo qué es lo que se ha transformado en el camino, detectaremos la dimensión de ese cambio.

Imaginemos ahora a Marlow, el protagonista de *El corazón de las tinieblas*. Este marinero emprende un viaje a la búsqueda de Kurtz, un personaje que, para él, encarna y representa los valores más loables del colonialismo victoriano. Cuando llega al «corazón de las tinieblas» (un viaje a la vez físico y espiritual) descubre a un Kurtz proscrito, asesino, que se hace adorar por los indígenas y los maneja, no con su oratoria, sino con el terror que les inspira. Es decir, Kurtz es alguien muy diferente de la persona que esperábamos encontrar, la que Marlow ha ido perfilando durante el viaje. La interpretación es inmediata. Los ideales soñados de Marlow (por extensión, los del colonialismo) no son nada en mitad de la selva, donde lo que media es el bajo instinto, la sangre, la codicia y, en definitiva, lo peor del individuo. Pero ¿qué pasaría si Marlow encontrara a un Kurtz aristocrático, honesto, distinguido, a alguien inmune al estigma de la selva que concuerda con sus expectativas? Pues que no apreciaríamos ningún cambio sobre la situación planteada y el texto se convertiría en la narración de un simple viaje, en un diario de la selva.

El cambio del personaje es necesario en tanto en cuanto le da al final su carácter conclusivo. Una vez alcanzada la «metamorfosis», el lector extrae la conclusión de que la historia ha agotado sus posibilidades dramáticas y debe terminar. Ni que decir tiene que este cambio debe ser único: si las circunstancias provocan un nuevo cambio en la dirección de partida, la sensación percibida es la de un cambio convulso, errático, en todo caso no definitorio. Por ejemplo, recordemos a Stephen Dedalus, el protagonista de *Retrato del artista adolescente*. En esta novela se narra el viaje iniciático del trasunto del propio James Joyce. El texto termina con la famosa exégesis en la que, después de un periplo por instituciones religiosas y universitarias, Stephen se encuentra con una joven en el puerto de Dublín. Lleva la falda recogida y el sol, detrás de ella, perfila sus muslos. Con esta imagen, Joyce nos revela que el arte, al menos el que él perseguirá en adelante, está en el mundo, en este mundo. Y así termina el texto. Pero ¿qué pasaría si, una vez hecha la revelación, el protagonista sintiera la imperiosa necesidad de regresar, de nuevo, a la biblioteca de los jesuitas?, ¿qué pasaría si le asaltaran de nuevo las dudas y quisiera volver a las aulas? Simplemente se entendería que esta imagen de la mujer del puerto es un avatar más del protagonista, una duda. El texto sería, en este sentido, potencialmente infinito.

El cambio debe sufrirlo el protagonista del texto, y no un personaje secundario. Quien resuelve el conflicto es el protagonista, y por tanto es él quien experimenta el cambio, al margen de que este afecte tangencialmente a otros personajes (en particular, al llamado *contagonista*). Probablemente ese cambio se produce por un motivo que se ha ido larvando a lo largo del texto o por algo que ocurre de repente y le hace tomar conciencia al personaje de lo necesario de un cambio de actitud. El cambio no se provoca de un modo espontáneo sino que obedece a razones y motivos casi siempre externos.

Y por último, pero no menos importante: dicho cambio ha de obedecer a causas y motivos que hayan venido planteándose a lo largo del texto. Motivos que, o bien han crecido en un plano larvario, o se desbordan cuando *algo* sucede y obliga al protagonista a tomar conciencia. Claudio, el tío de Hamlet, debe morir a manos del príncipe, y no de un modo fortuito o a manos de otro. Del mismo modo que Eugénie Grandet debe casarse con el marqués de Froidfond y padecer el desengaño de Charles.

2.3. GENERACIÓN DE EXPECTATIVAS. LA TENSIÓN DRAMÁTICA

Hasta ahora hemos definido los dos elementos proteicos que configuran la arquitectura de una historia: un conflicto (un motor) y un cambio (una meta). Sin embargo, aún nos falta explorar las posibilidades dramáticas que la combinación de ambos elementos nos ofrece. Existen multitud de estrategias para tensionar una historia, para elevar los posicionamientos de protagonista y antagonista hacia extremos divergentes y aumentar con ello los contrastes dramáticos de la historia. En definitiva, todas estas estrategias persiguen lo mismo: generar preguntas, interrogantes, expectativas cuya respuesta aliente al lector en su avance de «querer saber» a través del texto. Tal y como afirma David Lodge en *El arte de la ficción*:

> [Las novelas] mantienen el interés del público formulando preguntas y retrasando las respuestas. Las preguntas son, a grandes rasgos, de dos tipos: se refieren o bien a la causalidad (¿quién lo dijo?) o bien a la temporalidad (¿qué pasará ahora?).

O, dicho de otro modo, la generación de expectativas se basa en activar y alimentar constantemente los mecanismos de comunicación bidireccional entre el texto y su lector. Juan Benet, en *Ensayos de incertidumbre* lleva esta afirmación al extremo al considerar una obra artística como un «Sistema de preguntas»:

> La obra de arte funciona, en muchos casos, como un sistema que no es respuesta a una pregunta, sino como un conjunto de preguntas y respuestas dentro de sí mismas; preguntas y respuestas acerca de un sistema de enigmas que no han tenido una solución perfecta en la composición del mundo de la que se parte. Así, la obra de arte se plantea muchas veces como formulación primera de la pregunta; y la pregunta es una obra de arte muchas veces. Después está el intento de dar una

respuesta satisfactoria a esa pregunta; si la respuesta
es plenamente satisfactoria, quiere decir que la pregunta también ha sido formulada con exquisitez. Si la
respuesta es imperfecta, también es imperfecta la pregunta, y es preciso remitirse a otra: suele ser una cadena
de imperfecciones que en sí misma llega a ser perfecta.

Este tipo de recursos no son exclusivos de la mala narratología, ni una costumbre de los guionistas de Hollywood
para suplir su falta de talento. No hay nada de artificioso en
la concepción de estrategias dramáticas. Una historia con
unas buenas expectativas será capaz de cargar, a sus espaldas, con la idea más abstracta y ambiciosa, con el discurso
más farragoso y la propuesta de significado más avezada.

En *La náusea*, de Jean-Paul Sartre, el protagonista, Antonie Roquetin, es un treintañero que vive solo en Bouville.
Para él la vida es un sinsentido. Lo único que puede sal-
varle de ese pesimismo existencial es su joven ex amante,
Anny, a la que recuerda de otros tiempos con trazas casi
angelicales. *La náusea* es la historia de ese viaje hasta que
Antonie se reencuentra con Anny en la habitación de un
hotel. La sociedad, a través de Roquetin, es vista en toda
su crudeza, bajo una perspectiva tan terriblemente lógica
y existencial como aplastante. Incluso hay un momento
en que parece desfallecer y fantasea con la posibilidad
de suicidarse. Lleva con él una pistola. Sartre era, además de filósofo y novelista, un gran dramaturgo. Conocía
perfectamente la técnica y sabía que algo tan abstracto (y
quizá elitista) como su filosofía solo podía llegar al «gran
público» a través de estrategias de tensión dramática. El
lector, al leer *La náusea*, además de transitar por el más
puro sinsentido, se pregunta qué sucederá cuando Antonie

se encuentre definitivamente con Anny. ¿Le librará del lastre de una existencia vacía?, ¿será como la imagina? ¿Se suicidará Antoine? ¿Es verdad que uno de los personajes presentados es un pederasta? Señalo solo algunos interrogantes de los muchos que utiliza Sartre para generar tensión dramática, pero son muchos más. Es decir, que el texto se nutre de sus propias expectativas y estas son, en gran parte, su motor. Y sin embargo el objetivo último (y quizá el único) de Sartre es hablar del paradigma del hombre contemporáneo, de su lucha y de la victoria de la barbarie. Es decir, formular su tesis.

Podríamos decir que la tensión dramática (en este y en muchos casos) ejerce de viático, de automóvil que permite al autor cargar a la historia con su valor de significado, con su equipaje. No se trata de un engaño, ni de un artificio, sino de algo necesario para lograr un fin deseado.

Obras narrativas de una gran ambición conceptual como *La montaña mágica*, se sustentan en estrategias de este tipo. Esta obra magna de Thomas Mann acontece en el sanatorio para tuberculosos Berghof. Mientras los personajes fingen que nada pasa, desarrollan una imponente farsa (representativa de la Europa de preguerra) y revelan una capacidad intelectual que no pocas veces roza lo cargante, la enfermedad pulmonar los va cercenando. Los aniquila, van muriendo uno a uno ante la indiferencia del resto. Hans Castorp entra en Berghof sano para visitar a su primo Joachim Ziemssen. Pero, poco a poco, él mismo caerá enfermo y su situación se agravará convergiendo hacia un único final posible. En el entreacto, los personajes se enamoran, se ocultan cosas, fantasean con un final feliz. Incluso la escena final está protagonizada por un duelo entre Naphta y Settembrini.

Son solo dos ejemplos, alejados notoriamente de las historias «poco sustanciales», que ratifican la necesidad de unos engrasados mecanismos para generar expectativas. O como resumía Waldo Emerson, de «descansar lo bello sobre la base de lo necesario». Nos hemos permitido hacer una clasificación analítica de los modos y maneras que existen para crear y reforzar la tensión dramática en un texto.

2.3.1. Expectativas violentas o «suspense»

Un modo muy efectivo de generar expectativas es provocar suspense, en su acepción más amplia. Según Patricia Highsmith, maestra del género de misterio, el suspense es «la expectativa de que algo va a terminar de modo violento». O dicho de otro modo, la sensación de que el protagonista puede morir o ser víctima de unas circunstancias violentas.

La aparición de un arma es uno de los trucos más viejos —y básicos— para crear suspense. En *El último encuentro*, de Sándor Márai, Henrik y Konrad vuelven a encontrarse después de cuarenta y un años. Konrad tuvo una aventura con Kriztina, la mujer de Henrik. Un día, durante una cacería, Heinrik siente que su amigo le apunta con un arma. El crimen no llega a producirse, quizá por cobardía o porque el valor de la amistad puede más en Konrad. Henrik lo recuerda así:

«Esto mismo sentiste tú quizás por primera vez en tu vida, cuando en aquel bosque, en aquel punto de acecho, levantaste el arma y apuntaste para matarme». Se inclina por encima de la pequeña mesa que hay entre los dos, delante de la estufa, se sirve una copita de licor, y saborea el líquido color púrpura con la punta de la lengua. Satisfecho, vuelve a poner la copita sobre la mesa.

La novela se inicia en el presente, mientras el general Henrik espera la llegada de su antiguo amigo. Entonces saca una pistola del cajón y la acaricia. Inmediatamente la tensión dramática se dispara. ¿Matará a Konrad?, ¿qué le mueve exactamente a hacerlo? ¿Quizá le tiene miedo? ¿Quizá es una simple cuestión de precaución? ¿La necesidad de una respuesta? ¿La reconciliación? ¿La venganza? ¿La necesidad de recuperar una amistad en otro tiempo apasionada? ¿El perdón? ¿La envidia? Sea como fuere, la aparición de ese objeto con capacidad de matar carga la escena inicial de expectativas violentas y plantea un interrogante de primer orden.

Estas expectativas no solo deben ser planteadas, sino mantenidas a lo largo del texto, convertidas en un «estado de vigilia». Henrik, a lo largo del encuentro, dice cosas como esta:

> Estábamos solos en medio del bosque, en esa soledad nocturna de la madrugada del bosque, de las fieras, donde uno siempre se encuentra perdido, perdido en su vida y en el mundo, aunque solo sea un instante, y se siente atraído por un lugar que podría ser su casa, un lugar salvaje y peligroso, pero que sigue siendo su única y verdadera casa: el bosque, las aguas profundas, el escenario del mundo primitivo. Siempre sentía esta sensación cuando iba de caza.

La aparición de un arma (o estrategias similares) es el modo extremo, y a menudo el menos elegante, de plantear una situación de suspense. Cortázar, en «Casa tomada», donde los protagonistas van siendo acorralados por una fuerza oculta e innominada, trabaja en un plano mucho más sutil y efectivo (¿qué representa exactamente esa fuerza que va tomando la casa?, ¿por qué les va arrinconando?) O Thomas Mann, de nuevo en *La muerte en Venecia*, cuando se sirve de la capacidad metafórica de la peste que asola Venecia para transformarla en una fuerza oculta, maléfica y violenta, que acosa la acción del personaje (y la acota en el tiempo). Es decir, que no es necesaria la presencia explícita del objeto generador de suspense. De hecho, muchas veces, la no existencia física del mismo genera efectos inmejorables. Es el caso de «Miedo en la Scala», el relato de Dino Buzzati. En esta, la alta burguesía de Milán asiste a una representación en la ópera y, de repente, escuchan ruidos en el exterior. Creen que el pueblo se ha sublevado, que va a por ellos. Sienten la ópera sitiada por sus gritos, por sus imprecaciones. Saben que serán ajusticiados por los dispendios que obligan al pueblo a una vida miserable. Un miedo cerval se apodera de ellos. Pero al salir de la ópera, sin embargo, solo ven una escalinata vacía. La plaza. No hay nadie fuera. La lectura es inmediata: el terror lo ha producido el profundo sentimiento de culpa que padecen. El objeto de suspense está oculto, pero su intensidad (la intensidad que cada lector le otorga) es superior al efecto de mostrarlo.

Muchas veces, el suspense dimana, más que de una situación generada por los personajes, por la coyuntura en que estos se encuentran. Por ejemplo, si comenzamos una historia con un personaje colgando de un acantilado (como es el caso de *Un par de ojos azules*, de Thomas Hardy), o si colocamos a nuestros personajes en la noche anterior a la que han de ser ejecutados (*Muertos sin sepultura*, de Jean-Paul Sartre), o a punto de ser colgados de una soga («Un suceso en el puente sobre el río Owl», de Ambrose

Bierce) o a punto de congelarse («El fuego de la hoguera», de Jack London) tenemos asegurada la generación de expectativas de suspense.

Por último, me gustaría reparar en la disposición del suspense de una obra como *Hamlet*. Si pudiéramos representar gráficamente el suspense, podríamos deducir fácilmente que los momentos de mayor intensidad corresponden al espacio entre actos, donde este debe reforzarse para evitar perder la atención del lector.

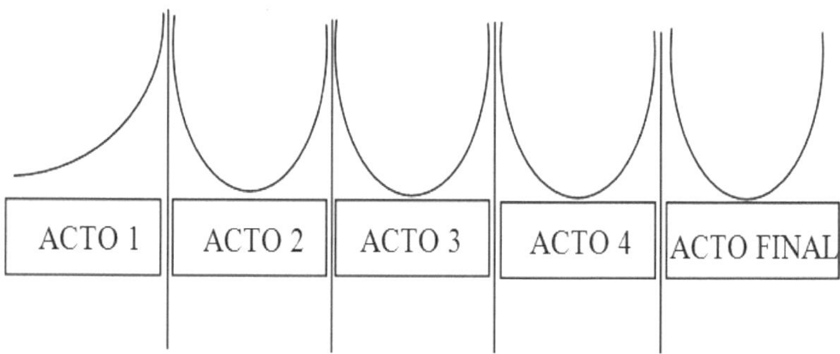

FINAL DE ACTO	ACONTECIMIENTO
I	Aparece la sombra del padre reclamando venganza.
II	Gracias a la argucia del «teatro dentro del teatro», Hamlet desenmascara al rey delante del pueblo.
III	Muerte de Polonio, el conspirador, padre de Ofelia.
IV	Muerte de Ofelia.
V	Venganza final.

Del mismo modo, los puntos menos dramáticos —los soliloquios del príncipe— se reservan para las partes centrales de cada uno de los actos.

2.3.2. OCULTACIÓN DE INFORMACIÓN O «INTRIGA»

Podríamos decir que todas las historias, en mayor o menor grado, ocultan algún tipo de información. Información relevante, desde luego, para la acción o para determinar el cuadro de significado de la historia. Esta información irá siendo revelada progresivamente a través de indicios, de respuestas, incluso de nuevas preguntas.

La selección de un correcto punto de vista es fundamental a la hora de manejar mecanismos para generar expectativas a través de la ocultación. Por ejemplo, si usamos un narrador interno en primera persona, no parece muy buena idea ocultar algo que el protagonista sabe. Imaginemos que ha cometido un asesinato. El narrador podrá ocultar esta información unas páginas, pero no mucho más. Si lo hacemos, el lector extraerá la idea de que algo le ha sido ocultado deliberadamente, de un modo falso y artero.

Un narrador equisciente —veremos qué es tal cosa en detalle en el próximo capítulo— sabrá todo del personaje sobre el que está posicionado, pero no del resto. Es decir, que, preferentemente, podrá ocultar información de los otros.

Las estrategias para generar tensión dramática por ocultación, se dividen en dos grandes grupos:

Cuando el lector sabe más que los personajes.
En este caso la tensión se genera en la dirección lector-personaje, por superioridad u omnisciencia con respecto a la situación dramática. En el libro de François Truffaut *El cine según Hitchcock* el maestro pone un ejemplo muy clarificador:

Nosotros estamos hablando. Acaso hay una bomba debajo de esta mesa y nuestra conversación es muy anodina. No sucede nada especial y de repente: ¡Bum! Una explosión. El público queda sorprendido… Examinemos ahora el suspense. La bomba está debajo de la mesa y el público lo sabe, probablemente porque ha visto al anarquista que la ponía. El público sabe que estallará a la una y sabe que es la una menos cuarto (hay un reloj en el decorado); la misma conversación anodina se vuelve de repente muy interesante porque el público participa de la escena. Tiene ganas de decir a los personajes que se encuentran en la pantalla: «No deberías contar cosas tan banales, hay una bomba debajo de la mesa y pronto va a estallar».

El ruido y la furia, de William Faulkner, o *Expiación*, de Ian McEwan, se basan en el mismo principio de ocultación para generar tensión dramática. Cada una de las partes de ambos libros está protagonizada por un personaje. Este personaje es hermético al resto. Solo el lector dispone de toda la información y conoce la verdadera relevancia de cada una de las acciones, de los efectos que la interacción entre ambos producirá.

Cuando el lector sabe menos que los personajes.
Este modo de generar tensión dramática también se conoce con el nombre de «intriga». En este caso la tensión se genera en dirección personaje-lector mediante la ocultación de algún tipo de información relevante al lector. Por ejemplo, en *La invención de Morel* un náufrago llega a una extraña isla. La isla parece desierta, pero al poco empieza a ver hombres y mujeres jugando al tenis, aparentemente

veraneando. El protagonista investiga quiénes pueden ser, qué hacen allí. Poco a poco veremos que son una suerte de hologramas proyectados por un ingenio diseñado por Morel usando la fuerza de las mareas. Es decir, Morel nos lo oculta y como lectores vamos sabiendo poco a poco, de un modo dosificado y estratégico, quién es quién, qué sucede. Por extensión, este tipo de ocultación es la que usan, en gran parte, las novelas policiacas y de misterio.

2.3.3. Generación de expectativas amorosas

En lenguaje cinematográfico y de creación de guiones estas expectativas se conocen con el nombre explícito de tensión sexual no resuelta. Si echamos un vistazo a la historia de la literatura, observaremos que gran parte de esta se fundamenta sobre las relaciones de seducción, de acercamiento y ruptura, de flirteo y consumación. *Orgullo y prejuicio,* de Jane Austen, *El amante de Lady Chatterley*, de D. H. Lawrence, *Madame Bovary* de Flaubert y *Retrato de una dama*, de Henry James, son algunos ejemplos de ello. Aunque no como en el siglo xix, el lector de hoy sigue experimentando esa pulsión por las relaciones amorosas no consumadas, que se retardan, que durante páginas figuran en calidad de expectativa.

En *La bestia humana* de Émile Zola existe una escena memorable entre Jacques Lantier y Séverine en el jardín de Batignoles, en París. Séverine y su marido, Roubaud, acaban de cometer un asesinato. Jacques les ha visto casualmente y ahora Rouband manda a su atractiva mujer para que seduzca al testigo y asegurarse con ello su silencio. Se inicia entonces un juego de aproximaciones y distanciamientos entre el enamoradizo Jacques Lantier y la sibilina Séverine, que lo rechaza y da esperanzas a un tiempo para mantener viva la tensión entre ambos. La escena dura unas treinta páginas y se sustenta, exclusivamente, en la tensión sexual generada entre ellos. Al margen de que esta escena nos parezca más o menos actual (lo que, dicho sea de paso, le confiere una cierta comicidad), está cargada de una ambigüedad deliberadamente sexual:

> —Claro está que no la dejo a usted —contestó él con tono brusco—. Solo que nos queda más de una hora de espera… ¿Qué le parece si entrásemos en un café?
>
> Séverine sonreía feliz al verle tan amable, y vivamente exclamó:
>
> —¡Oh!, no, no, no quiero encerrarme… Prefiero ir por las calles, adonde usted guste, paseando.
>
> Y ella misma le agarró del brazo con mucha gracia. Ahora…
>
> Pero sentía que aquello convenía y que, hablando, le conquistaba. Dulcemente cogió su mano y le miró. La espesura de árboles verdes los ocultaban a los ojos de los paseantes de las calles vecinas, solo oían un lejano rodar de coches, atenuado aún en aquella soledad llena de sol. Y sin transición, con toda su alma, a media voz, le dijo:
>
> —¿Me cree usted culpable?
>
> Sufrió un ligero estremecimiento y detuvo su mirada en la de Séverine.
>
> —Sí —contestó, con la misma voz baja y emocionada.
>
> Entonces ella estrechó la mano del joven, que no había soltado, con una presión más íntima; y no continuó enseguida; sentía la fiebre, la necesidad de unirse ambos.
>
> —Se engaña usted, no soy culpable.

Decía aquello, no para convencerle, sino para indicarle que le era preciso permanecer inocente a los ojos de los demás. Era la confesión de la mujer que dice no, deseando que sea siempre no, a pesar de todo.

—No, no lo soy. ¿No me apenará usted más creyéndome culpable?

Y era muy feliz, viendo que fijaba profundamente los ojos en los suyos. Claro está que lo que había hecho era la entrega de su persona: pues ella, entregándose así, no podría excusarse si más tarde él la reclamaba. Pero el lazo hallábase ya anudado entre ellos, indisoluble: ahora sí apostaba a que el joven no hablaría; era suyo, así como ella era de él. Una confesión los había unido.

—¿No me atormentará usted más? ¿Me cree usted?

—Sí, la creo —contestó él sonriendo. [...]

—Debería usted darme la otra mano para que la caliente.

—¡Oh no, aquí no! Nos verían.

—¿Y quién?, puesto que estamos solos… Además, no veo qué mal puede haber en esto. No resultaría nada malo…

—Así lo espero.

Se reía de veras, en medio de la alegría de verse salvada.

Hoy pocas cosas han cambiado. *El mar, el mar*, de Iris Murdoch; *Pieza de verano*, de Christa Wolf o *Malina*, de Ingeborg Bachmann son tres ejemplos actuales de expectativas amorosas. En todas ellas es necesario barajar constantemente las dos alternativas: la consecución del amor o su frustración. En el momento en que una de ellas se perfila por encima de la otra, la tensión sexual desaparece. En estas historias, el clímax se produce cuando, después de una aproximación progresiva, que permite vislumbrar la relación, se produce una ruptura definitiva, que convoca el desenlace, consistente en una última y definitiva unión.

Hay una familia temática que hace de las expectativas amorosas su principio dramático vertebral: la del Pigmalión enamorado de su propia creación (reflejo de su propio ego). En *Las metamorfosis* de Ovidio, el rey de Chipre se enamora de su estatua, del mismo modo que el profesor Higgins, de la obra de Bernard Shaw, se enamora de una violetera. En ambos casos, los protagonistas caerán en su propia trampa. Lo importante es notar que cuanto mayor es la disimetría entre los caracteres de los personajes que comparten la relación, mayor es la generación de expectativas sobre el final. La violetera deslenguada y el aristócrata, la prostituta tierna y el empresario desalmado. Julia Roberts y Richard Gere.

A veces, la tensión sexual no se produce estrictamente en esta dirección clásica, sino que otro tipo de motivos, vinculados a la naturaleza del acto sexual, la favorecen. Es el caso, por ejemplo, de la Nobel austriaca Elfriede Jelinek, que en sus novelas denuncia la sexualidad como herramienta de sometimiento masculina, no exenta, por otra parte, de fascinación. Os remitimos a la escena de *La pianista* —demasiado extensa para ser reproducida aquí íntegramente— donde la protagonista va al jardín de Prater, donde acude con cierta frecuencia con sus prismáticos a observar a lasparejas hacer el amor.

En esta novela, la pulsión sexual tiene otro tipo de naturaleza (morbosa, parafílica, perversa…), sin embargo, el principio que activa y mueve al personaje, es similar. Es el caso de *El hombre que mira*, de Alberto Moravia o gran parte de la narrativa de Henry Miller (*Sexus*, *Plexus* y *Nexus*).

2.3.4. Reloj narrativo

Una de las estrategias para generar tensión dramática es instalar, en el corazón del texto, un reloj narrativo. Es decir, acotar temporalmente la acción. Imaginemos el ejemplo clásico de una bomba que se activa y da diez segundos para que el desenlace se resuelva. No solo despertará expectativas violentas, como veíamos al principio, sino que el lector tendrá la sensación, quizá falsa, de una cierta inmediatez en el desenlace.

Cuanto menor es el intervalo de tiempo que activa este reloj narrativo, mayor la tensión producida. Es decir, es más intensa la cuenta atrás de un tren a punto de chocar con un carro interpuesto en la vía (*La bestia humana*, Émile Zola), que los *Cien años de soledad* de Gabriel García Márquez, aunque sepamos que, en ambos casos, el protagonista puede morir.

En *Muertos sin sepultura* de Sartre, los personajes serán ejecutados por la mañana. Solo uno de ellos ha de salvarse, el que delate al resto de compañeros. Las horas se suceden. Lo hacen agónicamente. El tiempo está ahí, contabilizando cada uno de los minutos que pasan. El tiempo se convierte así en un personaje más de la historia al que conviene regresar cada poco.

2.3.5. Ambigüedad narrativa

La ambigüedad narrativa consiste en posicionar al lector en un punto desde el cual la historia puede ser interpretada de varios modos. El lector no sabe si el protagonista está loco o se finge loco (*Hamlet*), o si Yvonne Firmin (*Bajo el volcán*, de Malcolm Lowry) se queda con Geoffrey por amor o por pena, si lo que siente John (el profesor de *Olea-na*, de David Mamet) por Carol es odio o culpa. Es decir, que la percepción de su personaje es manipulada por el autor.

En *Otra vuelta de tuerca*, de Henry James, una institu-triz, hija de un pastor, llega a la mansión de Bly para educar a unos niños. Sobre la mansión flota un aura de perversidad. Los dos niños, sin embargo, son la pura imagen de la inocencia. La institutriz empieza a ver a los fantasmas de la señorita Jessel, la antigua institutriz, y de Quint, un criado muerto en extrañas circunstancias. Conforme avanza la narración, sin embargo, el lector empieza a desconfiar del testimonio en primera persona de la institutriz. El lector no sabe si las apariciones son reales o simplemente se trata de los desvaríos de una neurótica reprimida. Henry James, con su habitual prosa subordinante, nunca se decanta por ninguna de las dos versiones. Cuando una parece dibujarse, la institutriz dice algo que inclina la balanza en la otra dirección. No existen informaciones concluyentes. Las pistas son contradictorias. En realidad ambas interpretaciones son igual de factibles y es esa ambigüedad, paradójicamente, la que le da sentido al texto.

Dramaturgos como Samuel Beckett, Harold Pinter o Io-nesco generan deliberadamente ambigüedad en sus textos para prestarlos a una multiplicidad de significados. De este modo —y como señala la deconstrucción— se multiplica el sentido del texto, haciéndolo propio de cada espectador. La ambigüedad narrativa es una suerte de ocultación en la que la lectura del texto no es única. Se hace absolutamente necesario, por tanto, que la interpretación o interpretacio-nes tengan un peso parecido y que el lector fluctúe siempre en la pregunta: «¿Me están contando A o A'?».

2.3.6. Fijar un norte o meta

El hecho de que exista una meta, un fin, despierta nuevas expectativas. Si el reloj narrativo acotaba temporalmente una historia, la existencia de una meta (y por tanto, de una direccionalidad) lo hace con la trama. José Luis Alonso de Santos, en *La escritura dramática*, lo expresa así:

> Sin una meta clara de los personajes la historia irá de un lado a otro, será confusa. La meta decide qué dirección toma la trama y cuál es la distancia que tiene que «recorrer» el personaje para llegar a ella, pues el clímax finaliza cuando la consigue (o cuando acepta que es inalcanzable). Al desaparecer el deseo que ha desencadenado el conflicto, perdemos nuestro interés por la historia.

En *La carretera*, de Cormac McCarthy, un padre y su hijo transitan una autopista tras una especie de hecatombe nuclear. De algún modo, lo que impele a los personajes a seguir adelante y no rendirse, es saber qué hay exactamente al final de esa carretera, cuando esta termine y alcancen el mar. La existencia de una meta, no solo física o geográfica, sino de cualquier tipo (un trabajo mejor, terminar un libro o comprar el ansiado vestido) posiciona firmemente al lector en una dirección, ayudando a fomentar sus expectativas.

2.3.7. Atmósfera

A veces, un determinado modo de describir la atmósfera por la que transitan los personajes ayuda a generar tensión en el texto. Es el caso de gran parte de la literatura de terror o misterio. Por ejemplo, *La caída de la Casa Usher*, de Edgar Allan Poe, comienza así:

> Durante todo un largo día de otoño, triste, pesado y sombrío, de aquellos en que cuelgan las nubes opresivamente bajas en el firmamento, atravesaba solo, a caballo, un monótono erial para encontrarme al fin, conforme avanzaban las sombras de la noche, al frente de la melancólica casa de Usher. No sé por qué, pero a la primera ojeada al edificio, un sentimiento de tristeza intolerable se apoderó de mi espíritu. Digo intolerable, porque esta impresión no estaba siquiera atenuada por aquella sensación casi agradable, por cuanto poética, con que generalmente recibe el cerebro las imágenes naturales aunque austeras de lo desolado y lo terrible. Miraba la escena que se desarrollaba ante mis ojos: la casa y las simples líneas del paisaje de los alrededores del dominio, los muros helados, las ventanas semejando cuencas vacías, unos cuantos lozanos juncos y algunos blancos troncos de árboles moribundos; mirábalo todo con depresión de ánimo tan profunda que solo puede compararse con propiedad al despertar de los sueños de un fumador de opio, al amargo ingreso a la vida, al desgarramiento horrible de los velos. Sentíase tal frialdad, tal desfallecimiento, tal angustia del corazón, una melancolía tan irremediable de la mente, que ningún estímulo era capaz de impulsar la imaginación hacia la idea de lo sublime.

El escritor pretende tensionar el texto desde sus primeras líneas, predisponiendo al lector contra el espacio que rodea la acción dramática. Pero sería un error pensar que la generación de expectativas a través de la atmósfera es predio exclusivo de la literatura de género. Otros autores buscan el mismo efecto de un modo más sutil, pero igual de desconcertante. Es el caso, por ejemplo, de Juan Rulfo, que comienza así su relato «Luvina»:

> …Y la tierra es empinada. Se desgaja por todos lados en barrancas hondas, de un fondo que se pierde de tan lejano. Dicen los de Luvina que de aquellas barrancas suben los sueños; pero yo lo único que vi subir fue el viento, en tremolina, como si allá abajo lo hubieran encañonado en tubos de carrizo. Un viento que no deja crecer ni a las dulcamaras: esas plantitas tristes que apenas si pueden vivir un poco untadas en la tierra, agarradas con todas sus manos al despeñadero de los montes. Solo a veces, allí donde hay un poco de sombra, escondido entre las piedras, florece el chicalote con sus amapolas blancas. Pero el chicalote pronto se marchita. Entonces uno lo oye rasguñando el aire con sus ramas espinosas, haciendo un ruido como el de un cuchillo sobre una piedra de afilar.

Así pues, el espacio y su atmósfera generan expectativas sobre lo que ha de ocurrir allí. A modo de conclusión: estas estrategias funcionan habitualmente de un modo mixto, combinando varias de ellas. Es importante conocer las posibilidades de nuestra historia y las técnicas que nos permiten manipular y dosificar la tensión dramática para lograr que nuestra idea central llegue correctamente al lector, a través de cauces dramáticos y no solo formales.

3

LA VOZ DEL NARRADOR.
ENFOQUE Y GRADOS DE CONOCIMIENTO

Isabel Calvo

> *Un narrador es un ser hecho de palabras, no de carne y hueso como suelen ser los autores; aquel vive solo en función de la novela que cuenta y mientras la cuenta (los confines de la ficción son los de su existencia), en tanto que el autor tiene una vida más rica y diversa, que antecede y sigue a la escritura de esa novela, y que ni siquiera mientras la está escribiendo absorbe totalmente su vivir.*
>
> Mario Vargas Llosa

Vamos a acercarnos a otro de los asuntos centrales en la escritura de una novela, pues de la elección de una voz adecuada puede depender que nos veamos atascados en un texto que no termina de fluir o que logremos instalarnos en el lugar que la historia demanda para ser contada con eficacia. Veremos aquí la enorme diferencia que existe entre los distintos puntos de vista y analizaremos cuál es la voz que mejor conviene a la historia que queremos contar, puesto que será la voz narrativa la que determine qué elementos de la historia, desde qué punto de vista y en qué tono, serán mostrados al lector; de tal manera que nuestra historia resulte verosímil, coherente y persuasiva.

Y para ello hemos de empezar deshaciendo una confusión más común de lo que podría pensarse. Autor y narrador —como nos advierte Vargas Llosa en la cita que abre este tema— no son la misma cosa, de modo que la primera pregunta que se debe hacer el escritor es: «¿Quién va a contar la historia?». Si bien las opciones son muchas, procuraremos en este tema aclarar las posibilidades de cada tipo de narrador y familiarizarnos con ellas.

3.1. Quién es el narrador

Es relativamente común, como decíamos, el error de identificar al *narrador* —quien cuenta la historia—, con el *autor* —quien la escribe—. Aunque una novela esté escrita en primera persona y recoja hechos conocidos por el autor o más o menos inspirados en sus vivencias, en una obra de ficción el narrador *no* es el autor.

El narrador está hecho de palabras y no existe fuera de la ficción, no es de carne y hueso como sí lo es el autor. El narrador es un intermediario del autor en la ficción, que delega en esa voz la tarea de transmitir la historia al lector. Desde luego que esa voz ha sido creada por el autor y es una parte de su *yo*, sea eso lo que sea. En palabras de Flaubert a la escritora Leroyer de Chantepie, «el artista debe estar en su obra como Dios en la creación, invisible y todopoderoso; que se le sienta por doquier, pero que no se le vea».

Así pues el autor deberá elegir con cuidado cuál es el narrador que más le interesa para contar esa historia, qué voz narrativa le conviene en cada caso. Veamos dos comienzos de novela de un mismo autor, Herman Melville, donde las voces que escoge, aun siendo sendas primeras personas, son muy distintas en cada caso. El primer fragmento es de *Bartleby, el escribiente*:

Soy un hombre de cierta edad. En los últimos treinta años, mis actividades me han puesto en íntimo contacto con un gremio interesante y hasta singular, del cual, entiendo, nada se ha escrito hasta ahora: el de los amanuenses o copistas judiciales. He conocido a muchos, profesional y particularmente, y podría referir diversas historias que harían sonreír a los señores benévolos y llorar a las almas sentimentales. Pero a las biografías de todos los amanuenses prefiero algunos episodios de la vida de Bartleby, que era uno de ellos, el más extraño que yo he visto o de quien tenga noticia.

Bartleby, el escribiente
Herman Melville

El segundo fragmento corresponde al inicio de *Moby Dick*:

Llamadme Ismael. Hace unos años —no importa cuánto hace exactamente—, teniendo poco o ningún dinero en el bolsillo, y nada en particular que me interesara en tierra, pensé que me iría a navegar un poco por ahí, para ver la parte acuática del mundo. Es un modo que tengo de echar fuera la melancolía y arreglar la circulación. Cada vez que me sorprendo poniendo una boca triste; cada vez que en mi alma hay un nuevo noviembre húmedo y lloviznoso; cada vez que me encuentro parándome sin querer ante las tiendas de ataúdes; y, especialmente, cada vez que la hipocondría me domina de tal modo que hace falta un recio principio moral para impedirme salir a la calle con toda deliberación a derribar metódicamente el sombrero a los transeúntes, entonces, entiendo que es más que hora de hacerme a la mar tan pronto como pueda. Es mi sustituto de la pistola y la bala.

Moby Dick
Herman Melville

Si en *Bartleby, el escribiente* oímos la voz de un abogado, un hombre tranquilo que empieza la historia de forma reflexiva y nos anuncia que hablará del amanuense más extraño que haya visto, en el inicio de *Moby Dick* el narrador es un marino de un barco ballenero que no se anda con melindres; nos mira directamente a los ojos para decirnos: «Llamadme Ismael», y nos ofrece una voz segura de su propia pasión. Tanto el vocabulario como el tono o el fraseo son muy diferentes en ambos casos, está claro, porque Melville sabe que la voz narrativa ha de ser diferente según la necesidad de la historia y el carácter del personaje.

También puede darse el caso de que el escritor recurra no ya a un personaje, sino a una voz sin identidad conocida que narra desde fuera de la historia. Veamos este tipo de narrador en una novela de Henry James, *Los europeos*:

Visto desde las ventanas de un hotel de apariencia austera, un cementerio pequeño en el corazón de una ciudad agitada e indiferente no es nunca motivo de regocijo; y el espectáculo no mejora cuando las lápidas musgosas y el arbolado fúnebre reciben el refresco ineficaz de una nevada insignificante que no llega a cuajar. Si, además, mientras la llovizna helada espesa el aire, el calendario señala que la bendita estación primaveral comenzó hace ya seis semanas, la escena reúne, sin duda, todos los elementos para causar el abatimiento más profundo. Un doce de mayo, hace ya más de treinta años, todo esto lo sentía intensamente una señora asomada a una de las ventanas del mejor hotel del Boston antiguo. Había pasado allí media hora, aunque intermitentemente, porque de cuando en cuando se daba la vuelta y recorría la habitación con andares inquietos.

Los europeos
Henry James

No es la voz de Henry James la que escuchan los lectores, sino la de un narrador omnisciente que sabe lo que sucede como si lo sabría alguien que está como «detrás de una nube» y puede tener más o menos información de la historia que va a narrar. Se trata de una voz narrativa que solo existe como una *función* del texto y que Henry James ha elegido para delegar en ella la transmisión de la historia. Aunque sea una entidad invisible la que narra, esta voz no es la voz de un autómata, sino que está tintada por emociones que se reflejan en el tono que imprime a lo narrado, el punto de vista, la distancia y las palabras escogidas.

3.2. El punto de vista

Cualquier historia es contada desde una determinada perspectiva: se trata del punto de vista del narrador. Hablar de punto de vista es hablar del lugar desde el que se cuenta la historia. Básicamente los puntos de vista se pueden dividir en dos grandes grupos:

- *Narradores externos*. Están fuera de la acción. El narrador no es un personaje sino una instancia invisible para el lector e interviene solo como tal narrador. Cuenta la historia en tercera persona.

- *Narradores internos*. Lo que escucha el lector es la voz de un personaje, es decir, el narrador que cuenta la historia es un personaje del relato y utiliza para narrar la primera persona del singular.

3.3. NARRADORES EXTERNOS

Estos narradores se sitúan fuera de la historia, no aparecen en ella, no forman parte de ella. Pueden saber mucho o poco de la historia, tal vez todo —incluso pueden tener una opinión sobre ella y los personajes—, pero su identidad será desconocida para el lector. Una de las características de este tipo de narrador externo es esa utilización de la tercera persona para hablar de los personajes, ya que los ve desde fuera (*él, ella, ellos o ellas*). Igual que a los narradores internos, a los que clasificaremos por la cantidad de información que tienen sobre la historia, a estos narradores externos (que no forman parte de la historia) también podemos clasificarlos en virtud de la cantidad de información que poseen sobre la historia: omnisciente puro, omnisciente limitado y narrador cámara.

3. 3.1. NARRADOR OMNISCIENTE PURO

Como su nombre indica, este narrador lo sabe *todo*; lo que piensan los personajes, lo que sienten, e incluso su pasado y su futuro. Puede estar en todas partes y moverse libremente en el tiempo y en el espacio; y puede, si así lo desea, juzgar y opinar sobre la historia y los personajes o hacer reflexiones generales sobre el curso de los acontecimientos. Es, por tanto, una especie de narrador-dios que es capaz de reproducir los pensamientos o sentimientos de cualquier personaje. A veces sabe incluso cosas que ellos ignoran de sí mismos (por ejemplo, si arrastran un trauma infantil o padecen una enfermedad grave). Este narrador, por tanto, sabe más que los personajes.

Como el resto de narradores externos, lo habitual es que utilice la tercera persona (*él, ella, ellos, ellas*). Es el narrador más frecuente en la historia de la literatura. El afán de la emergente burguesía por ofrecer una representación de la sociedad en su totalidad y divulgar sus ideas en un medio, el libro, que por primera vez era objeto común en sus hogares lo hará dominante en la novela del siglo XIX. Este narrador ha ido perdiendo protagonismo en la narrativa actual, mucho más centrada en representar las «realidades particulares» de cada cual, a pesar de que muchos escritores contemporáneos siguen recurriendo a él. Veamos un ejemplo de este narrador en la novela del siglo XIX en el siguiente fragmento de *Madame Bovary* de Gustave Flaubert:

> Se puso a darle una serie de razones sobre las trabas que se oponían a su amor. Tenían que seguir como siempre, ateniéndose a los límites de una amistad estrictamente fraternal.
>
> ¿Lo decía sinceramente? Seguramente ni ella misma era capaz de saberlo, sumida, como estaba en las delicias de la seducción incrementadas por aquella misma necesidad que sentía de ponerle barreras. Y así, mien-

tras contemplaba con una mirada llena de ternura al joven sentado enfrente, rechazaba suavemente, por otra parte, las tímidas caricias que aventuraban sus manos temblorosas.

—Le ruego que me perdone —dijo él de pronto, apartándose un poco.

Y Emma, ante aquella timidez de León, se sintió invadida por un terror inconcreto, porque le parecía aún más peligrosa que la osadía de Rodolphe cuando había avanzado hacia ella con los brazos abiertos. Nunca hombre alguno le había parecido tan atractivo.

Madame Bovary
Gustave Flaubert

El narrador conoce en profundidad al personaje de Emma, accede a sus sentimientos más íntimos, sabe incluso cuándo es sincera y cuándo no. Sabe que como resultado de la seducción no se ha detenido a pensar si lo que dice es sincero, de modo que sabe más que la propia Emma. Este narrador también ejercerá la omnisciencia sobre León, su amante, o sobre el resto de los personajes de la obra. A la vez, podrá saber lo que está sucediendo en otro escenario de forma simultánea a cualquier escena que nos presente.

Este narrador puede tener la ventaja de hacer conocer, por ejemplo, peligros o problemas que acechan al protagonista, aunque este los ignore. Pongamos por caso que, mientras la protagonista de la novela está comprando su ajuar de boda, el narrador omnisciente nos informa, mediante otra escena, de que su prometido está con otra mujer. Así ejercerá, sin duda, una tensión en la trama que de otro modo no sería posible.

En la narrativa moderna no es habitual utilizar un narrador externo que opine, juzgue o moralice. Esto suele considerarse un recurso tosco y una ingenua pretensión de influir sobre el lector, ya que detrás de esas opiniones se trasluce la opinión de un autor que, se supone, debería limitarse a delegar en el narrador para exponer una serie de hechos sobre los que el lector pueda extraer sus propias conclusiones. Algunos autores contemporáneos —Kundera, Saramago, Cercas— pueden hacer uso de narradores cuya compleja ubicación permite entreverar opiniones, juicios y digresiones en el relato de los hechos; pero en general es prudente evitar que el narrador disfrace o deforme deliberadamente informaciones vitales para la comprensión de la trama. También se debe tener cuidado con la utilización forzada de los personajes por parte del autor, que puede a veces empujarlos al servicio de la historia de tal modo que pierdan esa consistencia que se suele llamar «vida propia». Se trata, en definitiva, de que el lector no se sienta manipulado. El narrador omnisciente puro resulta muy eficaz si se usa con cierto control.

3.3.2. El narrador omnisciente limitado

En la actualidad es más frecuente el uso de variantes de ese narrador omnisciente puro. Es cuestión de irle quitando poderes. El punto de vista del omnisciente limitado es aquel en el cual el narrador puede moverse con cierta libertad, pero no toda. Puede conocer lo que están pensando o haciendo algunos personajes pero, en cambio, conocer solo exteriormente a otros. A veces tampoco puede conocer la verdad de las cosas o quizá solo pueda saberlo todo sobre un personaje, generalmente el protagonista.

Podemos encontrar un ejemplo de este tipo de narrador en la novela *El cielo protector*, de Paul Bowles. La omnisciencia del narrador rige solo sobre los personajes protagonistas: el matrimonio compuesto por Port y Kit y, con mucha menos frecuencia, sobre un secundario: Tunner. De este modo, el narrador sabe más que cada personaje, puesto que sabe cosas de Kit que Port desconoce y viceversa, o cosas que Tunner piensa y que el matrimonio no conoce ya que no tiene acceso, como es lógico, al pensamiento de los demás personajes. No se excede este narrador en saber más de la cuenta ni en hacer alardes proféticos, ni opina sobre los personajes: se limita a apoyarse en ellos para transmitirnos lo que piensan o sienten o para ofrecernos las escenas en las que participan. Veamos el inicio de la novela donde Port despierta en una habitación de un hotel en Argelia y el fragmento posterior donde el narrador muestra un despertar de su mujer, Kit:

Se despertó, abrió los ojos. La habitación le decía poco; había estado demasiado sumergido en la nada, de la que acababa de emerger. No tenía fuerzas para definir su situación en el tiempo y en el espacio; tampoco lo deseaba. Estaba en algún lugar; para regresar de la nada había atravesado vastas regiones. En el centro de su conciencia había la certidumbre de una infinita tristeza, pero esa tristeza lo reconfortaba porque era lo único que le resultaba familiar. No necesitaba otro consuelo. Permaneció un rato completamente inmóvil, en un descanso absoluto, para hundirse luego en una de esas somnolencias ligeras, momentáneas, que suelen suceder a un sueño largo y profundo. De pronto volvió a abrir los ojos y consultó su reloj de pulsera. Fuc un puro acto reflejo, porque al ver la hora se desconcertó.

Se incorporó, echó una mirada a la habitación charra, se llevó una mano a la frente y con un profundo suspiro volvió a tenderse en la cama.

[…]

Kit se despertó transpirando, bañada por el sol caliente de la mañana. Se levantó tambaleándose, corrió las cortinas y cayó nuevamente en la cama. En el hueco de su cuerpo las sábanas estaban húmedas. La idea del desayuno le revolvió el estómago. Había días en que apenas salía del sueño sentía el destino suspendido sobre su cabeza como una baja nube de lluvia. Eran días difíciles de vivir, no tanto por la sensación de desastre inminente del cual tenía entonces aguda conciencia, sino porque el buen funcionamiento de su sistema de presagios se alteraba totalmente. Si en días ordinarios se torcía un tobillo al salir de compras o se arañaba la tibia contra un mueble, era fácil concluir que la expedición de compras sería un fracaso por una razón o por otra, o que sería peligroso insistir.

El cielo protector
Paul Bowles

3.3.3. El narrador cámara o cuasi-omnisciente

En esta gradación de grados de conocimiento progresivamente más restringidos llegamos hasta el narrador cámara o cuasi-omnisciente. Es un narrador objetivo que cuenta solo lo que pasa, lo que puede ver y escuchar, pero no conoce en absoluto los pensamientos de los personajes. Al no poder leer los pensamientos de los personajes debe, por tanto, limitarse a mostrar acciones, lugares, gestos, y conversaciones. Es muy importante que sea preciso, que cuide al máximo la selección de detalles que elige enfocar, los gestos que han de dar vida y profundidad a los personajes para que el lector pueda sacar conclusiones de lo que ve y escucha.

Veamos un ejemplo de este tipo de narrador en el siguiente fragmento:

La puerta del restaurante de Henry se abrió y entraron dos hombres que se sentaron al mostrador.

—¿Qué van a pedir? —les preguntó George.

—No sé —dijo uno de ellos—. ¿Tú qué tienes ganas de comer, Al?

—Qué sé yo —respondió Al—, no sé.

Afuera estaba oscureciendo. Las luces de la calle entraban por la ventana. Los dos hombres leían el menú. Desde el otro extremo del mostrador, Nick Adams, quien había estado conversando con George cuando ellos entraron, los observaba.

—Costillas de cerdo con puré de patatas y manzanas —dijo el primero.

—Todavía no está listo.

—¿Entonces para qué demonios lo pones en la carta?

—Esa es la cena —le explicó George—. Puede pedirse a partir de las seis.

George miró el reloj en la pared de atrás del mostrador.

—Son las cinco.

—El reloj marca las cinco y veinte —dijo el segundo hombre.

—Adelanta veinte minutos.

—Bah, a la mierda con el reloj —exclamó el primero—. ¿Qué tienes para comer?

—Puedo ofrecerles cualquier variedad de sándwiches —dijo George—, jamón con huevos, tocino con huevos, hígado y tocino, o un bistec.

—A mí dame suprema de pollo con guisantes, salsa blanca y puré de patatas.

—Esa es la cena.

—¿Será posible que todo lo que pidamos sea la cena?

—Puedo ofrecerles jamón con huevos, tocino con huevos, hígado…

—Jamón con huevos —dijo el que se llamaba Al. Vestía un sombrero hongo y un sobretodo negro abrochado. Su cara era blanca y pequeña, sus labios angostos. Llevaba una bufanda de seda y guantes.

«Los asesinos»
Ernest Hemingway

Leer este fragmento es como asistir a una película porque vemos los movimientos, las escenas y el espacio en que se mueven los personajes, pero no sabemos qué buscan o qué piensan o sienten.

3.4. Narradores internos

Estos narradores son al tiempo personajes y forman parte de la historia que relatan. Los narradores internos narran desde la primera persona (*yo, nosotros*), lo que acerca la historia al lector, que tiene la sensación de oír una voz que se la cuenta al oído. Al formar el narrador parte de la historia, esta aparece filtrada por la opinión del personaje, por cómo vivió los hechos, qué piensa de ellos y qué significaron para él. Su narración suele ser, pues, subjetiva, y la cuenta desde su particular perspectiva.

El narrador interno es la representación de una persona y, por tanto, no puede ser omnisciente, es decir, no puede saberlo todo. Informará al lector únicamente de lo que sabe. Puede interpretar lo que se hace y lo que ve, puede y debe opinar, puede incluso prever el futuro, imaginar situaciones, hablar de oídas, pero seguirán siendo las opiniones y percepciones de un ser humano con posibilidad de equivocarse.

El narrador interno puede ser el protagonista o puede ser alguien que cuenta una historia cuyo protagonista es otro y de la que él es solo un personaje más. En función del papel que desempeñen en la historia, los narradores internos pueden ser de dos tipos: el protagonista y el personaje secundario o testigo.

3.4.1. EL NARRADOR PERSONAJE PROTAGONISTA

Este narrador relata sus experiencias como personaje central de la historia. Según Genette:

> El narrador protagonista cuenta su historia en primera persona con sus palabras centrándose siempre en él. Es el poseedor de la situación, organiza hechos y expresa criterios como le conviene.

Algunas características de este narrador son:

- Es el propio protagonista quien narra una historia que le ha ocurrido a él y en la que ocupa un lugar central en la narración.

- Cuenta la historia en primera persona (*yo, nosotros*) y el lector puede conocer su pensamiento, sus recuerdos, sus temores, sus dudas o sus suposiciones.

- Interpretará los hechos y acciones de los otros personajes de forma subjetiva ya que no puede penetrar en la mente de otro personaje ni estar en dos sitios al mismo tiempo; por eso en ciertos casos tendrá que hablar de oídas, o imaginar cómo han pasado algunas cosas (salvo, por ejemplo, que el narrador sea un ángel o un marciano).

- Esta voz narrativa tiene la virtud de acercar extraordinariamente el protagonista al lector, que se identifica con él. Si hemos sabido dotarle de una voz adecuada, el narrador protagonista resulta inmediato y verosímil, y hace del lector un cómplice.

Veamos un ejemplo de narrador protagonista en primera persona en *El libro de Rachel,* de Martin Amis:

Me llamo Charles Highway, aunque si pudiesen echarme una ojeada seguro que jamás se lo imaginarían. Es un apellido enérgico, viajado, cipotudo, y por mi aspecto nadie deduciría ninguna de esas cualidades. Empezando porque llevo gafas, y las llevo desde los nueve años. Y porque mi figura de estatura mediana, desprovista de culo y de cintura, con una caja torácica ondulada y piernas estevadas borra todo indicio de aplomo. [...] Pero sí poseo una de esas voces cachondas que ahora están de moda, esas que acostumbran a tener un irónico gangueo y que resultan excelentes para inquietar a los mayores. Y supongo que, además, mi rostro tiene expresiones extrañamente amedrentadoras. Es anguloso, pero delicado; nariz larga y delgada, labios anchos y delgados…, y unos ojos: con pestañas exuberantes, ocre oscuro salpicado de motitas siena tostada… Ay, qué pobres resultan las palabras.

El dato más importante, sin embargo, es que tengo diecinueve años de edad, y que mañana cumplo los veinte.

Los veinte son, naturalmente la frontera decisiva. Los dieciséis, dieciocho, veintiuno no son más que mojones arbitrarios que solo te permiten ser detenido por evasión de impuestos, contraer matrimonio, ser sodomizado, ejecutado, y así sucesivamente: cosas exteriores.

El libro de Rachel
Martin Amis

3.4.2. EL NARRADOR PERSONAJE SECUNDARIO Y EL NARRADOR TESTIGO

Este tipo de narrador también está dentro de la historia, pero mientras que el narrador protagonista suele estar en el centro de la acción y cuenta su propia historia, el narrador personaje secundario puede ser el segundo en importancia en la novela, u ocupar simplemente la posición de un testigo sin apenas papel en la acción. Podemos reconocer al narrador personaje secundario según la definición de Genette:

Este tipo de narrador es un espectador del acontecer, un personaje que asume la función de narrar. Pero no es el protagonista de la historia, sino un personaje secundario. Cuenta la historia en la que participa o interviene desde su punto de vista, como alguien que la ha vivido desde fuera, pero que es parte del mundo del relato.

Ejemplo paradigmático de este narrador, concluye Genette, es el doctor Watson en los relatos de Sherlock Holmes. El narrador personaje secundario es, por tanto, un personaje que cuenta la historia del protagonista, pero la historia que narra tiene que haber sido importante para él y debe haber algo en él que haya cambiado (su percepción de las cosas, sus sentimientos, por ejemplo) a raíz de su participación en los hechos que relata. Se diferencia del narrador protagonista cn quc sabc mcnos de los hechos. Puede tener la información que alguien le ha dado (tal vez el propio protagonista), haber visto cosas o haberlas supuesto, pero al no tener la información completa a veces se verá obligado a interpretar y suponer algunas cosas.

Otro ejemplo de narrador de personaje secundario es la novela *El gran Gatsby*, de Francis Scott Fitzgerald, en la que narrador, Nick Carraway, relata la historia de su vecino Gatsby:

> A las nueve de la mañana, a últimos de julio, el soberbio coche de Gatsby se deslizó por la rocosa pendiente hasta mi puerta, y dejó escapar por su claxon de tres notas un chorro de melodía. Era la primera vez que me visitaba, si bien yo había asistido a dos de sus fiestas, montado a su hidroavión y, ante la reiterada invitación, utilizando frecuentemente su playa.
>
> —Buenos días, camarada. Hoy almorzarás conmigo… Pensé que podríamos salir juntos.
>
> Se balanceaba sobre el guardabarros de su coche con la ligereza de movimientos tan peculiarmente americana —que proviene, supongo, de la ausencia de trabajos pesados en la juventud— y, sobre todo, con la ceremoniosa gracia de nuestros nerviosos, aunque esporádicos, juegos. Esta cualidad asomaba continuamente a través

de sus solemnes modales, bajo la forma de inquietud. Jamás estaba completamente quieto, siempre había un pie que golpeaba o una mano que se abría y se cerraba impacientemente.

Me vio contemplar, con prolongada admiración, su coche.

—Bonito, ¿verdad? —se apeó para que lo viera mejor—. ¿No lo habías visto antes?

Sí, lo había visto, todo el mundo lo había visto. Era de color crema oscuro, con brillantes piezas niqueladas, hincado aquí o allá en sus monstruosas dimensiones, con triunfantes sombrereras, cestas de fiambres, cajas de herramientas y plataformas que reflejaban en un laberinto de parabrisas una docena de soles. Sentados debajo de muchas capas de cristal, en una especie de invernadero de cuero verde, nos dirigimos a la ciudad.

El gran Gatsby
Francis Scott Fitzgerald

Si el personaje narrador tiene aún menos conocimiento de la historia, ya que es un mero observador sin participación en los hechos, hablamos de narrador testigo:

El narrador testigo está incluido en la narración pero en este caso no es parte de ella, solo cuenta lo que ve, sin participar directamente en los acontecimientos. Narra en primera persona y en tercera las acciones de otros personajes, además siempre se incluye dentro de la narración pero solo como un observador. Este personaje solo narra lo que presencia y ve.

3.4.3. EL NARRADOR EN PRIMERA PERSONA DEL PLURAL

Una variedad del narrador protagonista en primera persona es el que presenta en la forma de primera persona del plural: «nosotros». Esto es así porque se narra en nombre de varios personajes (un grupo, un colectivo, una pareja) que tienen un conflicto en común, es decir, los personajes que integran ese «nosotros» tienen el mismo punto de vista y se trata, en realidad, de un «yo» desdoblado.

Es decir, este narrador se comporta como una primera persona del singular, puesto que el conflicto y las acciones de los personajes para enfrentarlo son colectivas, así como el resultado repercutirá en el grupo como tal, y no en un solo individuo.

Hay novelas o relatos que están escritos íntegramente con este narrador, por ejemplo, el relato «Casa Tomada», de Julio Cortázar o la novela *El gran cuaderno,* de Agota Kristof, de la que leemos el siguiente fragmento:

> La abuela es la madre de nuestra madre. Antes de venir a vivir a su casa no sabíamos que nuestra madre todavía tenía madre.
>
> Nosotros la llamamos abuela.
> La gente la llama la Bruja.
> Ella nos llama «hijos de perra».
> La abuela es pequeña y delgada. Lleva una pañoleta negra en la cabeza. Su ropa es gris oscuro. Lleva unos zapatos militares viejos. Cuando hace buen tiempo va descalza. Su cara está llena de arrugas, de manchas oscuras y de verrugas de las que salen pelos. No tiene dientes, al menos que se vean.
>
> La abuela no se lava jamás. Se seca la boca con la punta de su pañoleta cuando ha comido o ha bebido.

No lleva bragas. Cuando tiene que orinar, se queda quieta donde está, separa las piernas y se mea en el suelo, por debajo de la falda. Naturalmente, eso no lo hace dentro de casa.

La abuela no se desnuda jamás. La hemos visto en su habitación, por la noche. Se quita una falda y lleva otra debajo. Se quita la blusa y lleva otra blusa debajo. Se acuesta así. No se quita la pañoleta.

La abuela habla poco. Salvo por la noche. Por la noche, coge una botella que tiene en un estante y bebe directamente a morro. Pronto se pone a hablar en una lengua que no conocemos. No es la lengua que hablan los militares extranjeros, es una lengua completamente distinta.

En esa lengua desconocida, la abuela se pregunta cosas y ella misma se responde. A veces se ríe, o bien se enfada, o bien grita. Al final, casi siempre, se pone a llorar, se va a su habitación dando traspiés y se tira en la cama, y la oímos sollozar mucho rato por la noche.

El gran cuaderno
Agota Kristof

3.5. GRADO DE CONOCIMIENTO DE LOS NARRADORES

Además de clasificar a los narradores por su punto de vista respecto a la historia, como hemos hecho hasta ahora, podemos también establecer clasificaciones por la cantidad de información que posee.

3.5.1. EL NARRADOR OMNISCIENTE

Ya hemos visto al narrador externo que puede tener más información que el personaje sobre sí mismo, pero también esta figura puede estar dentro de la historia, ser personaje y, sin embargo, saber más que los personajes. Este tipo de narrador interno puede ser alguien que, estando dentro de la historia, implicado en mayor o menor grado en la acción y con los otros personajes, posee una información que el resto de personajes no tiene. Aunque al ser personaje no puede conocer los pensamientos de los otros personajes, esta información puede haberla adquirido, por ejemplo, a través de documentos, conversaciones que ha escuchado o secretos de los que ha tenido noticia. Puede transmitir esta información al lector, de modo que la información privilegiada que comunica puede crear una tensión en la trama.

3.5.2. EL NARRADOR EQUISCIENTE

Este es un narrador externo de uso muy frecuente en la narrativa contemporánea, que circunscribe su omnisciencia a un solo personaje y lo delimita así como protagonista. Este narrador equisciente se identifica con un personaje determinado y conoce solo aquello que conoce el personaje, ve lo mismo que él ve, sabe aquello que a este le han contado y sabe solo lo que este personaje piensa o siente.

Puede entrar y salir de la mente del personaje según le convenga, de modo que puede presentarnos a este desde fuera realizando acciones u ofrecernos los diálogos y escenas en las que el personaje participe; presentar una visión externa de las cosas o introducirse en el pensamiento del personaje cuando la historia lo requiera. Lo importante, tanto si el narrador lo ve desde fuera como si lo ve desde dentro, es que el narrador no se separe del personaje y no altere este enfoque. Vemos un ejemplo de este personaje en el siguiente fragmento:

Durante las primeras horas de la mañana, las nubes fueron dispersándose de forma paulatina.

Wallander se despertó a las seis; había soñado de nuevo con su padre, en medio de un mar de imágenes fragmentarias e inconexas que desfilaron por su subconsciente. Él aparecía en el sueño como niño y como adulto a la vez, y todo transcurría fuera de contexto, como en un buque que se deslizase sobre un banco de bruma.

Se levantó, se dio una ducha y se tomó un café. Al bajar a la calle, notó que se mantenía el calor estival y que, para variar, no soplaba la menor ráfaga de viento. Subió al coche y se dirigió a la comisaría. Los pasillos estaban desiertos, pues aún no eran las siete de la mañana. Fue a buscar una taza de café y entró en su despacho. Ya ante su escritorio —que, por raro que pudiera parecer, no encontró abarrotado de archivadores—, se preguntó cuándo había sido la última vez que había tenido tan poco ajetreo.

Durante muchos años, Wallander había visto crecer su carga de trabajo al tiempo que disminuían los recursos. Los informes de los diversos casos quedaban postergados o, simplemente, se despachaban con negligencia. En muchas ocasiones, cuando acababan abandonando un caso en que se sospechaba que se había cometido un delito, Wallander sabía que aquello se habría evitado si hubiesen contado con el tiempo necesario y si hubiesen dispuesto de más efectivos.

Últimamente, en la comisaría, constituía un tema recurrente de discusión si cometer delitos resultaba rentable o no, y, aunque nunca podrían establecer el momento exacto en que había empezado a ser así, estaba claro —como Wallander había constatado hacía ya tiempo— que el mundo del crimen había echado ya profundas raíces en Suecia. Los que se dedicaban a la delincuencia económica a gran escala vivían como en una zona franca, en la que la sociedad de derechos parecía haber capitulado totalmente.

Wallander solía hablar de estos asuntos con sus colegas, y no había dejado de percibir la gran preocupación de sus ciudadanos ante las dimensiones que estaba cobrando el fenómeno. Sus propios vecinos lo comentaban cuando coincidían con él en la lavandería de la comunidad.

Pisando los talones
Henning Mankell

Este tipo de narrador que sabe lo mismo que el protagonista o que otros personajes puede tener también su modalidad en los narradores internos: alguien que, estando dentro de la historia, comparte toda la información porque esta le llegue a través de confidencias o porque presencie escenas en las que el protagonista o los demás personajes participan.

3.5.3. El narrador deficiente y el narrador no fiable

Aunque suele llamarse narrador deficiente a aquel que no tiene toda la información, hay una variante de esta definición que es la que trataremos en este apartado: su característica, en este caso, es la del que no comprende lo que está contando o miente.

El narrador, en este caso, no puede o no sabe comprender y reflejar su realidad a causa de alguna carencia. Este hecho puede deberse a una inestabilidad psicológica o a una la falta de conocimiento (de causa). Tal vez se trata de un niño o un adolescente cuya inexperiencia le impide descifrar el sentido de lo que vive, como sucede en *El guardián entre el centeno*, de Salinger, o porque tiene algún trastorno mental o alguna clase de discapacidad (*El ruido y la furia*, de Faulkner) o porque es sencillamente incapaz de comprender lo que ha ocurrido, como sucede a menudo con los narradores de Carver.

Ante este tipo de narrador, el lector termina por darse cuenta de que hay dos historias paralelas: la que el narrador está contando y la que en realidad está sucediendo en esa ficción. Es decir, a través de lo que cuenta este narrador el lector lee entre líneas y advierte que está ante una historia que debe desentrañar. Wayne C. Booth, en su libro de 1961 *The Rhetoric Of Fiction,* acuñó el término «narrador no fiable» para definir a este tipo de narrador deficiente cuya credibilidad está muy comprometida. Nos dice Booth:

> Los narradores no fiables son normalmente narradores en primera persona, pero los de tercera persona también pueden ser no fiables. La naturaleza del narrador no fiable a veces es clara de inmediato. Por ejemplo, un relato puede dar inicio con un narrador haciendo una declaración completamente falsa o un delirio o con la aceptación de estar enfermo mentalmente, o bien, el relato mismo puede desarrollarse dentro de un marco en el cual el narrador aparece como un personaje y en el que se dan pistas de su falta de fiabilidad.

Como ejemplo de narrador deficiente porque miente (tal vez a sí mismo), podemos leer el siguiente fragmento de Carver:

Tengo unas gestiones que hacer al oeste del estado, así que aprovecho para pararme en la pequeña población donde vive mi ex mujer. No nos hemos visto en cuatro años. Pero de cuando en cuando, siempre que se publica algo mío o escriben sobre mí en revistas y periódicos —una semblanza, una entrevista—, le envío los recortes. No sé por qué lo hago; tal vez porque pienso que puede interesarle. Pero ella nunca me contesta.

Son las nueve de la mañana. No la he llamado por teléfono, y la verdad es que no sé cómo va a recibirme.

Pero me deja pasar. No parece sorprendida. No nos damos la mano. Ni que decir tiene que no nos besamos. Me hace pasar a la sala. Llevo apenas unos segundos sentado cuando me trae café. Luego empieza a decirme lo que piensa. Dice que soy el culpable de su angustia, que he hecho que se sienta desnuda y humillada.

Que quede claro: me suena tan familiar que no me siento en absoluto incómodo.

«Intimidad»
Raymond Carver

También podemos ver una deficiencia de comprensión del narrador, en este caso un adolescente autista, en *El curioso incidente del perro a medianoche*, de Mark Haddon:

Pasaban 7 minutos de la medianoche. El perro estaba tumbado en la hierba, en medio del jardín de la casa de la señora Shears. Tenía los ojos cerrados. Parecía estar corriendo echado, como corren los perros cuando, en sueños, creen que persiguen un gato. Pero el perro no estaba corriendo o dormido. El perro estaba muerto. De su cuerpo sobresalía un horcón. Las púas del horcón debían de haber atravesado al perro y haberse clavado en el suelo, porque no se había caído. Decidí que probablemente habían matado al perro con la horca porque no veía otras heridas en el perro, y no creo que a nadie se le ocurra clavarle una horca a un perro después de que haya muerto por alguna otra causa, como por ejemplo de cáncer o por un accidente de tráfico. Pero no podía estar seguro de que fuera así.

3.6. Otros narradores

Recogeremos en este punto otros narradores de uso tal vez menos frecuente que los anteriores pero sin duda interesantes.

3.6.1. El narrador múltiple o la visión estereoscópica

El enfoque narrativo múltiple o la perspectiva múltiple se da cuando dos o más personajes se refieren a los mismos hechos, pero desde distintos puntos de vista, interpretándolos de distinta manera.

G. Genette

El narrador múltiple puede darse tanto en narradores externos como internos, con tal de que ofrezca perspectivas diferentes de la misma historia, aportando así una visión multidimensional. En el fragmento que veremos a continuación, varios personajes hablan en primera persona, y de forma alterna, de los mismos hechos. Cada personaje ofrecerá, de este modo, una interpretación distinta de la misma historia:

Vuelvo a mirar a mi madre. Ella, por la primera vez desde cuando vinimos a la casa, me mira y sonríe con una sonrisa forzada, sin nada por dentro; y oigo a lo lejos el pito del tren que se pierde en la última vuelta. Siento un ruido en el rincón donde está el cadáver. Veo que uno de los hombres levanta un extremo de la tapa, y que mi abuelo introduce en el ataúd el zapato del muerto, el que se había olvidado en la cama. Vuelve a pitar el tren, cada vez más distante, y pienso de repente: «Son las dos y media». Y recuerdo que a esta hora (mientras el tren pita en la última vuelta del pueblo) los muchachos están haciendo filas en la escuela para asistir a la primera clase de la tarde.

«Abraham», pienso.

No he debido traer al niño. No le conviene este espectáculo. A mí misma, que voy a cumplir treinta años, me perjudica este ambiente enrarecido por la presencia del cadáver. Podríamos salir ahora. Podríamos decir a papá que no nos sentimos bien en un cuarto en el que se han acumulado, durante diecisiete años, los residuos de un hombre desvinculado de todo lo que pueda ser considerado como afecto o agradecimiento. Quizás ha sido mi padre la última persona que ha sentido por él alguna simpatía. Una inexplicable simpatía que ahora le sirve para no pudrirse dentro de estas cuatro paredes. Me preocupa la ridiculez que hay en todo esto. Me intranquiliza la idea de que salgamos a la calle, dentro de un momento, siguiendo un ataúd; que a nadie inspirará un sentimiento distinto de la complacencia. Imagino la expresión de las mujeres en las ventanas, viendo pasar a mi padre, viéndome pasar con el niño detrás de una caja mortuoria en cuyo interior se va pudriendo la única persona a quien el pueblo había querido ver así, conducida al cementerio en medio de un implacable abandono, seguida por las tres personas que decidieron hacer la obra de misericordia que ha de ser el principio de su propia vergüenza. Es posible que esta determinación de papá sea la causa de que mañana no se encuentre nadie dispuesto a seguir nuestro entierro.

La hojarasca
Gabriel García Márquez

En esta novela de García Márquez tres narradores en primera persona que pertenecen a tres generaciones diferentes —el padre, la hija y su nieto— exponen sus impresiones respecto a una situación que viven el común: el entierro de un viejo médico odiado por el pueblo. Como ejemplo de visión estereoscópica con un narrador externo podemos mencionar *Las uvas de la ira,* de John Steinbeck. También puede considerarse la narración epistolar como una variedad de este tipo de narrador; por ejemplo *Paradero desconocido* de Kressmann Taylor, *Las amistades peligrosas* de Pierre Choderlos de Laclos o *Charing Cross Road* de Helene Hanff.

3.6.2. Narrador en segunda persona

Si bien lo más frecuente en la ficción es el uso de la primera persona en el caso de narradores internos, y de la tercera en el caso de los externos, el narrador en segunda persona también aparece en obras de autores del siglo xx, aunque su uso sea escaso y más bien experimental. La característica de este narrador es que utiliza para narrar la segunda persona: *tú*.

Para hablar de una obra completa escrita en segunda persona, hay que tener en cuenta que solo cuando ese *tú* se sostiene a lo largo de toda la narración y es, además, el protagonista de lo narrado se puede decir que se trata de una novela escrita con un narrador en segunda persona. En otras ocasiones el *tú* es, en realidad, un desdoblamiento de la primera persona, sin duda una de las formas más interesantes del uso de este narrador. Es como si el personaje o una parte del personaje se observara desde afuera; en vez de decir «Miro por la ventana y veo amanecer» dice «Miras por la ventana y ves amanecer». Este narrador resulta sugerente porque el lector se siente aludido; inquietante, porque tiene algo de acusación, de premonición. Algunas novelas escritas íntegramente en segunda persona son *Nadja*, de André Breton, y *Aura,* de Carlos Fuentes:

> Lees ese anuncio: una oferta de esa naturaleza no se hace todos los días. Lees y relees el aviso. Parece dirigido a ti, a nadie más. Distraído, dejas que la ceniza del cigarro caiga dentro de la taza de té que has estado bebiendo en este cafetín sucio y barato. Tú releerás. Se solicita historiador joven. Ordenado. Escrupuloso. Conocedor de la lengua francesa. Conocimiento perfecto, coloquial. Capaz de desempeñar labores de secretario. Juventud, conocimiento del francés, preferible si ha vivido en Francia algún tiempo. Tres mil pesos mensuales, comida y recámara cómoda, asoleada, apropiada estudio. Solo falta tu nombre. Solo falta que las letras más negras y llamativas del aviso informen: Felipe Montero. Se solicita Felipe Montero, antiguo becario en la Sorbona, historiador cargado de datos inútiles, acostumbrado a exhumar papeles amarillentos, profesor auxiliar en escuelas particulares, novecientos pesos mensuales. Pero si leyeras eso, sospecharías, lo tomarías a broma. Donceles 815. Acuda en persona. No hay teléfono.
>
> *Aura*
> Carlos Fuentes

En el ejemplo podemos ver cómo este narrador resulta inquietante, extraño, casi acusador (observad la introducción de un verbo en futuro, «Tú releerás», y no sabemos a quién alude ese *tú*). En ocasiones, esta forma también puede ser una transformación de la tercera persona: en vez de decir «Cayó agotado en la cama, se tocó los pómulos…», diríamos «Caíste agotado en la cama, te tocaste los pómulos…».

3.6.3. Narrador editor

El narrador se convierte en el editor (en el sentido más estricto de aquel que hace *público* un texto) de unos papeles que dice haber encontrado o que le han confiado, y sobre los cuales puede opinar con libertad. En este caso hay, en realidad, dos narradores: uno sería aquel que escribió los papeles y otro el propio narrador editor que dice haberlos encontrado. Este narrador editor puede juzgar y opinar sobre la historia que ha hallado, y, si es preciso, completar la historia desde la perspectiva del tiempo transcurrido. La dificultad mayor reside en establecer una diferencia clara entre la voz del narrador que escribió la historia y la de este narrador editor, de manera que tanto el lenguaje como el estilo y el tono de ambos frente a la historia sean distintos.

Este tipo de narrador obliga, habitualmente, a inventar una historia secundaria que explique cómo, cuándo y por qué llegaron los papeles que transcribe a manos del narrador que los hace públicos. Uno de los ejemplos más populares de este tipo de narrador es la novela *Otra vuelta de tuerca*, de Henry James:

—No puedo contarlo. Tendré que enviar un recado a la ciudad. —Hubo un unánime suspiro y muchas quejas, tras lo cual Douglas se explicó a su manera reconcentrada—. La historia está escrita. Está encerrada con llave en un cajón, de donde no ha salido hace años. Puedo escribir a mi criado y adjuntarle la llave; él podrá enviar el paquete tal como lo encuentre.

Parecía dirigirse especialmente a mí, casi parecía pedirme ayuda para no dudar. Había roto una gruesa capa de hielo, fruto de muchos inviernos; sus razones habría tenido para tan largo silencio. El resto de la concurrencia se lamentó del aplazamiento, pero a mí me atrajeron sus escrúpulos. Le hice prometer que escribiría con el primer correo y que acordaría con nosotros una pronta lectura; luego le pregunté si la experiencia en cuestión era propia. Respondió rápidamente:

—¡No, gracias a Dios!

—Y el escrito, ¿es tuyo? ¿Anotaste tus impresiones?

—Solo me quedó una impresión. La llevo aquí… —Se dio unos golpecitos a la altura del corazón—. No la he perdido nunca.

—Entonces, el manuscrito…

—Está escrito con tinta vieja y descolorida y con una caligrafía bellísima. —De nuevo se volvió hacia el fuego—. Es de una mujer. Hace veinte años que murió. Me envió las páginas en cuestión antes de morir.

Otra vuelta de tuerca
Henry James

Aunque sin duda es en *Don Quijote de la Mancha* nuestro más célebre ejemplo de la técnica del «manuscrito encontrado», pues en el prólogo Cervantes dice ya no ser el autor real, sino un mero compilador y editor de las crónicas y textos sobre Don Quijote del presunto historiador musulmán Cide Hamete Benengeli.

7. Sobre la elección de narrador

A veces sucede que tenemos una buena historia, un buen tema, pero el inicio de la novela no termina de convencernos, no estamos contentos con él. En ese caso es probable que lo que suceda es que esté narrado desde un punto de vista que no conviene a la historia. Podemos probar a escribirla desde otro enfoque narrativo, y ver si nos encontramos más cómodos, si el relato fluye más fácilmente y encuentra así su voz, sus emociones, su sitio.

Además de elegir el enfoque que más convenga al relato, el escritor deberá tener en cuenta el grado de conocimiento del narrador que mejor convenga a la obra. Si queremos que el lector se crea la historia del relato, lo más difícil consiste en dar con un narrador convincente y en el que los lectores confíen, alguien cuya charla les interese. Si, por el contrario, la voz que narra no resulta verosímil ni apropiada para la historia que se cuenta al lector, este, de forma intuitiva, se sentirá engañado y se desinteresará del relato.

Muchas veces no hay que romperse la cabeza para encontrar el punto de vista del narrador: nos sale una primera frase y ahí está, con su voz personalísima, su punto de vista y su posición respecto a la acción. Otras veces, sin embargo, encontrar el narrador más adecuado es cuestión de pruebas y reescrituras. Cuando hagamos pruebas de cambio de narrador, hay que tener muy en cuenta que cambiar de narrador no es cambiar de pronombres sino dar una visión muy diferente de la historia desde otra conciencia y percepción.

4

EL PERSONAJE COMO MOTOR DE LA HISTORIA. TÁCTICAS PARA PROFUNDIZAR EN LOS CARACTERES

José Ovejero

El personaje es la vida de la novela. El ambiente existe solo para que el personaje tenga un entorno en el que moverse, algo que ayude a definirlo, algo a lo que pueda recurrir o de lo que pueda prescindir si es necesario, o comérselo o dárselo a su amiguita. El argumento existe para que el personaje pueda descubrir por sí mismo (y en el proceso, revelar al lector) cómo es él realmente: el argumento obliga al personaje a decidir y a actuar, lo transforma de estática construcción en ser humano vivo que toma decisiones y paga las consecuencias u obtiene recompensas. Y el tema existe solo para hacer que el personaje se imponga y sea alguien: el tema es lenguaje crítico elevado cuya función es exponer el problema principal del personaje.

Para ser novelista
John Gardner

4.1. ¿Es importante crear buenos personajes?

En 1957 el crítico y novelista Alain Robbe-Grillet anunciaba que el personaje era una momia, un residuo de otros tiempos, y observaba que aunque casi todos recordamos perfectamente el nombre de muchos personajes de la novela decimonónica —entre otras cosas porque ese nombre se encontraba ya en el propio título: *Los hermanos Karamazov*, *Ana Karenina*, *Papá Goriot*, *Nana*—, nos cuesta acordarnos del nombre de muchos personajes del siglo xx: ¿quién recuerda cómo se llamaban los protagonistas de *El extranjero* o *La náusea*?, se pregunta. En algunas obras de Beckett, añade, un personaje cambia de nombre e incluso de forma; Faulkner usa el mismo nombre para dos personajes de una novela… El personaje había dejado de importar, y su psicología no le interesaba ya a nadie. El héroe —y el antihéroe—, esos seres que transpiran individualidad, no parecen tener sentido en un mundo en el que ya no aspiramos a entender, y mucho menos a explicar la historia por las acciones de tal o cual persona extraordinaria. Y, si no aspiramos a entender, el interés del escritor se desplaza hacia la descripción subjetiva y el trabajo sobre la forma.

Así, la psicología del personaje sería completamente secundaria; mostrarla o interpretarla resultaría incluso una pretensión algo ridícula en un autor moderno. Nathalie Sarraute, una de las figuras más destacadas del *nouveau roman* junto a Robbe-Grillet, afirmaba que ningún autor contemporáneo podía escuchar la palabra «psicología» sin desviar la mirada y ruborizarse.

Sin embargo, y como apunta la cita de Gardner que abre este capítulo, toda la novela —el argumento, el ambiente y el tema— están a su servicio. ¿En qué quedamos? ¿Cuál de los dos tiene razón? Como casi siempre en literatura, cuando alguien intenta delimitarla y circunscribirla a una concepción determinada de lo literario, nadie tiene razón.

Cincuenta años después de que Robbe-Grillet publicara su ensayo, observamos que a pesar de los múltiples cambios que ha sufrido la novela, el personaje, ese ser con el que simpatizamos o al que aborrecemos, que cambia y cuya mirada sobre el mundo lo dota de significado, con una psicología que podemos entender al menos parcialmente, sigue vivo y coleando. Hay grandes novelas contemporáneas en las que casi todo gira alrededor de un personaje fuerte, de su subjetividad: pensemos en *Némesis*, de Philip Roth, o en *Verano*, de Coetzee o *en El mar, el mar*, de Iris Murdoch. Pero también es cierto que hay una tendencia marcada a conceder más importancia a otros aspectos de la novela, y no nos referimos solo a la trama, con la que el personaje ha sabido convivir durante mucho tiempo. Lo metaliterario, la autoficción, la multiplicación de puntos de vista y el éxito de lo fragmentario, el gusto por presentar escenas que no pretenden significar sino mostrar, todas estas formas de novelar que se han establecido en la narrativa contemporánea han debilitado la posición privilegiada del personaje y dado pie a novelas en las que asume el papel de actor secundario. Lo fundamental no es su psicología o sus acciones sino el escenario en el que se mueve.

También en novelas que conceden más importancia a los personajes estos han evolucionado y en muchos casos han perdido la (sobre) dosis de realismo que había cargado sobre ellos el siglo XIX: los personajes disparatados de

Italo Calvino no pretenden alcanzar la verosimilitud —lo que no es novedoso; tampoco Don Quijote es un personaje completamente realista—; y en novelas como *Soldados de Salamina,* algunas de Paul Auster o en testimonios novelados como *En casas ajenas*, de Lore Segal, personajes y autores se confunden con facilidad, incluso irrumpe en la narración el autor o, más bien, un personaje que se parece al autor, y también otros personajes que podemos identificar con personas reales:

> Uno de mis primeros entrevistados fue Roberto Bolaño. Bolaño, que era escritor y chileno, vivía desde hacía mucho tiempo en Blanes, un pueblo costero situado en la frontera entre Barcelona y Gerona, tenía cuarenta y siete años, un buen número de libros a sus espaldas y ese aire inconfundible de buhonero hippie que aqueja a tantos latinoamericanos exiliados en España. Cuando fui a visitarle acababa de obtener un importante premio literario y vivía con su mujer y su hijo en el Carrer Ample, una calle del centro de Blanes en la que había comprado un piso modernista con el dinero que le habían dado. Allí me recibió aquella mañana, y aún no habíamos cruzado los saludos de rigor cuando me espetó: «Oye, ¿tú no serás el Javier Cercas de *El móvil* y *El inquilino?*».
>
>

Soldados de Salamina
Javier Cercas

En resumen, a pesar de la visión radical de quienes consideraban que el personaje había perdido su función en la literatura, la mayoría de los autores sigue utilizándolo como pieza importante de la novela. Cierto, los lectores nos hemos habituado con facilidad a otro tipo de novelas en las que el personaje no tiene el papel que tenía hasta mediados del siglo pasado; aceptamos que se trata de un juego literario, igual que no creemos que sean definitivas las muertes que tienen lugar sobre un escenario teatral. Pero buena parte de los lectores sigue buscando personajes que, por el motivo que sea, les impresionen, cuya consistencia imaginaria deje una huella casi física sobre ellos. Incluso cuando el personaje ya no es el eje sobre el que gira toda la obra, necesitamos asegurarnos de que, cuando aparece en escena, su presencia sea convincente y transmita al lector lo que queremos que transmita. Y eso es más difícil de lo que parece.

4.2. Algunas dificultades

Crear un buen personaje puede resultar más complicado que imaginar una buena trama. A lo segundo se puede llegar con oficio, con práctica, y es algo que desde luego se puede aprender en un taller literario. Enseñar a escribir buenos personajes es más difícil, quizá porque nuestra aptitud para crearlos tiene menos que ver con el oficio literario que con la capacidad de introspección y con nuestras dotes para entender los mecanismos de la conciencia y los sentimientos propios y ajenos.

Es importante que lo que bulle en la mente del personaje dé sentido a sus acciones y decisiones en la novela, que no esté ahí solo para sorprender al lector. Los pensamientos del personaje tienen una función en la trama. Su cincelado exige tacto y reflexión. Al mismo tiempo corremos el riesgo de aburrir al lector si no le ofrecemos algo especial, un rasgo que sorprenda o conmueva o aterre; de ahí la tentación de abusar de la borrachera, de la locura o el sueño o cualesquiera otros marcadores «fuertes» para caracterizarlo.

Precisamente porque es difícil crear un personaje, es fácil recurrir al cajón de los estereotipos: el detective alcohólico, misántropo y taciturno que hemos leído mil veces; el policía que persigue a un criminal para vengar la muerte de un amigo o de un familiar; la mujer seductora y fría que pretende engatusar al protagonista; esto por nombrar algunos de los más obvios, aunque hay cientos de ellos incluso en obras de calidad. Por ejemplo, al leer *Los girasoles ciegos*, de Alberto Méndez, un libro notable por otros motivos, no se puede evitar la sensación de *déjà vu* ante ese diácono lujurioso y sin escrúpulos, o ese tribunal franquista en el que abundan los trazos gruesos, como si para hablar de un militar fascista solo se pudiese usar la caricatura involuntaria, como si no hubiese posibilidad alguna de usar matices. Así, no solo es un fascista, delator y violador en potencia, sino que además su «mano húmeda» tiene un «contacto viscoso», es un «energúmeno» y la madre «se protegía el rostro con las manos para evitar el aliento de aquel puerco que hocicaba en su escote». No hay nada en él rescatable, nada que no se haya juzgado de antemano. Y en el tribunal que juzga al protagonista tampoco se encuentra un solo rasgo que pueda merecer una valoración neutral:

> ¡Por ser un héroe, hijo de puta, por ser un héroe!, gritó untuoso Robo buscando la aprobación del presidente del tribunal. Juan se sorprendió por la forma en que se transformaba la mirada del teniente. Cuando le gritaba, sus ojos se enrojecían y en décimas de segundo, al mirar de reojo al presidente del tribunal pidiendo anuencia, la ira se transformaba en una sumisión untuosa. Pero esta vez un gesto tenue, casi arzobispal, con la mano

sofocada en la bocamanga, interrumpió la ardorosa soflama. […] Las aletas de la nariz del coronel se abrían y cerraban suavemente al respirar y Juan pudo comprobar que los pelos que asomaban por sus orificios se humedecían con una mucosidad brillante y espesa. ¿Lloraba?

Los girasoles ciegos
Alberto Méndez

Hemos subrayado los momentos en los que el autor vuelve desagradables a los personajes de forma explícita, sin dejar que sus actos hablen por sí solos. Si a ello le añadimos que el secretario del tribunal es albino, que el hijo muerto del coronel cometió los delitos más despreciables, y que la madre tenía «labios inmóviles, incoloros y tensos» e incluso carecía de «la ternura de las madres», podemos preguntarnos si no es llevar las cosas demasiado lejos, si no es posible caracterizar a los personajes, por desagradables que nos resulten, sin volverlos un mero reflejo de nuestros prejuicios y nuestras afinidades.

Para huir del estereotipo es bueno buscar en nuestro personaje rasgos individuales que no siempre encajen con la idea general de la categoría a la que pertenece (fascista, avaro, mujer fatal, revolucionario, conservador…), siempre atentos a no exagerarlos sin necesidad con el fin de hacerlos más «especiales». Debemos huir pues tanto de los personajes que encajan con demasiada facilidad en un estereotipo como de aquellos que son tan, tan peculiares que se vuelven caricaturescos o inverosímiles.

¿Significa esto que nuestros personajes deben ser siempre «normales», parecerse a gente como la que conocemos o, al menos, como aquella sobre la que leemos en los periódicos? Por supuesto que no. Un personaje puede ser excesivo o desaforado o absolutamente extraordinario; y no es necesario que sea, salvo en la novela realista, del todo verosímil. Los personajes tienen que ser coherentes con el mundo creado por la novela en la que se encuentran, ajustarse a sus reglas y a sus formas. Aun en esos personajes que sabemos que no pueden existir en nuestro mundo —Gandalf o Dumbledore o Gregor Samsa o Wonder Woman— debe haber una lógica íntima, también cierta tensión, posibles puntos de fractura que les impidan resultar sencillamente planos, deliberados, tan ajenos a lo real que la comunicación con el lector resulte imposible: si no tenemos nada en común con ellos no podremos entenderlos. Don Quijote es un personaje excesivo, como también lo es Ignatius J. Reilly, el protagonista de *La conjura de los necios*; lo son, de forma tan desagradable como reveladora, los que pueblan con su brutalidad *Deseo*, de Elfriede Jelinek; pero no son planos en sentido alguno e, incluso en los más risibles, detrás de sus gestos ampulosos vislumbramos su debilidad, esos puntos de fractura. Buster Keaton puede interpretar un personaje caricaturesco, pero detrás de su falta de expresión no se adivina la banalidad sino una profundidad esencial. Su impasibilidad no es la de quien no tiene sentimientos, es la de quien ha sentido demasiado.

Reparemos en los personajes de *Tiempo de silencio,* de Luis Martín-Santos. Es posible que el Muecas o Cartucho, también Doña Luisa, nos resulten unidimensionales, mientras que Pedro aparece mucho más matizado, con sus luces y sombras, con una personalidad más compleja. No solo porque Pedro es el protagonista y por tanto tiene la posibilidad de irse desarrollado durante más páginas. La diferencia de relieve tiene que ver con la función de los distintos personajes: Pedro es el testigo de esa España ruin y esperpéntica que lo rodea; es necesario que el lector lo sienta cercano, le compadezca, se implique en sus desventuras, comparta su mirada y se horrorice así —y también se ría— de ese mundo absurdo que se ha vuelto cotidiano. Y aunque otros personajes sean más caricaturescos, aun así conservan rasgos que vuelven perfectamente humana toda su fealdad: hemos conocido gente que hace cosas parecidas en algún lugar, no de la literatura, sino de la vida real.

Tomemos este fragmento de *La metamorfosis*:

Pero Gregor ya estaba mucho más tranquilo. Así es que ya no se entendían sus palabras a pesar de que a él le habían parecido lo suficientemente claras, más claras que antes, sin duda, como consecuencia de que el oído se iba acostumbrando. Pero en todo caso ya se creía en el hecho de que algo andaba mal respecto a Gregor, y estaba dispuesto a prestarle ayuda. La decisión y seguridad con que fueron tomadas las primeras disposiciones le sentaron bien. De nuevo se consideró incluido en el círculo humano y esperaba de ambos, del médico y del cerrajero, sin distinguirlos del todo entre sí, excelentes y sorprendentes resultados. Con el fin de tener una voz lo más clara posible en las decisivas conversaciones que se avecinaban, tosió un poco, esforzándose, sin embargo, por hacerlo con mucha moderación, porque posiblemente incluso ese ruido sonaba de una forma distinta a la voz humana, hecho que no confiaba poder distinguir él mismo. Mientras tanto, en la habitación contigua reinaba el silencio. Quizás los padres estaban sentados a la mesa con el apoderado y cuchicheaban, quizá todos estaban arrimados a la puerta y escuchaban.

La metamorfosis
Franz Kafka

A pesar del hecho absolutamente extraordinario de que Gregor Samsa se haya convertido en algo similar a un escarabajo, el lector puede identificarse con su estado de ánimo, entender lo que se le pasa por la cabeza: la tranquilidad que le procura suponer que la ayuda está cerca, anticipar ese momento con una mínima esperanza y toser para tener una voz natural. Una fe en algo que, en tal situación, resulta absurdo, el autoengaño que tan bien conocemos. Y después de tranquilizarse, o esforzarse en tranquilizarse, otra vez la sospecha, el temor: están cuchicheando, escuchando… Nada en Samsa, a pesar de su improbable transformación, nos es ajeno.

4.3. La caracterización del personaje: una primera aproximación

¿Cómo caracterizamos a un personaje, no ya para que parezca «vivo», que sería una exageración, pero sí para que el lector se olvide de los hilos que lo mueven y no se fije en el marionetista que está detrás?

Sabemos que el aspecto físico y la vestimenta, junto con otros muchos elementos externos de un personaje pueden ser muy útiles para reflejar su personalidad y su carácter; pero lo que nos permitirá caracterizarlo de forma más sutil y eficaz es ponerlo a *hablar* y *actuar*. Las descripciones son necesarias, pero algunos autores contemporáneos las evitan al máximo precisamente porque desconfían de esa manera de caracterizar desde fuera al personaje, de una manera desligada de la acción. Y por eso, también, cuando quieren que conozcamos un rasgo físico, no nos lo dan en frío; sino que nos dirían, por ejemplo, «tuvo que ponerse de puntillas para que sus ojos quedasen a la misma altura que los de ella» en lugar de «era de baja estatura y su cabeza quedaba un palmo por debajo de la de ella». Esta forma más dinámica de describir requiere una lectura más activa, porque el lector está recibiendo varias informaciones a la vez: no solo intuimos que el personaje era bajo, también lo vemos alzarse de puntillas —es decir, descubrimos su deseo de estar a la misma altura—, y ese gesto le da además a la escena una cierta inestabilidad: una *tensión*.

Ese sería pues el primer consejo práctico de este tema: inscribir la descripción de los personajes en una acción que nos diga algo no solo sobre su aspecto exterior, también sobre su psicología y, si es posible, añadiendo algo de dinamismo a la escena. Sol Stein cita un buen ejemplo de un texto de una alumna suya: «Siempre se ponía de perfil para que todos viesen lo delgada que estaba». Otro ejemplo citado por Stein: «El hombre del jersey verde se quitó el sombrero de paja amarillo y, con un pañuelo, limpió meticulosamente la cinta interior». En cualquiera de estos dos ejemplos habría sido posible hacer una descripción física del personaje y comentar un rasgo de su carácter, pero los autores han decidido que es mejor integrar las dos cosas: que los veamos no como instantáneas sino en movimiento, tanto físico como psíquico.

4.4. Usando un sistema

Intentemos sistematizar un poco este acercamiento al personaje. A veces un personaje sale con cierta facilidad, empiezas a escribir y te das cuenta de que adquiere inmediatamente una lógica y una intensidad que lo vuelven atractivo y dan ganas de saber más sobre él, qué va a hacer, qué va a ocurrirle. Otras veces se nos resiste. Por más que nos esforzamos resulta acartonado, sin vida, como la mencionada marioneta, que se mueve cuando tiramos de los hilos pero todo el mundo los ve. En esos casos es cuando a un escritor avezado le puede resultar tan útil como a un principiante salirse un tiempo de su historia y aplicar algunas técnicas para «entrar» en el personaje, intentando comprenderlo como haríamos con una persona sobre la que debemos escribir un informe. Veamos dos formas distintas de hacerlo: la aproximación desde el exterior y la aproximación desde el interior.

4.4.1. Aproximación desde el exterior

Primer paso: tratar de visualizar al personaje, aunque sea poniéndole la cara de un conocido, o de alguien que encontramos por la calle. El viejo pero eficaz truco de buscar a alguien —en nuestro entorno, en los medios, en el cine— cuyo aspecto físico pudiera ser similar al que imaginamos para el personaje, y fijarnos en sus rasgos, en su expresión, en su forma de moverse. También: decidir cómo se viste, visualizarlo con esas ropas. No nos empeñemos en que todo encaje: alguien vestido con un traje gris impecable puede llevar un pendiente de latón (quizá ese pendiente tenga un significado o una historia extraordinaria, quizá no), una mujer desaliñada puede conceder mucha importancia a sus zapatos, y alguien que habla deprisa puede caminar despacio. No temamos los detalles contradictorios o estridentes, siempre que no debiliten al personaje o lo vuelvan poco creíble.

Segundo paso: nombrarlo. Tengamos en cuenta que los nombres siempre revelan información, como por ejemplo la clase social o procedencia de una persona: no es lo mismo llamarse Eustaquio que Borja, Anacleta que Ivonne. Busquemos el nombre hasta estar convencidos de que el individuo cuyos rasgos hemos imaginado tiene que llamarse así y no de otra manera.

Tercer paso: imaginar su historia fuera de la novela, a ser posible mediante escenas aisladas. No nos quedemos en una mera recopilación de datos biográficos, intentemos ir más lejos. Supongamos que estamos escribiendo sobre un capitán de Infantería: ¿se apuntó voluntariamente, o lo rechazaron en la Marina y por eso acabó allí?; ¿ha ascendido por antigüedad o por méritos en la batalla?; ¿su padre era militar y quería que él también lo fuese? Todo esto no necesitamos contarlo, y en general suele ser mejor no hacerlo; no es necesario decir *todo* lo que sabemos de nuestro personaje, pero sí tratar de que todo lo que sabemos se traduzca en sus actos y diálogos. Pensemos cómo informar de manera indirecta al lector sobre lo que siente un personaje, por ejemplo, no diciéndole «el capitán se sentía frustrado porque no lo habían aceptado en la Escuela de Marina»; es mucho más interesante —y mucho más difícil— que el lector vaya adivinando que se encuentra ante un personaje frustrado, rencoroso, con sentimiento de inferioridad y rabia hacia sus compañeros de Marina. Y puede, o puede que no, que en algún momento de la novela, tarde a ser posible, el lector descubra que el capitán había querido pertenecer a la Marina.

Cuarto paso: ahora que sabemos más de nuestro personaje, imaginemos su voz, el volumen en el que habla, si camina deprisa o despacio, cómo se sienta. A la hora de hacer esta descripción es preciso ser consciente que el tópico siempre acecha: si pensamos en el citado capitán, que sin duda es autoritario, seguro que se nos ocurre que hable en voz alta y tajante, que insulte a sus subordinados… Pero, ¿y si hacemos justo lo contrario? ¿Y si nos proponemos que nuestro capitán esté frustrado y sea autoritario, pero hable en voz baja y amable? ¿No saldrá un personaje con más relieve, complejo —como todos los seres humanos—, de esa contraposición de rasgos? Llevémoslo más lejos: ¿y si habla con voz amable en el cuartel, pero grita a su mujer?

Con lo que llegamos a otro consejo que parte de una convicción personal: la espontaneidad está sobrevalorada. Si decimos de alguien que es muy espontáneo, solemos hacerlo como un elogio; sin embargo, en lo que consiste la espontaneidad es en actuar siempre de la misma manera en situaciones parecidas, en recurrir ante estímulos similares a las respuestas aprendidas que, de una u otra manera, han demostrado su utilidad en el pasado. Cuando estamos escribiendo una novela también nos vienen a la mente de forma casi automática determinadas imágenes y situaciones que encajan con ciertas escenas; sin embargo, el peligro de usar lo primero que se nos ocurre es caer en las garras del tópico, esa amenaza constante para el escritor. Ya hemos mencionado alguno: la mujer fatal, el fascista malísimo, el cura lujurioso… Por eso después de pensar un personaje, de haberle dado unos rasgos, una voz y un carácter, acaso deberíamos plantearnos si no habría forma de volverlo más interesante cambiando radicalmente alguno de sus aspectos, incluso de manera que parezca ir contra tus propias creencias y simpatías: un fascista encantador y generoso, a una mujer que finge ser fatal pero solo está desvalida… A veces los personajes más interesantes son los que nacen contra el autor, contra nuestras propias convicciones y estereotipos.

4.4.2. CREAR EL PERSONAJE DESDE EL INTERIOR

Hasta aquí hemos examinado al personaje desde fuera, imaginando su biografía, su aspecto, su voz… Pero el trabajo no estaría completo sin intentar también sentir lo que sienten nuestros personajes; cómo respiran, en qué se fijan cuando miran y qué efecto tiene sobre ellos lo que ven, si se sienten o no cómodos con su propio cuerpo, si les gusta hablar o no en público, si protestarían al camarero cuando les da de menos en las vueltas. Entrar en los personajes tiene la enorme virtud de hacer al escritor salir de sí mismo, y tratar de pensar como pensarían aquellos.

Hay quien dice que un personaje es más intenso cuanto más autobiográfico, precisamente porque así conocemos mejor sus sentimientos más íntimos. Este puede ser el caso en algunos personajes de Philip Roth, Annie Ernaux o Marcel Proust, pero no creo que las experiencias de Macbeth y de Shakespeare sean muy similares. Y dudo que Tolkien tenga mucho en común con un personaje tan redondo como Gollum. Aunque el personaje autobiográfico pueda parecer más fácil de construir —porque se apoya en la experiencia—, entraña el peligro de empujarnos a la irrelevancia: es decir, tendemos a creer que aquello que es muy importante para nosotros, también lo es para los lectores. Y lo importante de un personaje no es que le revele al lector quién soy yo y qué me ha ocurrido, por dramático o extraordinario que a mí me parezca, sino que le afecte y emocione.

Se trate o no de un personaje autobiográfico, lo que está claro es que hay que empatizar con él. Esto no significa identificarse de forma absoluta, justificar sus actos o encontrarlo atractivo, sino intentar sentir lo que él siente. Y para ello disponemos también de una serie de herramientas que podemos usar en el proceso de escritura. Empecemos imaginando cómo se mueve nuestro o nuestra protagonista. Si se mueve así, ¿qué significa eso para su forma de actuar? Imitémoslo: sentémonos como se sentaría él —o ella—; ¿se sienta con las piernas abiertas o cerradas, apoyado contra el respaldo o con la columna erguida? ¿Inclina la cabeza hacia un lado cuando habla? No se trata solo de que lo observemos con la imaginación, como hacíamos al crearlo desde el exterior: adoptemos sus posturas y comprobemos cómo nos sentimos en ellas. Y después pongamos esas sensaciones en relación con la biografía que hemos inventado. ¿Se complementan bien o necesitan más trabajo? Hagamos los cambios que parezcan pertinentes, sin miedo a jugar con las contradicciones aparentes, y siempre adoptando la postura del personaje: Sintamos, juguemos, asumamos papeles.

Ese es un camino: adoptar una postura, caminar, hablar de una determinada manera y sentir a partir de ahí lo mismo que el personaje. Pero también existe el camino inverso: la contención. A no ser que estemos escribiendo una novela deliberadamente teatral (¡y aun así!), no exageremos, no sobrecarguemos al personaje, no lo convirtamos en ese tópico del avaricioso que se frota las manos, de la chica tímida que solo mira el suelo, del enamorado que solo susurra; un tímido puede en una fiesta dar todo el tiempo sorbitos de su copa para parecer ocupado —y no solitario—, o jugar con los niños para no tener que hablar con los adultos; y no todos los enamorados son iguales ni se emocionan con lo mismo.

4.4.2.1. JUEGO DE CONTRARIOS

Veamos ahora otra posibilidad de volver complejo al personaje, que es una manera de reducir el riesgo de *sobredeterminación*, es decir, de simplificar excesivamente las motivaciones que llevan a los personajes a actuar.

A menudo imaginamos a un personaje con un rasgo muy marcado; es irónico, o tímido, o valiente, o egoísta, y esa primera versión que creamos a veces marca todas o casi todas las situaciones en las que aparece, como esos malos de las películas que no pueden dejar de ser malos ni cuando van al baño. A medio plazo esos personajes pueden resultar tremendamente aburridos, y solo son soportables cuando aparecen de forma esporádica en la novela. Una buena manera de evitarlo es jugar con pares de contrarios. Si hemos decidido darle una determinada característica, podemos buscar la complementaria —que no tiene por qué ser la opuesta—. Por ejemplo, la ironía puede ir de la mano de la cobardía: alguien puede desarrollar un comportamiento irónico porque no se atreve a la confrontación abierta, a decir de verdad lo que piensa, y lo oculta en frases que podrían tener varios sentidos, de manera que no se está seguro de que encierren un insulto. También la cobardía puede ir de la mano de la avaricia; es verosímil un avaro obsesionado por el dinero pues le preocupa perder el control, prefiere saber que, en caso de necesidad, tiene los medios para enfrentarla; pero ricemos el rizo un poco más: ese avaro puede ser alguien que desearía, más que el dinero, ser amado; pero que es incapaz de acercarse a otra persona, porque entonces se sentiría vulnerable —otra vez la cobardía—, por lo que entabla relaciones en las que se siente seguro —como las económicas—, y mediante el tira y afloja con otros, quizá como su acreedor, mantiene un mínimo contacto con otros seres humanos sin necesidad de ponerse en una situación de riesgo. Siempre es interesante imaginar un rasgo y buscar esos otros que lo complementan y vuelven complejo a su poseedor.

4.4.2.2. LAS VOCES DEL PERSONAJE

En contra de lo que puede hacernos pensar la mala literatura, un personaje que merezca tal nombre es un ser complejo, contradictorio, en el que a veces priman ciertos rasgos y a veces otros. «Mi nombre es Legión», dijo Satanás, revelando metafóricamente su lado más humano: en el interior de la persona poseída no se ha instalado un demonio sino muchos, aunque hablen solo por una boca. Y así es: en todos nosotros habitan multitudes. A la conminación «sé tú mismo», solo se puede contestar: «de acuerdo, pero ¿cuál de ellos?».

No se trata solo de que cambiemos con el tiempo o de que podamos actuar de maneras diversas en distintas situaciones. Incluso en una misma situación nuestros actos están dirigidos por voces discordantes. Imaginemos la siguiente escena: un hombre —o mujer— trabaja desde hace años en una empresa y, aunque hace bien su trabajo, nunca le han aumentado el sueldo. Y piensa que ya es hora de exigirlo. Así que se dirige al despacho de su jefe para plantearle esa subida. Es posible que una voz en su interior le esté diciendo: «es inaceptable que no me hayan subido el sueldo en todo este tiempo; tengo derecho a ello, la empresa ha ganado mucho gracias a mí, y si no cumplen con mi petición, me marcho». Esa persona entrará en el despacho del jefe pisando fuerte, hablará con voz firme, mirará a los ojos a su jefe…, pero por desgracia rara vez tenemos las cosas tan claras: rara vez hay una sola voz en nuestro interior. Es posible que, aunque esa persona se vaya diciendo lo que acabamos de leer, ese discurso se le mezcle con otros:

> «Aunque quizá no sea este el mejor momento, porque tal como están las cosas en la empresa…».
> «Y a X le han subido el sueldo ya dos veces; claro, que X le hace la pelota de manera descarada, y yo no pienso hacerlo». O la siguiente variación: «Y a X le han subido el sueldo ya dos veces; claro, que X le hace la pelota de manera descarada; quizá no estaría mal ser más amable con el jefe antes de pedir el aumento…».
> «El enfado que se va a llevar mi mujer (o mi marido) si no lo pido va a ser tremendo; siempre dice que no me hago valer lo suficiente».
> «Mi jefe es un idiota. Es incapaz de ver quién merece el aumento y quién no. Pues yo le voy a explicar las cosas bien claritas, cuando vea mis cifras de ventas se va a quedar de una pieza».
> «En realidad el dinero no me importa. Pero me molesta que no me reconozca mi trabajo».
> «Si me aumentan el sueldo, mi compañero/a Y seguro que se va a morir de envidia».

Y así hasta casi el infinito. No se trata de que en cada escena cada personaje tenga que mantener un soliloquio, ni que en su actuación tengan que reflejarse todas sus posibles reacciones y emociones; pero sí que cuando ponemos a actuar a nuestros personajes tenemos que ser conscientes de que hay muchos factores que influyen en sus decisiones, y que nadie actúa con una sola motivación. Así, cuando imaginemos a nuestro personaje deberemos escuchar no solo su voz dominante, sino también a esas otras voces que quizá no sean tan altas, pero seguro lo acompañan.

4.5. En resumen

Crear personajes es una tarea compleja. No basta con un buen uso del lenguaje para poner en marcha a esas figuras que, en buena parte de las novelas, son los ejes sobre los que gira la trama. Es necesario que sean originales, complejos, interesantes como lo son las personas en las que intuimos zonas de difícil acceso. Hemos visto algunas técnicas para familiarizarnos con ellos al escribirlos, para añadirles capas y matices. Sin duda hay más, y lo importante es que ensayemos varias técnicas para ver cuáles son las que más nos ayudan. Una vez que hayamos adquirido ciertos reflejos quizá no será necesario aplicar todas las herramientas de las que hemos hablado aquí, porque ya estarán automatizadas: ya no podremos ver a un personaje escuchando solo una voz, habremos aprendido a reconocer estereotipos y desconfiaremos de lo demasiado sencillo. Quizá nos preguntemos si debemos realizar todo ese trabajo con cada personaje que aparece en nuestra novela: con cuantos más personajes lo hagamos, mejor. Pero hay secundarios que aparecen brevemente y que quizá no exijan tanta atención psicológica. Mi última recomendación se refiere a ellos: no los definamos con adjetivos, es decir, no digamos que son inteligentes o malvados, o altos o egoístas… Intentemos resumirlos en una frase que sea al mismo tiempo narrativa y que nos muestre algo de su carácter: por ejemplo, no digas de alguien que tenía una gran agilidad mental, sino por ejemplo que le gustaba resolver los sudokus más complejos mientras miraba la televisión (lo que además ya nos indica que quiere demostrarse algo, que es competitivo). Esto, por supuesto, es válido también para los protagonistas, pero es esencial en los secundarios, porque es bueno que le resulten claros al lector sin dedicarles un espacio que puede desviar la atención de los principales y acabar lastrando la narración. Y, como siempre: muéstralo, no lo digas.

5

EL TIEMPO Y EL RITMO EN LA NARRACIÓN

Isabel Cobo

El tiempo es el elemento de la narración,
como es el elemento de la vida.

Thomas Mann

El tiempo impregna las novelas como impregna nuestras vidas, de manera ineludible. Toda historia, en la vida y en una narración, transcurre en un tiempo determinado —unas horas, unos días o unos años— y tiene un antes y un después. Por ejemplo, *Cinco horas con Mario,* de Delibes, transcurre en una noche, en las horas en que la protagonista vela el cadáver de su marido; *El guardián entre el centeno,* de Salinger, en los dos o tres días en los que Holden Caulfield vaga por la ciudad de Nueva York tras ser expulsado de Pencey; *Ulises,* de Joyce, en un solo día, el 16 de junio de 1904 en la ciudad de Dublín; mientras que *Cien años de soledad,* de García Márquez, se extiende a lo largo de un siglo en el territorio imaginario de Macondo. ¿En qué época (actual, pasada, remota o futura o inventada) y durante cuánto tiempo queremos que transcurra nuestra novela? En lo que respecta a la cuestión del tiempo, esas serán las primeras preguntas que deberemos responder; aunque luego veremos surgir otras muchas.

Por ejemplo, de ese lapso temporal que hayamos escogido, tendremos que ir seleccionando qué sucesos vamos a contar y cuáles omitiremos; decidir en cuáles nos vamos a extender a lo largo de muchas páginas y cuáles podemos solventar en unas pocas líneas. Sin olvidar que, del mismo modo que ocurre en la vida, habremos de ir introduciendo referencias al tiempo de forma más o menos explícita a lo largo de la narración. Unas aludirán a su manifestación cósmica (el transcurso de los días y las noches, de las estaciones, los cambios atmosféricos…); otras, a su manifestación cotidiana y regulada por el ser humano (a las horas del día, a las fechas del calendario…); otras reflejarán su percepción subjetiva por parte de los personajes.

De manera que son varios los aspectos relacionados con el tiempo los que deberemos tener en cuenta a la hora de escribir una novela. No es de extrañar que Forster dijera que en toda novela siempre ha de haber un reloj. Es, sin duda, una manera rotunda de expresar con una sola frase lo importante que es tener en cuenta el tiempo en todas sus manifestaciones en la planificación de un relato. Lo mismo, pero con otras palabras, que nos advierte Carmen Martín Gaite en *El cuento de nunca acabar:*

> Los que cuentan mal no saben dar la noción del tiempo […] El tiempo tiene que fluir siempre dentro del relato, tiene que dejar su herida, zarandear a las gentes que se mueven dentro de él, irlas transformando. Y que se vea cómo y por qué y a través de qué fases pasan de un estado a otro. […] Son su proceso, el de la historia misma que viven. No son, van siendo.

El cuento de nunca acabar
Carmen Martín Gaite

Efectivamente, el tiempo tiene que atravesar nuestras historias y la vida de nuestros personajes en todos sus aspectos, pero también, y esto es lo que constituye el principal objeto de este tema, podemos manipularlo para comprimirlo o expandirlo según lo que queramos resaltar, para alterar el orden de los acontecimientos, introducir rupturas temporales, dar a las diferentes secuencias el ritmo, la intensidad y el relieve que creamos conveniente según lo vaya requiriendo la historia… Para ello, deberemos tener clara una distinción esencial entre lo que se denomina el *tiempo de la historia* y *el tiempo del discurso* o *narración*. Es lo que vamos a ver en el siguiente apartado.

5.1. La dimensión temporal de la novela

Cuando hablamos de la dimensión temporal de una novela tenemos que tener en cuenta una diferenciación fundamental: una cosa es el tiempo de la historia y otra bien distinta el tiempo del discurso; aunque ambos, como veremos a continuación, están íntimamente relacionados.

La mayor parte de las veces, lo primero que tenemos en la cabeza cuando decidimos escribir una novela es una historia (o su germen o su esbozo). Pero tan pronto comenzamos a desarrollarla o a contársela a alguien enseguida nos daremos cuenta de que nuestra historia —cualquier historia— es un conjunto de hechos organizados en una secuencia temporal. Es decir, que primero pasan unas cosas, luego otras, a continuación otras… También comprobaremos que no podemos contarlo absolutamente todo —y si pudiéramos sería insoportable para el lector—, así que enseguida nos veremos obligados a escoger, de entre todos los hechos posibles que podríamos relatar, únicamente los que consideremos importantes o necesarios, y desecharemos otros.

Por ejemplo, imaginad que vamos a contar la historia de un personaje —un médico— que viaja en misión humanitaria a Haití tras el terremoto de enero de 2010. Ahí ya tendríamos la primera acotación temporal: se trataría de una novela que transcurre en un pasado relativamente reciente. Pero antes o después tendremos que tomar otras decisiones: ¿hasta dónde nos remontaremos en la historia del personaje? Podríamos contar solo el fragmento de vida que transcurre en torno al terremoto; por ejemplo, desde el momento en que una compañera del hospital donde trabajaba le propuso viajar a Haití con ella, a los pocos días de ocurrir la catástrofe, hasta los meses posteriores (cuando toma la decisión de regresar a Madrid, su ciudad). También podríamos remontarnos a su infancia y, tras el terremoto, seguir contando cómo transcurre su vida: regresa a Madrid, no puede olvidar la tragedia, se siente culpable por haber abandonado a la gente a su suerte, van pasando los años con esa culpabilidad a sus espaldas… O podemos contar pormenorizadamente solo lo que le pasa durante las horas más dramáticas: la llegada a Haití, lo que se encuentra, cómo improvisa con otros colegas un hospital de campaña, cómo transcurre su día a día en esos momentos críticos.

Hasta ahí estaríamos hablando del tiempo de la historia. Pero ese no sería ni mucho menos el último proceso selectivo con respecto a la dimensión temporal de nuestra novela porque, además, en su propia escritura, en su *puesta en discurso*, tendríamos que tomar nuevas decisiones encaminadas a dar relieve a unos acontecimientos frente a otros, a pasar por encima y presentar en un resumen los que considerásemos que el lector debería conocer pero sin descender al detalle, a alterar el orden lineal de otros según demande la tensión dramática.

Estamos hablando, por tanto, de dos tipos de tiempo: el tiempo de la historia y el tiempo del discurso. El tiempo de la historia es el que alude a la época en que se sitúan los acontecimientos: a su sucesión cronológica y el tiempo que abarcan. El tiempo del discurso, sin embargo, es el que alude al orden y modo en que los damos a conocer a través de la escritura. Ambas temporalidades están ineludiblemente relacionadas, y es esencial manejar esa relación con un cuidado exquisito porque precisamente lo que transforma una serie de acontecimientos en una buena historia —y esa buena historia en una buena novela— tiene mucho que ver con ese tejido.

Detengámonos un momento aquí. Aunque la metáfora del tejido y de la trama es antigua (desde la etimología de «texto» hasta la expresión «hilvanar una historia»), Paul Ricoeur va más allá del uso metafórico convencional y nos invita a concebir una historia como algo «tejido» en el sentido de *estructurado*. Eso implica, como veíamos en el ejemplo de la novela sobre el terremoto de Haití, una preselección de ciertos acontecimientos en detrimento de otros, pero no solo en lo relativo a la acotación del tiempo que abarcaría la historia, sino sobre todo con miras a conseguir un «entramado» de orden lógico, más que cronológico, con otros sucesos y otros personajes. Siguiendo con nuestro ejemplo, nos interesaría seleccionar y dar relieve a todo aquello que fuera dando profundidad y sentido a la historia de ese médico que sufre un cambio radical en su vida a raíz del terremoto de Haití.

Y es que una historia es una serie de acontecimientos «entramados» y, en consecuencia, «con sentido». El propio acto de narrar, el discurso narrativo, consiste en emplear esa trama para *ordenar con sentido* determinados elementos. Podríamos contar lo que le va ocurriendo al personaje de nuestro ejemplo en un orden lineal o de manera desordenada, podríamos empezar la narración por el principio —en sentido cronológico—, por el final o a mitad de la historia; además, iríamos dando una duración diferente a las distintas secuencias, un ritmo más rápido o más lento a determinadas acciones. La forma lingüística que damos a nuestro relato, el modo en que disponemos y ordenamos la información de la historia, va trenzando esa sucesión no propiamente temporal, sino textual que llamamos tiempo del discurso.

Veamos cómo se relacionan entre sí ambas temporalidades.

5.2. Tres aspectos de la temporalidad narrativa

Las diferentes relaciones entre el tiempo de la historia y el tiempo del discurso pueden ser analizadas, según Genette, en términos de orden, duración y frecuencia. Vamos a verlos con detalle.

5.2.1. Orden

La relación temporal entre el tiempo de la historia y el tiempo del discurso, en términos de orden, se define como una relación de secuencia entre el orden cronológico en el que ocurren los acontecimientos y el orden textual en el que el discurso los va narrando. Estaríamos ante una relación de concordancia cuando ambos órdenes se correspondan. Por el contrario, estaríamos ante una relación de discordancia cuando la secuencia temporal de los hechos narrados se vea alterada. Por ejemplo, siguiendo con nuestra novela hipotética sobre el médico que viaja a Haití tras el terremoto, si optásemos por una relación de concordancia, al narrar seguiríamos estrictamente el orden cronológico de los acontecimientos. Sería una narración lineal que empezaría, por ejemplo, cuando el personaje coincide en el hospital con la compañera que le invita a formar parte de una misión humanitaria, seguiría con la preparación del viaje, a continuación la llegada, las primeras experiencias… Así hasta el final de la historia. Por el contrario, si optásemos por una relación de discordancia, alteraríamos dicho orden: podríamos contar primero cómo el médico y su compañera están curando a una niña en una especie de consultorio improvisado entre las ruinas. A continuación, saltar hacia atrás en el tiempo y narrar cómo se conocieron en el hospital de Madrid donde trabajaban, su relación con sus respectivas parejas, para después, volver al escenario de Haití.

Casi toda novela altera la secuencia temporal de los hechos narrados porque solo relatos extremadamente breves —o simples— pueden ser narrados en el orden exacto en que ocurrieron. También porque, con frecuencia, en una novela se teje más de un hilo narrativo, de manera que es imposible narrar lo que sucede en cada uno de ellos de manera simultánea. Por otra parte, no se puede contar una historia exhaustivamente, de principio a fin; es inevitable recurrir a alteraciones y rupturas temporales. Según estas rupturas nos lleven a un tiempo pasado de nuestra historia o salten a algo que ocurrirá más adelante, estaremos hablando de retrospección o de anticipación.

- Retrospección (o *flashback*): cuando se interrumpe el relato en curso para contar algo que tuvo lugar en el pasado. Siguiendo con nuestro personaje hipotético, podría ser una retrospección interrumpir la escena donde está curando a una niña para referir algo que le ocurrió cuando era pequeño.

- Anticipación (o *flash forward*): cuando se interrumpe el relato en curso para narrar o anunciar un acontecimiento que ocurrirá en el futuro. En nuestro ejemplo, sería una anticipación interrumpir esa escena en la que el personaje está curando a una niña para referir algo que ocurrirá unos años después (podría ser el nacimiento de su hija, tras volver a Madrid, cuando al tenerla por primera vez en brazos recordara a aquella primera niña que curó en Haití).

Un escritor que recurre con frecuencia a la anticipación es García Márquez. El ejemplo más evidente lo encontramos en *Crónica de una muerte anunciada*. En este caso, la intriga se genera porque el lector quiere saber cómo se ha llegado a ese final que ya el propio título anticipa. En otras ocasiones, el recuerdo de un personaje puede ser una imagen premonitoria para el lector, como en el célebre comienzo de *Cien años de soledad:*

Muchos años después, frente al pelotón de fusilamiento, el coronel Aureliano Buendía había de recordar aquella tarde remota en que su padre lo llevó a conocer el hielo.

Cien años de soledad
Gabriel García Márquez

Pero la anticipación no tiene por qué ser tan explícita. Willa Cather, por ejemplo, la utiliza de manera sutil en *Mi enemigo mortal*:

> Me pareció entonces que le estaba bien empleado, pero más tarde me he asombrado a menudo de su bondad.

Mi enemigo mortal
Willa Cather

En cualquier caso, tanto en la retrospección como en la anticipación, estaríamos hablando de una ruptura de la linealidad. De todas formas, muchas novelas no utilizan solo anticipaciones o solo retrospecciones, sino que recurren a una temporalidad múltiple. Es lo que hace Marcel Proust en el siguiente pasaje de *A la sombra de las muchachas en flor* (cursivas nuestras):

> Aquel camino era como tantos otros de esta clase que suelen encontrarse en Francia […] En aquellos momentos no me parecía muy seductor, me alegraba de volver a casa. Pero *más tarde* se me convirtió en fuente de alegrías porque se me quedó en la memoria como un *recuerdo* en el que irían a empalmarse todos los caminos parecidos por donde yo había de pasar *más adelante* en paseos o viajes, sin solución de continuidad, y que, gracias a él, podía ponerse en comunicación con mi corazón. Porque en cuanto el coche o el automóvil entrara por una de esas carreteras que semejan continuación de la que recorríamos con madame de Villaparisis, mi conciencia *actual* encontraría para apoyarse como en su más reciente *pasado* (abolidos todos los años interme-

dios) las impresiones que sentía en *aquellos* atardeceres paseando por los alrededores de Balbec.

A la sombra de las muchachas en flor
Marcel Proust

El pasaje remite a los paseos del protagonista con madame de Villeparisis; ese momento es el presente efectivo del relato, en el cual irrumpe una proyección hacia el futuro que, a su vez, se interrumpe para recordar el pasado. El resultado es una figura perfecta de temporalidad múltiple donde presente, pasado y futuro convergen en un solo momento.

Las retrospecciones y las anticipaciones son, pues, figuras que pueden dibujar las formas de significación más caprichosas y complejas, pero también recursos muy sencillos que pueden ayudarnos a conseguir diferentes funciones:

- Una función completiva siempre que necesitemos brindar información sobre sucesos que hemos omitido o hemos dejado de lado.
- Una función repetitiva si queremos volver a ofrecer información ya proporcionada.
- Una función anunciadora si lo que nos interesa es generar intriga o suspense adelantando información sobre acontecimientos que aún no han sucedido.

5.2.2. DURACIÓN

Hasta ahora hemos visto cómo el tiempo de la historia y el tiempo del discurso pueden coincidir o no en lo que respecta al orden de los acontecimientos a narrar, y de qué manera pueden tener lugar las rupturas temporales entre uno y otro. Ahora vamos a ver un segundo aspecto de la temporalidad narrativa: la duración. Hace referencia a la forma más o menos comprimida, más o menos dilatada, en que podemos contar los diferentes episodios de nuestra novela, ya que, independientemente de lo que duren (horas, días, años), a la hora de plasmarlos sobre el papel les daremos un determinado espacio narrativo en el texto, espacio que no tiene por qué guardar proporción alguna con csa duración, digamos, «real».

La duración en el tiempo de la historia tiene que ver, por tanto, con el tramo de tiempo más o menos largo que el narrador cuenta. Como veíamos en el ejemplo: podría abarcar la vida entera de nuestro protagonista, los meses anteriores y posteriores al terremoto, solo los días decisivos tras su llegada, etcétera. En el tiempo del discurso, sin embargo, la duración tiene que ver con la manera comprimida o dilatada de contar esos acontecimientos. Es lo que hace que el lector perciba a veces que está asistiendo a unos hechos como si tuvieran lugar en la vida real; otras, como si transcurrieran a mucha velocidad (si en un par de párrafos contamos lo que le ha pasado al personaje a lo largo de seis meses tras el terremoto), o de manera ralentizada (si decidimos dedicar un capítulo de veinte páginas a narrar lo que ha pasado en media hora).

Cuando escribimos una novela, está en nuestra mano decidir el grado de proporción o desproporción entre lo que habrían durado los acontecimientos en la historia y lo que durarán en la narración. Evidentemente, no debería tratarse de una decisión arbitraria, sino que escogeríamos un modo u otro en función de la relevancia que quisiéramos dar a lo que estuviésemos contando. Disponemos de varios procedimientos, unos referidos al tiempo de la historia y otros al tiempo del discurso.

5.2.2.1. EL ASPECTO *DURACIÓN* EN EL TIEMPO DE LA HISTORIA

En lo que respecta al modo en que la duración temporal afecta a la historia, una de las diferencias más evidentes entre la novela tradicional y la novela moderna es la extensión temporal de la primera frente a la reducción temporal de la segunda, es decir, la limitación del tiempo narrado —el tiempo de la historia— de forma que la novela no suele abarcar ya, como era usual en el siglo XIX, años o vidas enteras de los protagonistas, sino que puede llegar a abarcar únicamente unos días o incluso unas horas. Esta reducción temporal de la historia presenta tres modalidades:

a) Reducción temporal lineal: es la que se da en su expresión más sencilla: la narración de un único momento que se desarrolla a lo largo de toda la obra. La novela pasa a ser entonces el relato de una anécdota significativa que nos pone ante un momento crítico del presente, lleno de sentido, en lugar de narrar una vida entera. Sería un ejemplo de reducción lineal *El viejo y el mar* de Hemingway, que narra la salida al mar de un viejo pescador, la captura de un pez descomunal y los pormenores del regreso a la costa con su gigantesca presa.

b) Reducción temporal rememorativa o retrospectiva: es la que utiliza frecuentes retrospecciones que amplían hacia el pasado el presente de la historia. Tenemos dos formas de insertar estos segmentos temporales retrospectivos.

Una consiste en que el personaje recuerde en el presente elementos de su pasado. Otra en insertar, por parte de un narrador externo, elementos del pasado mediante secuencias de narración interpoladas. En ambos casos se supera el presente reducido de la historia mediante la alusión más o menos amplia a un episodio del pasado.

Encontramos un ejemplo en *Un fragmento de vida* de Arthur Machen. Darnell, el protagonista, relata a su esposa las extrañas sensaciones que experimentó un verano en su largo vagabundeo por las calles de Londres:

> —Nunca olvidaré la primera vez que lo vi [Hamton Court]. Fue al poco de empezar a trabajar en la City, todavía no llevaba un año. Tuve vacaciones en julio y ganaba tan poco que no podía soñar con irme a la playa ni cosa parecida. Recuerdo que uno de mis compañeros quería que me fuese con él a recorrer a pie el condado de Kent. Me habría gustado, pero no tenía dinero ni para eso. ¿Y sabes lo que hice? Entonces vivía yo en Great College Street.
>
> *Un fragmento de vida*
> Arthur Machen

El relato de esa experiencia, decisiva en el desarrollo y el desenlace de la novela, se sucede con mínimas interrupciones a lo largo de las siguientes diecisiete páginas, tras las cuales la historia retorna al presente de los personajes y desde ahí prosigue hasta el final. De todos modos, hay que ser cuidadoso con estas incursiones al pasado. Como apunta Caren Gussoff en *Escribir ficción,* si nos encontramos necesitando páginas y páginas de *flashback* quizá sea porque hayamos empezado nuestra narración en un momento equivocado. También advierte que los *flashbacks* pueden ser confusos si no los definimos bien, y nos recuerda que hay que anclarlos en el presente de la historia, de manera que los lectores sepan siempre claramente «dónde están».

c) Reducción temporal a través de la simultaneidad: es la que encontramos en determinadas secuencias de algunas novelas que se localizan en lugares distintos pero suceden a la vez. Plantea la dificultad que expresa Borges en *El Aleph:* «Lo que vieron mis ojos fue simultáneo: lo que transcribiré sucesivo, porque el lenguaje lo es». Esta dificultad se puede resolver mediante artificios tipográficos como los usados por Ramón Pérez de Ayala en *El curandero de su honra*, que desarrolla en dos columnas, por separado, la narración de lo que les sucede a Tigre Juan y a su infiel esposa Herminia a lo largo del día que ella, fugada con su amante, pasa fuera de Pilares. También Julio Cortázar dedica alternativamente una línea a dos situaciones distintas a lo largo de varias páginas en el capítulo 34 de *Rayuela*.

Otro ejemplo interesante de simultaneidad lo encontramos en *Madame Bovary,* de Flaubert, en el famoso episodio de los comicios agrícolas. La atención del narrador y la narración misma se dirige alternativamente a dos situaciones: el discurso que el consejero de la prefectura lee desde el estrado entre los mugidos y balidos de las reses, y el coloquio amoroso de Emma y Rodolphe sentados frente a la ventana del ayuntamiento. Están lo suficientemente cerca como para oír el discurso, pero ellos mantienen su diálogo ajenos a él, tal y como podemos ver en el siguiente párrafo:

[Ella] se quitó los guantes y se secó el sudor de las manos. Luego se puso a darse aire en la cara con el pañuelo, y mientras seguía escuchando, mezclado con el latido de sus sienes, el rumor de la muchedumbre y la perorata del consejero, que ahora estaba diciendo:

—«¡Seguid adelante con perseverancia! ¡No deis oídos a las sugerencias de la rutina…».

Madame Bovary
Gustave Flaubert

Y aún se logra con mayor perfección al final del episodio, cuando los amplios párrafos o secuencias iniciales se convierten en simples frases o incluso palabras:

Volvía a poner su mano sobre la de Emma y ella no la retiró.

—«¡Premio a los mejores cultivos!» —clamaba el señor presidente.

—Por ejemplo el otro día, cuando llegué por primera vez a su casa…

—«A Monsieur Bizet, de Quincampoix».

—¡Quién me iba a decir que iba yo a poder acompañarla!

—«¡Setenta francos!».

—No sé cuántas veces he intentado irme, pero no he podido por menos de seguirla, de quedarme con usted.

—«A los estiércoles».

—¡Y cómo me gustaría quedarme con usted toda la noche y mañana y al otro y ya para toda la vida!

—«¡Medalla de oro para Monsieur Caron, de Argueil!».

—Porque nunca en mi vida había encontrado a una persona tan llena de encantos como usted.

—«A Monsieur Bain, de Givry-Saint-Martin».

—También yo conservaré siempre un buen recuerdo de usted.

—«Por un carnero de raza merina…».

—Sí, pero me olvidará, habré pasado por su vida igual que pasa una sombra.

—«A Monsieur Belot, de Notre Dame…».

—Pero no, ¿verdad que no? ¿Verdad que seré algo más que eso en su pensamiento, en su vida?

Madame Bovary
Gustave Flaubert

Hasta aquí hemos visto cómo afecta el aspecto *duración* al tiempo de la historia. Ahora vamos a ver cómo afecta al tiempo del discurso.

5.2.2.2. EL ASPECTO *DURACIÓN* EN EL TIEMPO DEL DISCURSO

La duración en el tiempo del discurso es lo que confiere a una narración su particular ritmo y, especialmente, su capacidad de atrapar la atención del lector o de aburrirlo. Según el «espacio» que destinemos en el texto a los acontecimientos que «suceden» en la historia, obtendremos distintos movimientos narrativos que afectarán a la sensación de velocidad o lentitud con que transcurren los acontecimientos narrados. Veamos cuáles son los principales.

a) Escena y narración lineales. La escena es, como hemos visto en el primer capítulo, una parte de la narración cerrada en sí misma, sometida a unos principios de unidad (de tiempo, lugar y acción) y, en la mayoría de los casos, de punto de vista. Constituye una unidad narrativa completa, de tal modo que sus límites son muy precisos. Si lo que nos interesa es que la acción dramática vehicular en una escena transcurra ante el lector, que este asista a los hechos a tiempo real, haremos coincidir el tiempo de la acción con el tiempo de la narración. Veamos un ejemplo tomado de *El baile*, de Irène Némirovsky:

> Cuando el señor Kampf se acercó, Rosine bisbiseó:
> —Oye, despide al criado, ¿quieres? Me molesta…
> —Pero al sorprender la mirada de Antoinette, se sonrojó y ordenó enérgicamente—: A ver, Georges, ¿va a acabar pronto? Arregle lo que falte y ya puede subir…
> A continuación, los tres se quedaron en silencio, petrificados en sus asientos. Cuando el sirviente salió, la señora Kampf dejó escapar un suspiro.
> —En fin, detesto a ese Georges, no sé por qué. Cuando sirve la mesa y lo noto a mi espalda, se me quita el apetito… ¿De qué te ríes como una tonta, Antoinette? Vamos, a trabajar. ¿Tienes la lista de invitados, Alfred?
> —Sí —respondió Kampf—, pero espera que me quite la chaqueta, tengo calor.
> —Sobre todo —dijo su mujer—, no se te ocurra dejarla aquí como la otra vez… Por la cara que ponían Georges y Lucie me di cuenta perfectamente de que les parecía extraño que estuvieras en mangas de camisa en el salón…
> —Me importa un bledo la opinión de los sirvientes —refunfuñó Kampf.
> —Cometes un error, amigo mío, son ellos los que crean una reputación yendo de una casa a otra y contándolo todo…
>
> *El baile*
> Irène Némirovsky

La narración lineal consiste en extender el mismo recurso —contar los hechos al mismo tiempo que suceden— a unidades mayores o a la narración en su conjunto. Es frecuente, por ejemplo en la novela policiaca; y nos resultará útil utilizarla siempre que queramos dar dinamismo a la acción. Podemos ver un ejemplo en *El hombre que fue jueves*, de Chesterton:

> El caballo y el carro viraron junto a unos olmos del camino, y el caballo casi dio de hocicos sobre la cara de un anciano que estaba sentado en la banca exterior de un modesto cafetín: Le Soleil d'Or. El campesino murmuró una excusa y saltó del asiento. Los otros descendieron uno por uno, y saludaron al anciano con una cortesía abreviada.

El hombre que fue jueves
G. K. Chesterton

b) Resumen, o cuando el tiempo de la acción es *mayor* que el tiempo de la narración. Es decir, cuando los sucesos tienen una duración mucho mayor en el tiempo de la historia que en el espacio que les dedica el texto. Ofrece una narración panorámica de personajes, hechos o circunstancias que, sin bien no son fundamentales como para ser contados en detalle, sí deben conocerse para el buen entendimiento de la historia. Veamos un ejemplo extraído de *Un fragmento de vida* de Arthur Machen:

> El asunto de la cocina les mantuvo ocupados durante el mes de junio y gran parte de julio. La Sra. Darnell aprovechó todas las oportunidades de ir al West End e investigar las características de las últimas marcas de

cocinas, sopesando gravemente sus ventajas y escuchando todas la explicaciones que le daban los vendedores. Por su parte, Darnell, como decía él, mantenía «los ojos bien abiertos» en la City. Acumularon una amplia información sobre el tema, pues trajeron infinidad de folletos ilustrados, y por las noches era divertido mirar los grabados.

Un fragmento de vida
Arthur Machen

c) Elipsis, nos sirve para intercalar saltos en el tiempo. Cuando introducimos una elipsis en un texto omitimos por completo los hechos ocurridos en ese tiempo dado. Según se exprese o no el lapso de tiempo transcurrido, las elipsis pueden ser de duración indeterminada o determinada. Podemos ver un ejemplo de elipsis de duración indeterminada en el mismo texto de Arthur Machen:

Así, día tras día, seguía viviendo en ese mundo gris y fantasmal, análogo a la muerte, que de algún modo ha conseguido que le llamemos vida la mayoría de nosotros.

Un fragmento de vida
Arthur Machen

Y en Mi enemigo mortal, de Willa Cather, un ejemplo de elipsis de duración determinada:

Diez años después de aquella visita a Nueva York me hallaba en una ciudad de la costa Oeste en plena fase de desarrollo, con un crecimiento excesivo e irregular…

Mi enemigo mortal
Willa Cather

d) Pausa descriptiva, pausa digresiva, análisis y monólogo interior son los principales recursos narrativos en los que el tiempo de la narración es mayor que el tiempo de la acción.

La pausa descriptiva tiene lugar cuando el narrador interrumpe el relato de la acción para describir paisajes, objetos, ambientes, lugares, o cualquier otro elemento significativo. El ritmo en las descripciones suele ralentizar o incluso detener la acción. Para evitar que un fragmento descriptivo muy largo y cargado de detalles distraiga al lector o lastre en exceso el relato, podemos ir distribuyendo pinceladas en un lado y en otro, sin que la acción se detenga más de lo necesario. De todos modos, en esto, como en cualquier otro procedimiento narrativo, será la propia historia la que marque su conveniencia y el modo de utilización.

Hay descripciones que contribuyen a dibujar el escenario, como en este fragmento de *Madame Bovary*:

> Había parado de llover, comenzaba a apuntar el día y en las ramas de los manzanos sin hojas se divisaban unos pájaros, quietos, erizadas sus pequeñas plumas al viento frío del amanecer. El campo, llano, se perdía en el horizonte, y, a intervalos espaciados, los bosquecillos que rodeaban las alquerías ponían manchas de un violeta muy oscuro en la gran superficie gris que se fundía en el horizonte con el tono tristón del cielo.

Madame Bovary
Gustave Flaubert

Otras sirven para ofrecer un retrato de los personajes, como hace Felisberto Hernández en *Por los tiempos de*

Clemente Colling cuando el narrador describe a «las longevas».

> ¡Pero ellas! ¡Qué noblemente ideales eran! Por esas tres longevas yo alcancé a darle la mano a una gran parte del siglo pasado. No sería muy difícil, hojeando revistas de aquel tiempo, encontrar un dibujante «original» que hubiera dibujado un cigarrillo echando humo y que del humo saliera una silueta como la de ellas. La cintura lo más angosta que fuera posible, el busto amplio, el cuello encerrado entre ballenas pequeñas que sujetaban el tejido blanco.

Por los tiempos de Clemente Colling
Felisberto Hernández

La pausa digresiva o suspensión tiene lugar cuando se intercalan en la historia principal breves reflexiones o recuerdos de modo que el tiempo de la acción queda suspendido. Veamos un ejemplo en *El guardián entre el centeno*, de Salinger:

> De pronto, mientras andaba hacia el vestíbulo, me volvió a la cabeza la imagen de Jane Gallaher. La tenía dentro y no podía sacármela. Me senté en un sillón vomitivo que había en el vestíbulo y me puse a pensar en ella y en Stradlater metidos en ese maldito coche de Ed Banky. Aunque estaba seguro de que Stradlater no se la había cepillado —conozco a Jane como la palma de la mano—, no podía dejar de pensar en ella. Era para mí un libro abierto. De verdad. Además de las damas, le gustaban todos los deportes y aquel verano jugamos al tenis casi todas las mañanas y al golf casi todas las tardes. Llegamos a tener bastante intimidad. No me

refiero a nada físico —de eso no hubo nada—. Lo que quiero decir es que nos veíamos todo el tiempo. Para conocer a una chica no hace falta acostarse con ella.

El guardián entre el centeno
J. D. Salinger

El análisis se produce cuando se interrumpe el discurso narrativo para dar paso a la reflexión del propio narrador. Un ejemplo claro de análisis es el momento en que el narrador del Quijote interrumpe el relato de la lucha entre el caballero andante y el vizcaíno, justamente cuando el caballero va a descargar su ira a espadazos sobre el enemigo. La interrupción tiene, según el narrador, una justificación: se le ha acabado el material y necesita darnos cuenta de todas sus indagaciones y tribulaciones en la búsqueda del manuscrito que le permita continuar el relato.

En ocasiones, estas interrupciones del discurso narrativo no vuelven a la historia principal, sino que dan origen a nuevas «historias principales». Tenemos un ejemplo muy conocido en la famosa escena de la magdalena, al principio de *En busca del tiempo perdido,* de Proust, que da pie a un análisis de siete tomos, dentro del cual se encontrarán todo tipo de unidades narrativas.

En el monólogo interior la extensión textual que se requiere para dar cuenta de los procesos de conciencia deja en el lector la impresión de un tiempo desmesuradamente distendido. Tenemos un ejemplo en la primera página de *Al faro* de Virginia Woolf: la brevedad del tiempo de la historia, constituido por las meditaciones de Mrs. Ramsay mientras su hijo James recorta la figura de un refrigerador de entre las páginas de una revista, contrasta visiblemente con la extensión del discurso. Lo mismo ocurre con mucha frecuencia en *Ulises* de James Joyce.

Vemos, por tanto, que escena, narración lineal, resumen, pausa, análisis, etcétera, constituyen movimientos narrativos que, como en la música, son responsables de las distintas «velocidades» que puede tener un relato. No olvidemos pues que el lector tenderá a percibir como lenta una narración en la cual abunden las pausas descriptivas y, por el contrario, le darán impresión de acelcración los episodios que contengan resúmenes y elipsis. Si la «velocidad» narrativa consiste, pues, en contar más cosas en menos tiempo (o en menos espacio de la página), conviene tenerlo en cuenta para, según el tipo de texto que estemos escribiendo y según lo requieran determinados pasajes, ajustar la velocidad en función del efecto que queramos producir en el lector.

5.2.3. FRECUENCIA

Hemos visto hasta aquí dos aspectos de la dimensión temporal de una narración: el orden y la duración. Pero nos queda aún un tercero, la frecuencia, que también nos permitirá conseguir efectos interesantes al escribir nuestra novela.

Igual que ocurría con aquellos, también la frecuencia está sujeta a relaciones de concordancia o discordancia entre el tiempo de la historia y el tiempo de la narración, ya que hace referencia a cuántas veces «sucede» un acontecimiento en la historia y cuántas veces «se narra» en el discurso. Puede ser de tres tipos:

- 1. Narración iterativa:

Es el tipo de frecuencia que empleamos para narrar acciones que se repiten, que forman parte de la costumbre de los personajes, que no son singulares. Por ejemplo, sus antecedentes y cómo era su vida antes de que ocurriese algo que viniera a cambiarla. Estaríamos hablando de sucesos semejantes, que tienen lugar en más de una ocasión en la historia y se relatan solo una vez.

En el ejemplo de la hipotética novela sobre el médico que se marcha a Haití, podría expresarse con un simple: «Solía abandonar el consultorio el último, mucho después de haber anochecido…», sin necesidad de señalarlo en cada escena en la que abandone el consultorio.

- 2. Narración singulativa:

La habitual para introducir un suceso o una acción únicas que abre un interrogante sobre lo que ocurrirá a continuación: sucede algo diferente que rompe el curso habitual de la historia y lo relatamos una sola vez. Las fórmulas propias para ello son del tipo «un día», «en cierta ocasión», «una vez»… Siguiendo con nuestro ejemplo, el narrador podría decir algo así: «Un día, cuando estaba en la cafetería del hospital, se le acercó una antigua compañera a la que hacía tiempo que no veía».

- 3. Narración repetitiva:

Se produce cuando un acontecimiento sucede una sola vez en la historia pero es narrado varias veces. Nos resultará útil recurrir a este tipo de frecuencia cuando nos interese prolongar la duración de un suceso en la mente del lector. Siguiendo con nuestro personaje, podríamos utilizar este tipo de frecuencia para remarcar alguna obsesión o un recuerdo recurrente. Podría ser, por ejemplo, la cura de esa niña a la que hacíamos referencia al principio. Supongamos que es su primera paciente en ese escenario dantesco, sería natural que su imagen se le hubiera quedado grabada y la recordara luego en otros momentos de su vida, como cuando dos años después de la catástrofe, ya de vuelta en Madrid, naciera su hija. Pero la repetición no solo cumple la función de remarcar la importancia de un motivo o la obsesión de un personaje; muchas veces juega un papel vertebrador, cohesiona una secuencia o un episodio, como ocurre en algunos relatos de Carver.

Con esto habríamos visto los tres aspectos principales de la temporalidad narrativa, que quedan resumidos en conjunto en este cuadro:

Cuadro sobre los diferentes aspectos de la temporalidad narrativa

Tres aspectos de la temporalidad narrativa	ORDEN	- Retrospección - Anticipación	
	DURACIÓN	En el tiempo de la historia	- Reducción temporal lineal - Reducción temporal retrospectiva - Reducción temporal a través de la simultaneidad
		En el tiempo del discurso	T° acción = Tª narración: escena y narración lineal T° acción > T° narración: resumen T° acción: 0 T° narración: elipsis T° acción < T° narración: descripción, digresión, análisis, monólogo interior
	FRECUENCIA	- Iterativa - Singulativa - Repetitiva	

5.3. Tiempo objetivo y tiempo subjetivo

Junto a la distinción entre el tiempo de la historia y el tiempo de la narración, otra distinción importante que debemos tener en cuenta al considerar el tiempo en la novela es la que se da entre el tiempo objetivo (o tiempo cronológico) y el tiempo subjetivo (o psicológico).

El tiempo objetivo es sencillamente el que marcarían los relojes y calendarios de los personajes. En una novela, la duración de muchos de los sucesos está marcada por este tiempo: los personajes están un número determinado de días en un sitio o pasan unas horas concretas en tal otro.

El tiempo subjetivo tiene que ver con el modo en que los personajes lo experimentan: unas veces, muy deprisa; otras, despacio. Dos personajes, simultáneamente y en el mismo lugar, pueden tener dos percepciones del paso del tiempo radicalmente distintas. Por ejemplo, al médico de nuestra novela una hora de conversación con esa compañera de trabajo que le cuenta sus planes de marcharse a Haití se le podría haber pasado volando; sin embargo, a la camarera que estuviera esperando a que pidieran la cuenta para poder cerrar y marcharse a casa, esa misma hora se le podría hacer eterna.

Hans Castorp y su primo Joachim expresan así la diferencia entre ambos tiempos en un pasaje de *La montaña mágica*:

> —Un minuto siempre es igualmente largo… Dura todo el tiempo que la aguja del minutero emplea en recorrer su cuadrante.

—Pero emplea en eso tiempos diferentes… según nuestra apreciación. En realidad —repitió Hans Castorp, apretando su dedo contra la nariz hasta el punto de torcer su punta—, en realidad es un movimiento en el espacio, ¿no es cierto? Escucha, medimos el tiempo por medio del espacio. Es, por consiguiente, algo así como si quisiéramos medir el espacio con la ayuda del tiempo, lo que no se les ocurre más que a gente desprovista de rigor científico. De Hamburgo a Davos hay veinte horas de ferrocarril. Pero a pie, ¿cuánto hay? ¿Y con el pensamiento? ¡Ni siquiera un segundo!

La montaña mágica
Thomas Mann

Podemos plasmar el paso de las horas o los días —el tiempo objetivo— mediante referencias explícitas y marcadores temporales insertos en las propias acciones, como cuando referimos que el médico empezaba a pasar consulta «a las ocho de la mañana» o que esperaba una remesa de antibióticos «a los pocos días». Y podemos referir detalles del ambiente que marquen el tiempo de manera más sutil, como cuando señalamos cambios de luz que indiquen que ha oscurecido o ha amanecido, o fenómenos atmosféricos de los que se pueda inferir una hora aproximada o estación del año.

Indudablemente, para dar la sensación de que el tiempo transcurre más o menos lento o rápido —su variable percepción subjetiva— no es suficiente con decirlo. Es preciso reflejarlo mediante los recursos que hemos visto y expresarlo con gestos y palabras de los propios personajes. Volviendo a nuestro ejemplo anterior, la camarera podría expresar su impaciencia mirando el reloj una y otra vez, acercándose a preguntarles si desean tomar algo más, llevándoles la cuenta, poniéndose a recoger con brusquedad las mesas de alrededor… El médico y su compañera, sin embargo, seguirían absortos en la conversación hasta que ella mirara el reloj y exclamara: «¡Pero qué tarde es! ¿Sabes que llevamos una hora aquí sentados?». Es importante tener en cuenta que las oraciones simples, los verbos de acción y el tiempo presente imprimirán sensación de apresuramiento y velocidad; el pasado y las oraciones largas y subordinadas, por el contrario, favorecerán la idea de lentitud.

5.4. EL TIEMPO DEL NARRADOR Y LOS TIEMPOS VERBALES

Del mismo modo que hay un punto de vista espacial, tal y como veremos en el tema siguiente, también hay un punto de vista temporal. Apenas el narrador arranca a contar su historia sabemos cuál es su distancia temporal respecto a lo narrado según el tiempo verbal que emplee; y de ahí las siguientes perspectivas:

1. Narración ulterior: es la habitual cuando nos interesa que el narrador cuente hechos que han ocurrido en el pasado (ya sea un pasado inmediato o remoto). El acto de narrarlos, por tanto, será posterior a la acción. Volviendo a nuestro ejemplo, en este tipo de perspectiva, el narrador contaría lo que le pasó a un médico que decidió viajar a Haití a los pocos días del terremoto como hechos ya sucedidos: «Todo había empezado el día en que una compañera del hospital le propuso…», entre otras incontables posibilidades. Aquí es donde entran en juego los tiempos verbales.

Nuestra gramática establece que el perfecto simple se refiere a hechos ocurridos en el pasado y concluidos («*Vivió* en Haití dos años»), y que el imperfecto se refiere a hechos del pasado que pueden estar ocurriendo aún («Cuando estaba en Madrid *vivía* en la misma casa donde había nacido») o a acciones que se repiten en el tiempo, que son habituales («Siempre *comía* solo; no soportaba que le hablaran de los pacientes mientras *comía*»).

2. Narración simultánea: la emplearemos cuando nos interese que el tiempo del narrador y el tiempo de lo narrado coincidan. El tiempo gramatical será el presente. Lo vemos en las novelas o en las secuencias introspectivas en las que el narrador sigue la acción muy de cerca. Si nuestra novela estuviera contada en primera persona, el protagonista podría decir: «Una mujer no para de gritar mientras intento entablillarle el brazo a una niña que no tendrá más de cuatro años. Es su hija, oigo que dice. La enfermera me mira y le hago un gesto para que la deje pasar». También las narraciones con forma de carta y de diario suelen generar este efecto de inmediatez.

3. Narración anterior: es poco probable que nos decantemos por esta perspectiva para escribir una novela entera por su extrañeza, ya que en ella el narrador cuenta lo que va a ocurrir (o cree que va a ocurrir) en el futuro, como si se tratara de una profecía. Es difícil mantener una novela entera con esta última perspectiva temporal, pero podría sernos útil para determinadas secuencias. En realidad, en cualquier tipo de narración pueden producirse desplazamientos temporales intercalando secuencias narradas desde otro punto de vista temporal distinto al predominante.

6

EL ESPACIO Y LA AMBIENTACIÓN.
LA CREACIÓN DE ATMÓSFERAS

Rubén Abella

> *La novela es un hombre, un paisaje y una pasión.*
>
> Miguel Delibes
>
> *No te olvides de incluir el clima en tu maldito libro:*
> *el clima es muy importante.*
>
> Ernest Hemingway (a John Dos Passos)

Imaginemos a un escritor en ciernes que escribe una novela de la que se siente muy orgulloso. La trama gira en torno a un hombre que deja una huella nefasta a su paso por una casa de huéspedes que nunca aparece descrita en el texto. Se trata de un espacio etéreo, sin referentes físicos ni temporales, sin ningún vínculo —ni emocional ni de ningún otro tipo— con la historia. Nuestro autor piensa que envolviendo el espacio en la bruma, en la indefinición, la lectura será más «sugerente» y «misteriosa». Esperanzado, convencido de las bondades de su trabajo, envía la novela a varias editoriales pero, para su decepcionada sorpresa, todas ellas la rechazan.

Cuando se le pasa la indignación y, por fin, puede releer la novela con un cierto grado de objetividad, entiende que se trata de un artefacto narrativo fallido porque, entre otras cosas, la historia se desarrolla en un limbo intangible, y lo intangible —lo abstracto— no suele funcionar en narrativa. La narrativa es el arte de la concreción y lo específico. De los «divinos detalles», como decía Nabokov. Hemos visto que las tramas han de estar sujetas a los principios básicos de la verosimilitud, los personajes deben tener «vida», los tiempos deben gestionarse con economía narrativa. Y, por supuesto, los espacios tienen que dejarse habitar y recorrer por los personajes.

Sería una exageración afirmar que la ausencia de un espacio narrativo tangible imposibilita el éxito de una novela —hay novelas excelentes en las que el espacio es poco más que ese mero decorado, como por ejemplo *Una soledad demasiado ruidosa*, del checo Bohumil Hrabal—, pero desde luego lo hace más improbable. El espacio, la ambientación y, la atmósfera general de una historia son cruciales para la solidez narrativa de una novela. Lo que Juan Rulfo nos cuenta en *Pedro Páramo*, por ejemplo, solo puede suceder en Comala, un «pueblo sin ruidos», hecho de casas vacías y aire caliente. No es casual que la historia que nos narra Jesmyn Ward en *Quedan los huesos* se desarrolle en Bois, un pueblo del golfo de Mississippi donde son frecuentes los huracanes. Lo mismo ocurre con el Budapest de Sándor Márai, el San Petersburgo de Dostoievski, la Castilla de Miguel Delibes y el Newark de Philip Roth. Una de las primeras cuestiones que todo escritor debe plantearse antes de embarcarse en un proyecto narrativo —en especial si se trata de una novela— es dónde suceden las cosas, pues el lugar determina la acción y, en buena parte, la forma de actuar de los personajes.

Antes de seguir adelante, aclaremos algunos términos.

6.1. El espacio, la trama y los personajes

El espacio narrativo es el lugar específico donde se desarrolla una trama, y por ello es indisociable de todos aquellos elementos que tienen que ver con el tiempo, tanto el atmosférico —el clima, la estación del año, los fenómenos meteorológicos— como el cronológico —la hora del día, el mes, la época histórica— y en general la *ambientación*. El término ambientación a menudo se refiere a elementos más generales como el tono, la actitud del narrador hacia lo narrado o los estados de ánimo vinculados al espacio narrativo. Juntos, el espacio narrativo y la ambientación conforman la atmósfera general de una novela, su color emocional predominante. Para entenderlo mejor, leamos con atención este fragmento de la novela *Meridiano de sangre*, del norteamericano Cormac McCarthy, ambientada en la inhóspita y violenta frontera de Estados Unidos y México en la década de 1850:

> Diez días más tarde con cuatro hombres muertos comenzaron a cruzar un llano de pura piedra pómez en el que, hasta donde alcanzaba la vista, no crecían ni arbustos ni hierbas. El capitán dio el alto y llamó al mexicano que les hacía de intérprete. Hablaron y el mexicano gesticuló y el capitán gesticuló y un rato después siguieron adelante.
>
> —A mí esto me parece el camino al infierno —dijo uno de los hombres.

—¿Qué se piensa que van a comer los caballos?

—No les queda otra que picotear esta arena como si fueran pollos y comer el maíz desgranado cuando lo haya.

Al cabo de dos días empezaron a toparse con huesos y ropa. Vieron esqueletos de mulas medio enterrados, con los huesos tan blancos y pulidos que parecían incandescentes incluso en aquel calor abrasador, y vieron una mula entera, un cadáver seco y ennegrecido, duro como el hierro. Siguieron adelante. La luna blanca los acompañó a través del terreno baldío como si fueran un ejército fantasma, tan pálidos estaban a causa del polvo, como sombras de figuras borradas en una pizarra. Los lobos corrían más pálidos aún y se agrupaban y saltaban y alzaban en el aire sus finos hocicos.

Buena parte del impacto de este fragmento —y de *Meridiano de sangre* en general—, depende directamente del espacio narrativo y de la ambientación, es decir, de la atmósfera, hasta el punto de que esta llega a convertirse no solo en un personaje de la novela —en este caso, como en *La carretera*, otra de las grandes novelas de McCarthy, casi en su protagonista—, sino también en una encarnación del conflicto, una especie de representación simbólica que envuelve la historia y le confiere textura, visibilidad y, en última instancia, sentido. Solo en un territorio tan inhóspito como el que nos describe McCarthy —un abrasador desierto de piedra pómez salpicado de animales muertos y ominosos vestigios humanos— puede desarrollarse la brutal odisea en la que el autor embarca al Chaval, un muchacho de diecisiete años natural de Tennessee que por azar se ve inmerso en un mundo fronterizo de pesadilla, donde existe un floreciente mercado para las cabelleras de indios.

El espacio y la ambientación son elementos cruciales en una novela: ambos dependen de la trama y, al mismo tiempo, influyen decisivamente en ella. Imaginemos una historia de amor ambientada en el pueblo natal de la protagonista, una profesora de Historia llamada Eva. Eva da clases en un instituto de Madrid, pero ha nacido y pasado su infancia y adolescencia en un pueblo pesquero de la costa asturiana —vamos a llamarlo San Martín— donde siguen viviendo sus padres y al que ella viaja siempre que tiene ocasión. Imaginemos que el hombre de quien se enamora durante las fiestas patronales —Arturo— es también de San Martín. Desde el principio, la relación estará marcada por su origen común, por ese espacio en el que ambos han crecido. Tendrán amigos comunes, conocerán las tradiciones locales, puede que hayan estudiado en el mismo colegio y, posiblemente, cada uno conocerá a la familia del otro.

Imaginemos ahora que el hombre no se llama Arturo, sino Nigel. No es asturiano sino neozelandés, y nunca ha visitado España. La relación que Eva entabla con él en el pueblo será, necesariamente, muy distinta de la que habría entablado con Arturo. Para ella el entorno es familiar, está en casa, mientras que para él todo es nuevo y exótico.

E imaginemos a un tercer hombre —Roberto—, al que Eva no conoce en San Martín, sino en un bar de Madrid, o en un avión con destino a Nueva York, o en un congreso de historiadores celebrado en Barcelona, o en un viaje organizado a Túnez. Cada uno de estos espacios generará una atmósfera propia que influirá de forma decisiva en el desarrollo de la relación amorosa y, por consiguiente, de la novela.

Damiana Cisneros, uno de los personajes centrales de *Pedro Páramo,* describe de la siguiente forma Comala, el pueblo donde se desarrolla la novela:

—Este pueblo está lleno de ecos. Tal parece que estuvieran encerrados en el hueco de las paredes o debajo de las piedras. Cuando caminas, sientes que te van pisando los pasos. Oyes crujidos. Risas. Unas risas ya muy viejas, como cansadas de reír. Y voces ya desgastadas por el uso. Todo eso oyes. Pienso que llegará el día en que estos sonidos se apaguen.

Eso me venía diciendo Damiana Cisneros mientras cruzábamos el pueblo.

—Hubo un tiempo que estuve oyendo durante muchas noches el rumor de una fiesta. Me llegaban los ruidos hasta la Media Luna. Me acerqué para ver el mitote aquel y vi esto: lo que estamos viendo ahora. Nada. Nadie. Las calles tan solas como ahora.

"Luego dejé de oírla. Y es que la alegría cansa. Por eso no me extrañó que aquello terminara.

"Sí —volvió a decir Damiana Cisneros—. Este pueblo está lleno de ecos. Yo ya no me espanto. Oigo el aullido de los perros y dejo que aúllen. Y en días de aire se ve al viento arrastrando hojas de árboles, cuando aquí, como tú ves, no hay árboles. Los hubo en algún tiempo, por que si no ¿de dónde saldrían esas hojas?

"Y lo peor de todo es cuando oyes platicar a la gente, como si las voces salieran de alguna hendidura y, sin embargo, tan claras que las reconoces. Ni más ni menos: ahora que venía, encontré un velorio. Me detuve a rezar un Padre nuestro. En eso estaba, cuando una mujer me apartó de las demás para decirme:

"—¡Damiana! ¡Ruega a Dios por mí, Damiana!

Esta descripción, lírica y llena de ecos, como la propia Comala, resulta crucial para que el lector entienda —o, más bien, intuya— las desconcertantes implicaciones de la novela. Las palabras de Damiana Cisneros nos ayudan a entrever que quizás Comala sea un pueblo muerto habitado por espíritus, que quizás Juan Preciado, uno de los protagonistas de esta soberbia «novela mosaico», no está buscando a su padre —Pedro Páramo— en este mundo, sino en un paraje de ausencias y voces sin dueño que guarda llamativas similitudes con el purgatorio. Al igual que Cormac McCarthy en *Meridiano de sangre*, Juan Rulfo consigue crear en *Pedro Páramo* una atmósfera que cumple a la perfección dos funciones fundamentales. La primera es sustentar, contener y dar verosimilitud al complejo edificio novelesco. La segunda es *elevar* el espacio narrativo —el valle de la Media Luna y la aldea de Comala— a otra categoría, al convertirlo en algo más complejo, en un elemento con reverberaciones metafóricas: es decir, en un símbolo.

Otros ejemplos de espacios simbólicos podrían ser el río Mississippi por el que navegan Tom y Huck en *Las aventuras de Huckleberry Finn*, de Mark Twain, que representa, entre otras cosas, la existencia humana y sus conflictos; o la gran mansión neoyorquina de *Homer y Langley*, de E. L. Doctorow, un «monumental tributo al diseño victoriano» cuya decadencia nos hace pensar en la ineludible y ruinosa finitud de los dos hermanos protagonistas e, inevitablemente, también en la nuestra; o el medio kilómetro de desolación que los personajes de *El gran Gatsby*, de F. Scott Fitzgerald, deben atravesar en sus viajes entre West Egg y Nueva York, un valle yermo «donde las cenizas crecen como el trigo formando cerros, colinas y grotescos jardines», por encima del cual se elevan los inquietantes e intensamente simbólicos ojos del doctor T. J. Eckleburg:

Los ojos del doctor T. J. Eckleburg son azules y gigantescos, con retinas de casi un metro de altura. No se asoman a rostro alguno, sino a un par de enormes gafas amarillas que descansan sobre una nariz inexistente. Es obvio que algún oculista chiflado y guasón las colocó allí para aumentar su clientela en el distrito de Queens y después se hundió él mismo en la ceguera eterna, o las olvidó y se mudó a otro lugar. Pero sus ojos, un poco desteñidos por tantos días sin pintura bajo el sol y la lluvia, siguen cavilando sobre el solemne vertedero.

6.2. El espacio, la ambientación y la tensión narrativa

El espacio y la ambientación proporcionan un telón de fondo para nuestras ficciones y ayudan al lector a ubicarse en el universo inventado de la novela. Pero esa es solo su función más básica. Gestionada con habilidad, como en los textos mencionados, la atmósfera de una historia también puede generar tensión narrativa, un elemento, como hemos visto en el capítulo dos, esencial para que una novela se sostenga. Vamos a explorar tres formas de trabajar el espacio de la novela en favor de la tensión narrativa: poniendo a los personajes en oposición a la naturaleza, haciendo que se desenvuelvan en un espacio desconocido y, finalmente, empleando la ironía dramática.

6.2.1. La naturaleza

Es quizás la técnica más utilizada y, por ello, la que con más facilidad puede arrastrarnos al cliché, a lugares comunes como la célebre *noche oscura y tormentosa*. Pero también se puede aprender de los clichés. Si han adquirido ese estatus es porque algo de verdad encierran.

La oscuridad, el viento, las tormentas y otras fuerzas de la naturaleza pueden servirnos para causar en el lector unos determinados efectos. Por lo general la oscuridad significa peligro y, a menudo, complicaciones. La oscuridad ofrece cobijo y seguridad a los criminales. Se cometen más crímenes por la noche que por el día y las salas de urgencias de los hospitales suelen tener más visitas cuando se pone el sol. No ver nos inquieta. El silencio nos pone en guardia y cualquier ruido extraño nos perturba.

De igual modo, los fenómenos climáticos extremos obligan a los personajes a enfrentarse a las fuerzas de la naturaleza y, si el autor maneja bien las herramientas narrativas, a sus propias tormentas interiores. En el siguiente extracto de *Mientras agonizo*, de William Faulkner, Darl describe el río henchido por una tormenta que él, su padre y sus hermanos han de cruzar con el carro en el que transportan en un ataúd el cadáver de su madre recién fallecida.

Ante nosotros corre la espesa y negra corriente; hasta nosotros sube el murmullo incesante y múltiple; su amarilla superficie se hincha monstruosamente con fugaces remolinos que corretean por ella, por un instante, silentes, efímeros y profundamente significativos, como si, bajo la superficie, se despertara algo enorme y viviente, durante un momento de vigilia perezosa, para caer de nuevo en un ligero adormecimiento.

La corriente cloquea y murmura entre los radios de las ruedas y en las patas de las mulas: amarilla, sembrada de pecios, y con múltiples y sucias gotas de espuma, como si dudase, como se cubre de espuma un caballo que suda. Y corre entre la maraña con un sonido quejumbroso y cogitabundo; las sueltas cañas y los renuevos se inclinan sobre ella como humillados por un ventarrón y se ladean, sin volverse hacia atrás, igual que si estuvieran suspendidos de unos cables invisibles que bajasen del alto ramaje. Y sobre su incesante superficie se ven —los árboles, las cañas, los renuevos— desarraigados, arrancados de la tierra, espectrales sobre un cuadro de desolación inmensa, aunque limitada, resonante de la henchida voz del agua, devastadora y lúgubre.

La lluvia ha desbordado el río, desdibujando sus orillas y arrastrando todo lo que encuentra a su paso. La violencia incontenible del agua tiene un eco más íntimo, pero igual de agitado, en el espíritu de Darl, en la arrebatada concisión de sus palabras y de su pensamiento.

En el relato «Perro de invierno», del canadiense Alistair MacLeod, un muchacho sale de su casa en la recóndita isla de Cabo Bretón con la intención de comprobar las trampas para animales que tiene repartidas por el bosque. Sus padres están ocupados —esperan visita— y no hay otros chicos con quienes ir, de modo que decide ir solo. Es una tarde soleada de invierno y el paisaje está nevado:

> Até al perro al arnés del trineo, abrí la puerta de casa y grité que iba a echarle un vistazo a las trampas. Empezamos a ascender la colina que hay detrás de nuestra casa, en dirección al bosque, cuando eché la vista atrás, hacia el mar. El «gran hielo», que es como llamábamos al bloque de hielo más grande, estaba sólidamente asentado en la orilla y se extendía más allá de donde alcanzaba la vista. No había estado allí el día antes, aunque durante las últimas semanas lo habíamos visto moverse en el agua, unas veces cerca y otras lejos, dependiendo de los vientos y las mareas. La llegada del gran hielo marcaba oficialmente el inicio de la fase más fría del invierno. Era sobre todo hielo a la deriva

que bajaba del Ártico y de la península de Labrador, aunque una parte era hielo de agua dulce procedente del estuario del río San Lorenzo. Bajaba hasta aquí al caer las temperaturas, trayendo consigo su propia frialdad misteriosa, y se extendía a lo largo de cientos de millas en forma de cráteres y llanuras, formando figuras unas veces grotescas y otras de una belleza arquitectónica. Era azul y a veces gris y otras veces de un brillante verde esmeralda.

El perro y yo cambiamos de rumbo y nos dirigimos hacia el mar, a ver qué había traído el hielo.

El muchacho cambia de planes, de modo que, si algo le sucediera, si tardara en regresar, nadie sabría adónde ir a buscarlo. Se olvida de las trampas y, atraído por la llegada del «gran hielo», se pone en marcha hacia un paisaje portentoso, un mundo de hielo de una belleza sobrecogedora y, al mismo tiempo, preñado de riesgos y peligros, una gigantesca plataforma de hielo flotante recién llegada de los fríos del norte, que pretende explorar con su perro, subido a su trineo. Una vez más, la naturaleza, mucho más grande que el hombre, crea el marco narrativo e inyecta tensión en la escena.

6.2.2. Un espacio desconocido

Otra forma de generar tensión narrativa a través del espacio y la ambientación es haciendo que nuestros personajes se muevan en un escenario que no les resulta familiar. La extrañeza, la falta de conocimiento sobre el modo en que funciona el universo al que se ven arrojados, produce un desequilibrio cuajado de tensión tanto en los personajes como en los lectores. Esa es una de las estrategias narrativas utilizadas por Jonathan Swift en *Los viajes de Gulliver*, o por J. R. R. Tolkien en *El señor de los anillos.*

Algo similar, aunque en la esfera de la narrativa realista, podría decirse de los cuentos y novelas de Jhumpa Lahiri, que, hasta la fecha, se centran casi de forma exclusiva en el arduo proceso de aclimatación vivido por las sucesivas oleadas de emigrantes bengalíes llegadas a los Estados Unidos a partir de los años setenta del siglo pasado. La extrañeza ante una forma de vida desconocida y la colisión con el mundo propio que han dejado atrás constituye uno de los principales puntos de interés de las ficciones de esta narradora. Buena parte de la saga de Maqroll el Gaviero, el malhadado y fascinante personaje creado por el colombiano Álvaro Mutis, se basa también en ese choque entre los personajes —en este caso el propio protagonista— y una sucesión de escenarios cambiantes que van desde la Amazonia hasta Bergen, pasando por una mina llamada Cocora —donde el Gaviero vivió en soledad varios años—, un sórdido motel de Los Ángeles y un destartalado corralón llamado La Nieve del Almirante, ubicado en la parte más alta de una cordillera sin nombre, donde el personaje sirvió café a los viajeros de paso en compañía de su amante Flora Estévez.

En *El corazón de las tinieblas,* Joseph Conrad conjuga las dos estrategias apuntadas hasta ahora, el uso de las fuerzas de la naturaleza y el de un espacio desconocido, como atestigua esta descripción del narrador, Marlow, durante su búsqueda del abominable Kurtz en las entrañas del Congo:

> De pronto se hizo la noche, súbitamente, y también nos dejó ciegos. A eso de las tres de la mañana saltó un gran pez, y su fuerte chapoteo me sobresaltó como si hubiera

sido disparado por un cañón. Una bruma blanca, caliente, viscosa, más cegadora que la noche, empañó la salida del sol. Ni se disolvía, ni se movía. Estaba precisamente allí, rodeándonos como algo sólido. A eso de las ocho o nueve de la mañana comenzó a elevarse como se eleva una cortina. Pudimos contemplar la multitud de altísimos árboles, sobre la inmensa y abigarrada selva, con el pequeño sol resplandeciente colgado sobre la maleza. Todo estaba en una calma absoluta, y después la blanca cortina descendió otra vez, suavemente, como si se deslazara por ranuras engrasadas. Ordené que se arrojara de nuevo la cadena que habíamos comenzado a halar. Y antes de que hubiera acabado de descender, rechinando sordamente, un aullido, un aullido terrible como de infinita desolación, se elevó lentamente en el aire opaco. Cesó poco después. Un clamor lastimero, modulado con una discordancia salvaje, llenó nuestros oídos. Lo inesperado de aquel grito hizo que el cabello se me erizara debajo de la gorra. No sé qué impresión les causó a los demás: a mí me pareció como si la bruma misma hubiera gritado.

Todos los detalles de esta vívida descripción —la noche, la bruma, la calma, el aullido— prefiguran, es decir, permiten al lector intuir el resultado de esa búsqueda cada vez más difícil a través del corazón de África.

6.2.3. La ironía dramática

La ironía es como sabemos una figura retórica que consiste en dar a entender lo contrario de lo que se dice. Sabemos también —lo hemos visto en el capítulo segundo— que la tensión dramática se basa en la creación de situaciones y escenas regidas por el conflicto. El espacio y la ambientación de una novela pueden ser utilizados para generar una combinación de ambos elementos, lo que llamaremos *ironía dramática*.

Pongamos por ejemplo las primeras páginas de *La visita al maestro*, de Philip Roth. Nathan Zuckerman, un joven escritor en ciernes, llega a la casa en el campo del afamado novelista E. I. Lonoff, por quien siente un respeto rayano en la veneración. Así es como Zuckerman describe el cuarto de estar del maestro:

> El cuarto de estar al que me guio era pulcro, acogedor y sencillo: una gran alfombra circular, varias butacas cubiertas con fundas, un viejo sofá, una larga pared con libros, un piano, un fonógrafo, una mesa de biblioteca de nogal llena de publicaciones y revistas cuidadosamente apiladas. Por encima del revestimiento blanco, las paredes, de un color amarillo pálido, estaban casi desnudas: solo había en ellas media docena de acuarelas de aficionado que representaban la vieja granja en distintas estaciones. Más allá de los asientos con cojines de las ventanas y de las incoloras cortinas de algodón cuidadosamente recogidas pude ver las ramas desnudas de arces oscuros y campos de nieve virgen. Pureza. Calma. Simplicidad. Aislamiento. Toda la concentración, la extravagancia, y la originalidad de una persona reservadas para cumplir con su trascendente, exaltada y ardua vocación. Miré a mi alrededor y pensé: Así viviré yo.

Este detallado retrato de la paz doméstica de Lonoff sirve de contrapunto al desmoronamiento familiar que tendrá lugar más adelante. Por medio de esta ironía dramática, de la presentación de un mundo en calma que acaba entrando en barrena, Philip Roth nos habla de las tensiones entre la literatura y la vida —entre la honestidad artística y la decencia convencional— y sobre aquellos creadores implacables que viven con las consecuencias de sacrificar la una por la otra. El espacio y la ambientación ayudan al cumplimiento de ese objetivo.

6.3. CÓMO CONSTRUIR UN ESPACIO NARRATIVO

Como ya hemos explicado, el espacio narrativo y la ambientación ayudan a atraer al lector hacia la historia que deseamos contar. Bien concebida, la atmósfera de una ficción genera también tensión narrativa y dramatismo. Todo eso está bien en teoría, pero ¿cómo se consigue? ¿Cómo podemos crear espacios narrativos que sustenten e intensifiquen nuestras tramas?

En buena parte, como ocurre con cualquier otra técnica narrativa, es una cuestión de experiencia, de trabajo, imaginación y capacidad de observación. Pero a la hora de crear ambientes, estas pautas resultarán útiles: apuntar detalles concretos; seleccionar detalles *esenciales*; conectar e interpretar.

6.3.1. APUNTAR

La narrativa, ya lo hemos dicho, es el arte de lo concreto. En este sentido, decía Chéjov que si queremos que el lector perciba que nuestro protagonista está triste, no debemos explicar que lo está, sino sacarlo a la calle y hacerle mirar el reflejo de la luna en un charco. Se trata de *mostrar* su tristeza a través de detalles concretos, como hemos venido insistiendo desde el primer capítulo. La concreción es indispensable para crear el ambiente narrativo y, a su vez, el ambiente narrativo es crucial para que nuestras ficciones resulten verosímiles.

Antes de ponernos a escribir, es importante visualizar el escenario de nuestra novela y, por qué no, hacer una lista de las palabras o los detalles específicos que mejor lo representan. Los espacios narrativos creíbles se sustentan sobre detalles vívidos, aquellos que podemos ver, oír, oler, saborear y tocar. No es nada nuevo: a la hora de escribir nuestras ficciones, es recomendable usar los cinco sentidos, convertir nuestras palabras en sensaciones reconocibles.

La mayoría de nosotros tendemos a centrarnos en un sentido predominante, es decir, confiamos más, por ejemplo, en los detalles visuales o en los auditivos o en los táctiles a la hora de interpretar el mundo que nos rodea. Esta atención a un único sentido puede convertirse en una limitación narrativa. Hay escritores que «oyen» las voces de los personajes antes de «verlos» en su mente y encuentran relativamente sencillo escribir diálogos verosímiles. Esta tendencia auditiva sería de gran ayuda para escribir teatro, por ejemplo, pero podría llegar a descompensar una obra narrativa y, de forma especial, una novela. Los escritores «visuales», por el contrario, son capaces de describir sin demasiada dificultad escenarios detallados e imágenes vívidas, pero lo más probable es que tengan dificultades a la hora de trabajar la voz de los personajes y enhebrar diálogos naturales. Lo más normal es dejarnos llevar por aquellas facetas de la creación narrativa en las que obtenemos mejores resultados con la mínima inversión de tiempo y esfuerzo; pero corremos el riesgo de que nuestra novela resulte hipertrofiada de descripciones y raquítica en los diálogos, o descompensada en cualquier otro aspecto que involucre la sensibilidad para los detalles sensoriales. Recordemos cómo arranca *Si una noche de invierno un viajero*, de Italo Calvino:

> La novela empieza en una estación de ferrocarril, resopla una locomotora, un vaivén de pistones cubre la apertura del capítulo, una nube de humo esconde parte del primer párrafo. Entre el olor a estación pasa una ráfaga de olor a cantina de la estación. Hay alguien que está mirando a través de los vidrios empañados, abre la puerta encristalada del bar, todo es neblinoso, incluso dentro, como visto por ojos de miope, o bien por ojos irritados por granitos de carbón. Son las páginas del libro las que están empañadas como los cristales de un viejo tren, sobre las frases se posa la nube de humo. Es una noche lluviosa; el hombre entra en el bar; se desabrocha la gabardina húmeda; una nube de vapor lo envuelve; un silbido parte a lo largo de los rieles brillantes de lluvia hasta perderse de vista.

Oímos el sonido de la locomotora y los pistones. Vemos el humo, la neblina, los vidrios empañados. Percibimos el olor a cantina de la estación. Notamos la humedad de la gabardina. En definitiva, las palabras certeras de Calvino hacen que, a través de los sentidos, la escena cobre vida.

6.3.2. SELECCIONAR

Una vez apuntados los detalles, el siguiente paso es estudiar la lista y decidir cuáles de ellos son importantes y cuales prescindibles. Es decir, determinar qué detalles son *esenciales* para nuestra historia. En la descripción del cuarto de estar de Lonoff que leímos en el apartado 6.2.3, Philip Roth, por medio de su personaje, Nathan Zuckerman, no incluye *todos* los detalles posibles, pues eso ocuparía numerosas páginas y, por pura copiosidad, nos impediría *ver* con claridad el espacio descrito. Solo incluye aquellos detalles concretos que ilustran la forma de vida y el carácter del afamado escritor: el viejo sofá, la pared llena de libros, las revistas y publicaciones cuidadosamente apiladas, las ramas desnudas de los arces, la nieve intacta. Un hombre ordenado, se nos está diciendo; entregado a su vocación, satisfecho de su vida. Si no se incluyeran esos detalles, el cuarto de estar no sería de Lonoff, sino de otra persona.

Imaginemos que una escena importante de nuestra novela tiene lugar en la casa de nuestro protagonista. ¿Qué detalles específicos hacen que esa casa sea la suya y no la de cualquier otro personaje? Tendrá, quizás, las paredes pintadas de un color peculiar. O a lo mejor huele a tabaco y a trementina. O puede que el fregadero de la cocina esté lleno de platos sucios, o que presida el salón un gran póster de Bob Marley, o que haya cornamentas de ciervos colgadas en el pasillo. Cada detalle que incluyamos en nuestra descripción de la casa, como hemos visto en el capítulo cuarto, debe revelarnos algo del personaje que la habita. Si los detalles seleccionados no sirven a la función narrativa que le hemos asignado a esa descripción, podemos prescindir de ellos sin remordimiento. La mayor parte de las grandes novelas giran en torno a la personalidad del protagonista. Pensemos, por ejemplo, en Don Quijote, o en la señora Bovary, o en Holden Caulfield, o en Ignatius J. Reilly, o en Raskólnikov, o en Gatsby. Los espacios narrativos que estos personajes habitan iluminan facetas de sus personalidades que no podríamos percibir mediante la mera observación de sus acciones.

6.3.3. CONECTAR E INTERPRETAR

Imaginemos que nos encontramos en la orilla de un lago de montaña. Es un día cálido, soleado. El agua lanza destellos y los pájaros cantan en las copas de los árboles. ¿Cómo nos sentimos? ¿Sentiríamos lo mismo si estuviéramos en una silla de ruedas? Quizás en vez de los destellos del agua nos fijaríamos más en la espesa arena de la playa, o en la gravilla del camino, que dificultan nuestro avance. ¿Y qué ocurriría si fuéramos a ese hermoso lago justo después de recibir la noticia de la muerte de un amigo? ¿Qué detalles llamarían entonces nuestra atención?

Al crear espacios y ambientes narrativos tenemos que recordar, como vimos en el capítulo tercero, que no hay narración sin narrador y punto de vista. La representación de los espacios depende de quién los describa y desde qué ángulo. Imaginemos, por ejemplo, que nuestra historia se desarrolla en un destartalado piso de estudiantes. La cocina es muy básica: un viejo fregadero, un escurridor y una cocina de gas con dos quemadores cubiertos de grasa. En el salón no hay más que un maltratado sofá y varias cajas de fruta que hacen las veces de sillas.

Es sábado por la tarde y están celebrando el cumpleaños de uno de los inquilinos. La música suena a todo volumen. Alguien ha pedido comida a domicilio y el piso está sembrado de cajas de *pizza*, latas de cerveza vacías, platos y vasos de plástico, botellas de *whisky*. Hay gente por todos lados. El estudiante que cumple años ha bebido tanto que se ha desmayado en el sofá.

De pronto suena el timbre. Es la abuela del estudiante que cumple años: vive cerca y ha decidido pasarse por el piso a felicitarlo. Tiene ochenta años y es muy conservadora. ¿Qué es lo que ve? ¿Cómo interpreta lo que está ocurriendo? ¿Qué se le pasa por la cabeza? ¿Y que ocurriría si en vez de ochenta años tuviera sesenta y un espíritu *hippy*? Imaginemos ahora que quien llama a la puerta no es la abuela, sino una vecina con la que los estudiantes arrastran una larga historia de hostilidades. ¿En qué detalles se fijarían unos y otros, cómo relatarían lo que está teniendo lugar? ¿Cómo, en fin, interpretarían la escena?

6.4. Espacios reales y espacios inventados

Hay escritores que prefieren ambientar sus historias en espacios *reales*, es decir, lugares que podemos ubicar en los mapas y cuya existencia podemos constatar. John Cheever es un buen ejemplo. Así describe el Nueva York donde están ambientadas muchas de sus ficciones:

> Estas historias parecen a veces ser historias de un mundo desaparecido hace mucho tiempo, de cuando la ciudad de Nueva York aún se llenaba de una luz fluvial, de cuando la gente escuchaba a los cuartetos de Benny Goodman en la radio de la papelería de la esquina, de cuando casi todo el mundo llevaba sombrero. Aquí está esa generación de fumadores compulsivos que cada mañana despertaban al mundo con su tos, que se emborrachaban en cócteles y practicaban obsoletos pasos de baile como el Cleveland Chicken, que viajaban a Europa en barco, que sentían verdadera nostalgia por el amor y la felicidad, y cuyos dioses eran tan antiguos como los míos y los tuyos, quienquiera que seas.

Casi todas las novelas de J. M. Coetzee están ambientadas en lugares reales. *Desgracia* se desarrolla en Ciudad del Cabo y en el *veld* sudafricano. *Hombre lento*, en Adelaida. *Juventud* en Londres y en Sudáfrica. Veamos cómo describe el narrador de esta última el Londres que el protagonista habita durante los años sesenta del siglo pasado:

> Fuera la luz ya está decayendo. Camina a lo largo de Great Russel Street hasta Tottenham Court Road, luego hacia el sur hasta Charing Cross. La multitud que llena las aceras es sobre todo gente joven. Estrictamente hablando, él es su coetáneo, pero no se siente así. Se siente mayor, como si hubiera llegado prematuramente a la mediana edad: uno de esos académicos agotados y exangües cuya piel se desprende bajo la presión más mínima. Tras su aspecto, sigue siendo un niño, ignorante del lugar que ocupa en el mundo, asustado, indeciso. ¿Qué hace él en esta ciudad enorme y fría donde para algo tan básico como mantenerse vivo uno tiene que agarrase a algo todo el rato, para intentar no caerse?

También Sándor Márai, Cormac McCarthy, Rebeca West, Stefan Zweig, Joan Didion, Joseph Roth, Paul Auster o Thomas Mann, por poner algunos ejemplos dispares, suelen ambientar sus historias en escenarios *reales*.

Otros novelistas, por el contrario, se sienten más cómodos haciendo que sus personajes habiten universos inventados, lugares que jamás hallaremos en las enciclopedias ni en los mapas. Este es el caso del Yoknapatawpha de William Faulkner, la Comala de Juan Rulfo, la Celama de Luis Mateo Díez, la Región de Juan Benet, el Castroforte de Baralla de Gonzalo Torrente Ballester o los parajes anónimos de Franz Kafka. Recordemos, a modo de ejemplo, la ya clásica descripción del Macondo primigenio de Gabriel García Márquez que aparece en el arranque de *Cien años de soledad*:

> Macondo era entonces una aldea de veinte casas de barro y cañabrava construidas a la orilla de un río de aguas diáfanas que se precipitaban por un lecho de piedras pulidas, blancas y enormes como huevos prehistóricos. El mundo era tan reciente, que muchas cosas carecían de nombre, y para mencionarlas había que señalarlas con el dedo.

Las ventajas de elegir un espacio real como escenario de nuestras ficciones son evidentes, sobre todo si conocemos ese espacio de primera mano. Escribir sobre lo que conocemos puede conferir a nuestros textos una credibilidad y una precisión en los detalles que quizás no logremos si escribimos sobre lugares que nunca hemos pisado. Además, elegir una ubicación real nos ahorra el ingente trabajo que supone levantar todo un espacio narrativo en nuestra imaginación, construir un escenario para nuestros personajes desde cero. La desventaja, por decirlo de alguna forma, es que a la hora de urdir ficciones los espacios reales pueden poner fronteras a nuestros intereses creativos. Los espacios inventados, por su parte, nos permiten crear mundos a la medida de nuestra fantasía, pueblos como Macondo, donde para mencionar las cosas hay que señalarlas con el dedo, o como Comala, una aldea en ruinas habitada por espíritus.

Cabe decir, sin embargo, que la invención absoluta es poco frecuente. En la mayoría de los casos los espacios inventados son una distorsión, o una reelaboración, de lugares existentes. Así, el condado de Yoknapatawpha se parece bastante al condado de Jackson, Mississippi, donde vivió William Faulkner. Castroforte de Baralla guarda innegables similitudes con el Ferrol de Torrente Ballester. Comala puede ser un trasunto literario del Jalisco de Juan Rulfo. Celama se parece a la región que rodea Villablino, el pueblo natal de Luis Mateo Díez. Y la ciudad sin nombre donde transcurre *El amor en los tiempos del cólera*, de Gabriel García Márquez, parece estar edificada sobre el mapa real de Cartagena de Indias.

Elijamos la opción que elijamos, lo importante al crear el espacio narrativo y la ambientación de nuestras novelas es que sean verosímiles, que posean la misma lógica interna —la misma credibilidad— que poseen los personajes.

Eso es lo que logra Margaret Atwood con la Nueva Inglaterra distópica de *El cuento de la criada*, o Patrick Süskind con el París hediondo en el que tiene lugar *El perfume*, una ciudad donde, como en todas las demás de la Francia del siglo XVIII, según el narrador:

(…) reinaba un hedor apenas concebible para el hombre moderno. Las calles apestaban a estiércol, lo patios interiores apestaban a orina, los huecos de las escaleras apestaban a madera podrida y excrementos de rata; las cocinas, a col podrida y grasa de carnero; los aposentos sin ventilación apestaban a polvo enmohecido; los dormitorios, a sábanas grasientas, a edredones húmedos y al penetrante olor dulzón de los orinales. Las chimeneas apestaban a azufre; las curtidurías, a lejías cáusticas; los mataderos, a sangre coagulada. Hombres y mujeres apestaban a sudor y a ropa sucia; en sus bocas apestaban sus dientes infectados, los alientos olían a cebolla y los cuerpos, cuando ya no eran jóvenes, a queso rancio, a leche agria y a tumores malignos. Apestaban los ríos, apestaban las plazas, apestaban las iglesias y el hedor se respiraba por igual bajo los puentes y en los palacios. El campesino apestaba como el clérigo; el oficial de artesano, como la esposa del maestro; apestaba la nobleza entera y, sí, incluso el rey apestaba como un animal carnicero y la reina como una cabra vieja, tanto en verano como en invierno, porque en el siglo XVIII aún no se había atajado la actividad corrosiva de las bacterias y por consiguiente no había ninguna condición humana, ni creadora ni destructora, ninguna manifestación de vida incipiente o en decadencia que no fuera acompañada de algún hedor.

A través del espacio narrativo y de la ambientación construimos un escenario para que los personajes se muevan y se relacionen unos con otros y creamos una atmósfera, un tono que conecta con las emociones del lector. Sin estos elementos, es difícil que el lector llegue a sumergirse del todo en la trama y en las escenas, perdiéndose así valiosos detalles relativos a los personajes.

PARTE 2

ESCRITURA

7

EL PRINCIPIO Y EL PLANTEAMIENTO.
EL DESENCADENANTE DE LA NOVELA

Fernando Maremar

> *Tiene usted diez páginas para enganchar al lector, así que más le vale prepararlas con cuidado, con habilidad y precisión; más le vale saber sobre qué está escribiendo.*
>
> Syd Field

Si hemos de reflexionar sobre inicios en un manual de novela, tal vez sea apropiado partir de la que muchos consideran la primera de todas ellas: la *Ilíada*. Como ocurre con la *Odisea*, es difícil determinar si fue obra de un solo autor, Homero, o de una serie de narradores cuyas obras se fueron aunando con el paso del tiempo. Sin embargo, el acuerdo es mucho más amplio en cuanto a lo que aquí nos ocupa. Esto es, que la *Ilíada* tiene uno de los planteamientos más brillantes de la historia de la literatura.

Pongámonos en situación. Un hijo del rey de Troya se ha atrevido a raptar a Helena, la mujer más bella de la tierra. No se sabe si con el consentimiento de ella o sin él. Lo que nadie pone en duda es que está casada. Y que su esposo, Menelao, es el hermano del hombre con más poder en todo el mar Egeo: Agamenón, un caudillo tan ambicioso que se ha autoproclamado rey entre los griegos. El rapto de su cuñada Helena es justo la excusa que necesita para agrupar a las tribus griegas en un mismo ejército. Hace tiempo que le corroe una pretensión. Está obsesionado con apoderarse de Troya para expandir su reino.

Agamenón logra reunir más de un millar de barcos. Cincuenta mil aqueos entre los que un combatiente se destaca por encima de todos: Aquiles, el de los pies ligeros, el líder de los mirmidones, los luchadores más feroces del Mediterráneo. De Aquiles se dice que es un semidiós, que es invulnerable, que ni lanza ni espada acabarán jamás con este guerrero tan rápido como el viento.

Esa es la situación de partida de la *Ilíada*, que va a dar comienzo de la siguiente manera.

> Canta, oh diosa, la cólera de Aquiles, hijo de Peleo; cólera funesta que causó infinitos males a los aqueos y precipitó al Hades muchas almas valerosas de héroes, a quienes hizo presa de perros y pasto de aves, desde que, por voluntad de Zeus, se enemistaron el Atrida (Agamenón), rey de hombres, y el divino Aquiles.
>
> ¿Cuál de los dioses promovió entre ellos la contienda para que pelearan? El hijo de Leto y de Zeus (Apolo). Airado con el rey (Agamenón), Apolo suscitó en el ejército maligna peste, y los hombres perecían por el ultraje que Agamenón infiriera al sacerdote Crises.
>
> *Ilíada*
> Homero

Nos situamos en las costas de Troya. Los griegos están agotados, lejos de su hogar, enfrentados a un destino incierto. Por el día hace un calor angustioso y las noches son insoportablemente húmedas. Es imposible escapar de los mosquitos y de la arena que se les mete en la boca, en los ojos. Nueve años ya, nueve larguísimos años desde que comenzó la guerra. Y encima, Aquiles está harto. El guerrero más valorado del ejército no soporta a Agamenón, ese político avaricioso e iracundo que, sin intervenir en batalla alguna, no ha vacilado en agenciarse como trofeo a la hija de Crises, el sacerdote de Apolo. Precisamente por eso, Apolo ha extendido la peste por el campamento griego.

Así, por un lado tenemos una ciudad cuyas murallas nunca han sido conquistadas. Del otro, un ejército de cincuenta mil griegos bajo el mando de un rey irascible. Y el mejor guerrero de ese ejército, Aquiles, tal vez el único que puede decidir la victoria, odia al caudillo que los ha llevado hasta allí. Es más, le culpa de la peste que está aniquilando a los soldados y se niega a seguir luchando. ¿Qué sucederá con la disputa entre Aquiles y Agamenón? ¿Combatirá Aquiles junto a sus compañeros? ¿Caerá Troya? ¿Rescatarán a Helena? ¿Se retirarán los griegos?

Durante siglos, millones de lectores han caído rendidos ante estas preguntas: buena prueba de que esta historia tiene un gran planteamiento. Como vemos, no se ha elegido una escena o un pasaje narrativo al azar: la historia arranca con una gran tensión dramática. Un ejército va a asaltar una ciudad y se ve diezmado por una plaga. Dos de las personas más relevantes de dicho ejército, el caudillo que lo dirige y el mejor de sus guerreros, disienten sobre qué medidas adoptar, lo que hace emerger un largo enfrentamiento entre ellos. Justo es esa peste, junto con la polémica que provoca, la que sirve de desencadenante para poner en marcha el argumento.

Pero además, las primeras páginas de la *Ilíada* establecen un conjunto de premisas que resultan fundamentales para que los lectores se sitúen y queden cautivados por la epopeya. Se determina un periodo histórico (el último año de la guerra de Troya), un escenario (la ciudad de Troya y sus alrededores), un ambiente (la tensión y el malestar entre los griegos) y se introducen los principales personajes (Agamenón, Ulises, Menelao, etcétera), su modo de ser, su manera de hablar y de actuar, las alianzas y disputas que mantienen entre ellos. A su vez, desde los primeros pasajes la narración se centra en el protagonista, Aquiles, estableciendo un conflicto que lo hará debatirse a lo largo de la narración: ¿ayudará a sus compatriotas o, desengañado por la actitud de Agamenón, terminará retirándose de la batalla? Una disyuntiva que a su vez queda espléndidamente enlazada con la pregunta dramática esencial de la obra: ¿caerá Troya?

Pero no solo eso, el principio de la *Ilíada* también establece una forma de narrar, un tono y una distancia adecuadas para ese proyecto narrativo. El autor se percata de que va a encarar una obra colosal, con numerosos actores y escenarios. Así que se decanta por un narrador omnisciente, lo que le permite plasmar con más facilidad tal cantidad de personajes (guerreros, dioses, reyes, etcétera) y, al mismo tiempo, trasladarse en un instante de un espacio a otro, recreando las acciones y los diálogos que se producen en las distintas escenas. Ocultándose tras la voz de la divina inspiración, el narrador se oculta y deja paso a la historia en una de las primeras frases más célebres de la literatura universal: «Canta, oh diosa, la cólera de Aquiles».

En los siguientes apartados vamos a examinar los elementos narrativos que deben formar parte de un buen planteamiento. Y es que es ahí, en los pasajes iniciales del libro, donde el autor se la juega.

7.1. El planteamiento y la estructura

A la hora de afrontar un proyecto narrativo no existe un camino predefinido. Mucho menos en la novela, un género tan heterogéneo que admite todo tipo de variantes. No es extraño, por tanto, que para planificar una novela cada escritor adopte su propio método. Hay quien se lanza a escribir con una escasa organización previa, o incluso sin ella, mientras que otros prefieren un plan detallado antes de pasar a la fase de escritura. No se nos escapa que un libro como *El nombre de la rosa*, de Umberto Eco, requiere una preparación exhaustiva, mientras que al leer *Rayuela*, de Julio Cortázar, presentimos que muchos pasajes fueron escritos sin atenerse a ningún diseño preestablecido.

> Recuerdo que pasé un año entero sin escribir una sola línea. Leía, hacía dibujos, diagramas, en suma, inventaba un mundo.
>
> *Diario Clarín (26 de agosto de 2006)*
> Umberto Eco

Así, mientras Eco dedicó un año a la preparación de su novela, *sin escribir una sola línea*, Cortázar se volcó en la escritura de *Rayuela* desde el primer momento, sin saber hacia dónde le conduciría. De hecho, en agosto de 1960 enviaba el siguiente párrafo a su editor, Francisco Porrúa:

> Un día le pediré que lea lo que estoy haciendo ahora, y que es imposible de explicar por carta, aparte de que yo mismo no lo entiendo. Ignoro cómo y cuándo lo terminaré; hay cerca de cuatrocientas páginas que abarcan pedazos del fin, del principio y del medio del libro, pero que quizá desaparezcan frente a la presión de otras cuatrocientas o seiscientas que tendré que escribir entre este año y el que viene. El resultado será una especie de almanaque, no encuentro mejor palabra (…) Qué sé yo lo que va a salir.
>
> *Cartas 1937-1963*
> Julio Cortázar

No es posible decir que un modo de proceder sea mejor o peor que otro, sino que cada escritor encontrará, en función del proyecto en curso, el procedimiento que le resulte más apropiado. En cualquier caso, en nuestra etapa de formación como novelistas conviene asimilar las nociones en las que se basa la planificación, así como los principios de la estructura. No solo porque nos permitirá aprovechar las ventajas de contar con un proyecto previo, sino también porque, aun en novelas en las que nos lancemos a escribir, sin más, siempre requeriremos un trabajo de relectura y organización. Durante esa revisión posterior a la escritura (a la que Julio Cortázar dedicó varios años en la elaboración de *Rayuela*) tendremos que modificar muchas partes, velando para que los distintos elementos narrativos hagan de la historia algo atractivo y comprensible; y es innegable que esa reorganización la llevaremos a cabo más fácilmente si manejamos con soltura los conceptos relacionados con la planificación.

Uno de dichos conceptos es la estructura, esto es, la forma en que vamos a vertebrar la historia, fraccionándola en distintas unidades narrativas. *El nombre de la rosa* despliega una narración lineal, donde se identifican fácilmente los elementos de la estructura clásica: planteamiento, primer punto de giro, desarrollo, segundo punto de giro y desenlace. *Rayuela*, por el contrario, tiene una estructura absolutamente original. Aunque está organizada en tres grandes divisiones («Del lado dc allá», «Del lado de acá», «De otros lados») estas no se corresponden con las de la estructura clásica. Asimismo, los capítulos no son uniformes, ni en su extensión ni diseño. Y nada más abrir la novela hallamos un rótulo («Tablero de dirección») al que se añaden unos párrafos enigmáticos:

> A su manera, este libro es muchos libros, pero sobre todo es dos libros. El primero se deja leer en la forma corriente, y termina en el capítulo 56, al pie del cual hay tres vistosas estrellitas que equivalen a la palabra *Fin*. Por consiguiente, el lector prescindirá sin remordimientos de lo que sigue. El segundo se deja leer empezando por el capítulo 73 y siguiendo luego en el orden que se indica al pie de cada capítulo.
>
> *Rayuela*
> Julio Cortázar

Pues bien, por muy diferente que sea la concepción de una novela, en los apartados siguientes comprobaremos que muchos conceptos de planificación —en este capítulo, los relacionados con el Planteamiento— se utilizan más o menos de la misma forma. Esto es, independientemente del tipo de estructura, ya sea esta clásica o innovadora, existen ciertos elementos narrativos que deben incluirse y cuidarse especialmente al comenzar una novela.

7.1.1. DESENCADENANTE Y PUNTO DE GIRO. DIFERENCIAS FUNDAMENTALES

Antes de abordar otros elementos de la planificación relacionados con el planteamiento, es necesario aclarar qué es el desencadenante de una historia y en qué se diferencia de un punto de giro principal. Como vimos en el capítulo uno dedicado a la estructura y la trama, una vez que tenemos una línea argumental, esto es, una serie de acontecimientos vinculados a unos personajes que se van encadenando de forma más o menos lógica, un *punto de giro* vendría a ser un cambio brusco, un viraje inesperado que dinamiza y hace avanzar esa línea argumental.

En *Seda*, de Alessandro Baricco, tenemos a un joven francés del siglo XIX que se dedica a conseguir huevos de gusano en África (para evitar las epidemias que se producían en Europa) y se los vende a los habitantes de su pueblo. Cuando la epidemia alcanza África, al protagonista le proponen ir a un lugar completamente distinto, Japón, en la otra punta del mundo. Un sitio del que casi nadie sabe nada. En ese momento nos encontramos ante un punto de giro, ya que esa nueva epidemia, y la posibilidad de viajar a Asia, cambia radicalmente el curso que llevan los acontecimientos. Ahora tendremos que ver si el protagonista decide o no ir a Japón, y qué nuevos retos habrá de encarar para llegar allí.

Como vemos, para que se produzca un punto de giro es necesario que una historia esté ya en marcha, que exista un hilo, una serie de acontecimientos encadenados que sugieren la dirección del argumento. Cuando esa dirección es alterada o cambia de rumbo es cuando estamos ante un punto de giro. Y es importante destacar que el cambio debe ser más o menos *brusco*, ya que de otro modo será una pequeña variación de la línea argumental y no un verdadero punto de giro.

Por otra parte, un *desencadenante* es un acontecimiento que pone en marcha la historia. Toda narración parte de una situación *estática*, de equilibrio inicial. Solo cuando este se rompe arranca el argumento. Por ejemplo, al comienzo de *Ensayo sobre la ceguera*, de Saramago, vemos una calle donde los peatones y los coches se comportan como en cualquier otra ciudad del mundo. De pronto, uno de los conductores se queda ciego dentro del vehículo. Es entonces cuando se rompe el equilibrio de fuerzas inicial (la normalidad de una ciudad) y se desata una epidemia de ceguera que va a afectar a todo el país.

Pero, podemos pensar, el desencadenante también altera de forma brusca lo que sucede; ¿qué diferencia hay, entonces, entre el desencadenante y el punto de giro? La diferencia fundamental estriba en que en el desencadenante se parte de una situación de equilibro. La historia no tiene aún argumento, ninguna dirección. Y precisamente por eso no puede existir un cambio de rumbo, porque no hay una línea argumental trazada que nos permita pensar en lo que tendría que pasar a continuación. Sin abandonar el *Ensayo sobre la ceguera,* pensemos en lo que ocurre después del desencadenante: la epidemia de ceguera se extiende, así que una medida lógica es que el gobierno trate de aislar a los ciegos. Así que los recluyen en un viejo manicomio en desuso, con soldados protegiendo la zona para que nadie pueda entrar ni salir. Después, la narración nos habla de las reglas que les imponen a ciegos, cómo les entregan la comida, cómo se organizan entre ellos… Todo ello son consecuencias del desencadenante, que siguen una misma dirección argumental más o menos previsible.

Entonces, ¿cuándo nos encontramos con el primer punto de giro principal, esto es, el punto de giro que pondría fin al planteamiento? Un poco más adelante, cuando un grupo de entre los ciegos del manicomio decide armarse y se hace con el control, de manera que son ellos quienes racionan la comida y disponen de las mujeres recluidas a su antojo. Una vez que la historia arranca —desencadenante: la epidemia de ceguera— es cuando toma una dirección determinada —las medidas a adoptar; la organización dentro del lugar donde recluyen a los ciegos— y, solo sobre ese trasfondo puede tener lugar un cambio de rumbo —punto de giro: un grupo de ciegos decide controlar a los demás—. Así pues, si pensamos en la estructura clásica, el desencadenante sería como arrancar un vehículo y darle una dirección determinada. El primer trayecto que recorremos en esa misma dirección vendría a ser el planteamiento. Un poco más allá veremos una señal enorme que nos indica una desviación brusca. «Hacia el desarrollo», dice en grandes caracteres. Esa desviación sería el primer punto de giro principal de la novela.

7.1.2. El planteamiento en la estructura clásica

En *El nombre de la rosa* se pueden apreciar claramente los elementos de la estructura clásica (planteamiento, desarrollo y desenlace, separados por los correspondientes puntos de giro principales). En el *planteamiento* se nos presenta al protagonista, Guillermo de Baskerville, organizando los preparativos de una reunión entre los delegados del Papa y los líderes franciscanos. Durante el *desarrollo*, Guillermo se ve envuelto en una serie de homicidios que se producen en la abadía. Por fin, al llegar al *desenlace*, el protagonista consigue desenmascarar al asesino. En virtud de un cuidadoso trabajo de planificación, la novela ofrece todos los elementos necesarios para un planteamiento adecuado; de ese modo, consigue cautivar a los lectores desde las primeras páginas. Veámoslos al detalle:

- Elección del narrador: va a ser la mirada de Adso, un joven monje que sirve de contrapunto al protagonista y transcribirá los sucesos cuando sea un anciano, la que permita al novelista conseguir la distancia y la verosimilitud que requiere. Este personaje cumple un papel similar al del doctor Watson en las novelas de Conan Doyle. Y es que *El nombre de la rosa* utiliza los recursos narrativos de la novela policíaca, convirtiéndose así también en un homenaje al género.

- El periodo histórico ofrece un enorme potencial desde el punto de vista literario. Es una época de transformaciones conflictivas la que se produce entre la Edad Media y el Renacimiento. Y el autor escoge una atmósfera cargada de intensidad dramática, al encarar a los austeros franciscanos con los enviados del Papa, que participan del poder y de la ambición de la Iglesia del momento.

- Escenario. Las dependencias de la abadía —y en particular su laberíntica biblioteca—, con sus rituales cotidianos estrictamente pautados, su jerarquía y sus relaciones de poder, constituyen un espacio privilegiado para el desarrollo de una trama de suspense.

- Presentación del protagonista y conflicto: tras el prólogo, la primera escena nos muestra la llegada de Adso y Guillermo al monasterio, donde este último hace alarde de sus dotes de deducción a raíz de un incidente relacionado con un caballo. Guillermo se nos presenta como un franciscano inglés envuelto en un pasado misterioso —fue miembro de la Inquisición—. Desde el comienzo, y después durante toda la obra tendrá que debatirse entre lo que le dicta su razón y las creencias de la Iglesia. Sirve a un tiempo para presentarnos a los personajes principales en movimiento, y en las coordenadas espaciales y temporales del relato.

- Presentación de personajes secundarios y del antagonista: el autor nos los describe en los capítulos iniciales, según los van conociendo el narrador y el protagonista. Así descubrimos las peculiaridades de Abbone (abad), Severino (herbolario), Bencio (estudiante de retórica)… Después, mediante una tensa y magistral conversación, presenta a Jorge de Burgos, el bibliotecario ciego, que será uno de los antagonistas de la novela.

- Desencadenante: en cuanto Guillermo y su compañero llegan al monasterio, el abad les informa de la muerte de uno de los monjes que trabajaba en la biblioteca, y le pide a Guillermo que investigue las causas.

- Primera frase: el autor inicia el prólogo con el primer versículo del Evangelio de Juan: «En el principio era el Verbo y el Verbo era en Dios, y el Verbo era Dios»: una cita de variadísima interpretación que nos sitúa en el centro de las disputas teológicas medievales, y nada más apropiado para una historia cuyo trasfondo es una lucha entre religiosos con una biblioteca como escenario principal.

- Pregunta dramática: se plantea ya en los primeros capítulos del libro. ¿Dará Guillermo con el asesino de la abadía o tendrá que ceder ante los que aseguran que las muertes que se producen son cosa del diablo?

Sobre todos esos elementos debemos reflexionar en la planificación de nuestra novela, de manera que las páginas iniciales resulten coherentes y atractivas para el lector. Y ¿cuándo daremos por concluido nuestro planteamiento? Si la estructura es clásica, la respuesta a esta cuestión es relativamente sencilla: en el primer punto de giro *principal* de la obra. Cuando es evidente que el punto de giro nos conduce al nudo de la obra (a la profundización en el conflicto del protagonista, al enfrentamiento con su antagonista, etcétera) es cuando hablamos del primer punto de giro principal. ¿Para qué sirve situar justo ahí, entre el planteamiento y el desarrollo, un punto de giro? ¿No podríamos pasar a la parte media de la obra sin variar la dirección argumental que se ha trazado en el planteamiento? Esencialmente para atender al objetivo que en general se persigue con cualquier tipo de estructura, pero sobre todo con la clásica: que no decaiga el interés del lector.

Una vez que hemos plasmado la situación de partida, el ambiente, los protagonistas, y que, a través del desencadenante, hemos puesto en marcha un hilo argumental, la narración puede perder rápidamente su atractivo. Imaginemos que, durante páginas y páginas, no vemos más que a Guillermo preguntándose sobre el monje que ha muerto. Le vemos analizar el cuerpo, le vemos estudiar el lugar donde ha aparecido, le vemos hablando con aquellos que más le conocían… Si continuamos así durante mucho más tiempo el lector se terminará desinteresando. Por eso la estructura clásica sugiere que suceda algo que sorprenda, que cambie el rumbo del argumento y que, a su vez, lo lleve hacia lo que va a ser el desarrollo, la parte intermedia de la obra.

La estructura de *El nombre de la rosa* está compuesta por siete partes más un prólogo y un epílogo. Cada una de esas partes se corresponde con un día en la abadía. A su vez, esos días están divididos según las horas litúrgicas, y cada una de esas horas constituye un capítulo del libro. Pues bien, en este caso el planteamiento ocupa la primera de esas siete partes, esto es, un día, o lo que es lo mismo, siete capítulos de los cuarenta y ocho que componen la totalidad del libro. Lo primero que observamos es que, en el caso de novelas que se ajustan a los cánones clásicos, la extensión del planteamiento suele ser mucho menor que la parte central, ya que lo que el lector desea es meterse de lleno en la acción, en el nudo de la novela, por lo que no debemos aburrirlo con pasajes innecesarios. Ese escaso centenar de páginas va a permitir al autor plasmar sin dificultad todos los elementos que requiere un buen planteamiento. Sin embargo, se enfrenta al problema de que la atención del lector decaiga. ¿Cómo logra mantener el interés? Recurriendo a un eficaz desencadenante: la muerte de un monje, que llena de tensión toda esa parte inicial para que la narración resulte atractiva.

La situación de equilibrio inicial de la obra es clara: Guillermo llega a una abadía para organizar una reunión entre los franciscanos y los enviados del Papa. Pero nada más empezar ya vemos el desencadenante que altera ese equilibrio inicial y pone en marcha el argumento: el abad quiere que Guillermo investigue la muerte de un monje y este acepta. Es ahí cuando la narración toma un rumbo. Como no hay ninguna certeza sobre la causa de la muerte, Guillermo empieza visitando el lugar donde se descubrió el cadáver y se entrevista con aquellos que más conocían al fallecido. Ya hay una dirección, una serie de acontecimientos que más o menos pueden preverse dentro esa línea argumental. Así pues, el autor aprovecha su *desencadenante* para pasear al protagonista por toda la abadía, mostrándonos de forma magistral la vida en un monasterio del siglo XIV; y al mismo tiempo, nos presenta a los personajes principales y, mediante escenas y diálogos cuidadosamente escogidos, hace avanzar la acción, proporcionándonos aquí y allá, de manera sutil, muchos datos relevantes sobre las numerosas disputas filosóficas, políticas y religiosas que definen ese periodo histórico.

Entonces, ¿dónde y cómo finaliza el planteamiento? En el punto de giro principal que nos llevará al nudo de la obra: con un acontecimiento que hace *girar* la dirección del hilo narrativo y conducirlo hacia el desarrollo. En este caso ese suceso es el fallecimiento de un segundo monje, pero con una diferencia esencial: el cadáver muestra señales inequívocas de que lo han asesinado.

Si el hilo narrativo habilitado por el desencadenante era esclarecer una muerte, ahora esa dirección cambia completamente. Ya no se puede pensar de ningún modo en una muerte accidental o en un suicidio. Así pues, la historia deriva hacia descubrir a un asesino, lo que constituirá el nudo —y establece por cierto el marco genérico— de la historia. Quien haya leído el libro es difícil que olvide la escena en que se produce el punto de giro que pone fin al planteamiento. En ella se nos muestran las sandalias de un monje hundido, de cabeza, en una tinaja llena de sangre.

7.1.3. EL PLANTEAMIENTO EN OTRO TIPO DE ESTRUCTURAS

La pregunta que nos haremos ahora es si los elementos que hemos visto en el apartado anterior, aquellos que debemos vigilar para realizar un buen planteamiento, se usan aproximadamente del mismo modo cuando la novela no tiene una estructura que se ajusta a los cánones clásicos.

Es decir, si establecemos una estructura personal, tan original como deseemos, ¿cambiará mucho la forma de concebir el planteamiento? Como podemos comprobar en *Rayuela*, por insólita que sea la estructura de la obra, los elementos necesarios para que un planteamiento funcione bien se mantienen y, por tanto, habrá que abordarlos de un modo más o menos similar:

- Elección del narrador. Aunque en *Rayuela* se van a suceder múltiples puntos de vista y diferentes narradores, en los primeros capítulos se nos muestran las dos formas preferentes de narrar la novela: la del protagonista, Oliveira, en primera persona, y la de un narrador omnisciente en tercera. El primero nos sumerge en las visiones subjetivas de Oliveira, alrededor de las que se articula el libro, y el segundo agiliza la narración, introduciendo la variedad de personajes y escenarios que forman parte de la novela.

- Periodo histórico: la novela nos sitúa en el «cincuenta y tantos» (*sic*) en París, años previos a lo que será la revolución del sesenta y ocho, cuando un sinfín de jóvenes de todo el mundo peregrinaba a la ciudad de la luz en busca de experiencias e inspiración.

- Escenarios: los barrios más bohemios de París, lugares de culto para los muchos que aspiraban a ser pintores, músicos y escritores. «Tantas veces me había bastado asomarme, viniendo por la *rue* de Seine, al arco que da al Quai de Conti, y apenas la luz de ceniza y olivo que flota sobre el río me dejaba distinguir las formas, ya su silueta delgada se inscribía en el Pont des Arts…» (*Rayuela*, capítulo 1).

- Presentación del protagonista y conflicto: el primer arranque que Cortázar propone para la lectura de *Rayuela* es el de Oliveira deambulando por las calles de París, en vaga búsqueda de su amante: la Maga. Presenta así personajes, escenarios y ambientes mediante las reflexiones del protagonista, cuyo pensamiento contrasta una y otra vez con la forma de actuar y de sentir de la Maga. Además, se establece esa búsqueda como punto de partida y eje del relato mientras el lector penetra en el particular análisis existencial y repleto de dudas de Oliveira, a su vez uno de los núcleos de la obra. Su conflicto es la búsqueda de sentido en una sociedad cada vez más caótica. Algo con lo que pueden identificarse numerosos lectores. «Ya para entonces me había dado cuenta de que buscar era mi signo, emblema de los que salen de noche sin propósito fijo, razón de los matadores de brújulas» (*Rayuela*, capítulo 1).

• Presentación de personajes secundarios y del antagonista: mediante la narración en primera persona de Oliveira, y luego a través de distintas escenas narradas en tercera, Cortázar nos va introduciendo a los personajes que rodean al protagonista, centrándose en los miembros de *El Club de la Serpiente*, y por supuesto en la Maga, que va a ser la antagonista en la primera parte de la obra. «Y por todas esas cosas yo me sentía antagónicamente cerca de la Maga, nos queríamos en una dialéctica de imán y limadura, de ataque y defensa, de pelota y pared» (*Rayuela*, capítulo 2).

• Desencadenante: en la novela no encontramos un *desencadenante* como tal, en el sentido que hemos descrito, pero sí varios sucesos que van ligando el *collage* que forma la trama de la obra. La primera frase ya supone uno de esos pequeños incidentes que fijan cierta dirección argumental y mantienen la atención del lector en los primeros capítulos.

• Primera frase: «¿Encontraría a la Maga?». Una frase tan sencilla como lúcida que ha quedado grabada en la memoria de miles de lectores, ya que ejerce varias funciones esenciales en un planteamiento. Supone un pequeño desencadenante que despierta la curiosidad del lector, nos mete de lleno en la acción de la escena y, asimismo, de manera sutil, enlaza al protagonista con la pregunta dramática fundamental de la obra.

- Pregunta dramática: se deja entrever desde las reflexiones de los primeros capítulos. ¿Hallará Oliveira su lugar en el mundo y logrará, por fin, amar?

Hemos visto que Cortázar mencionaba, en la introducción a *Rayuela*, que esa obra podía dar lugar a muchos libros diferentes pero que él destacaba dos. Pues bien, si se analiza la segunda estructura que nos propone (donde se intercalan una serie de capítulos en los que cobra protagonismo Morelli, el *alter ego* del autor) observaremos que vuelven a repetirse los mismos elementos que debe contener todo buen planteamiento.

Y por fin llegamos a una pregunta similar a la que nos hacíamos en el apartado anterior. Si, como ocurre en *Rayuela*, la novela no tiene una estructura clásica, ¿dónde termina el planteamiento? Es obvio que a eso no vamos a poder responder de forma tajante, ya que las estructuras innovadoras son muy variadas y completamente diferentes unas de otras. Pero sí que podemos apuntar una solución práctica: en general, diremos que el planteamiento ha concluido cuando se hayan plasmado todos los elementos que hemos identificado en un buen comienzo.

7.2. FUNCIONES DEL PLANTEAMIENTO

En los apartados anteriores hemos visto que en el planteamiento de cualquier novela es necesario atender a un conjunto de elementos narrativos que sitúen al lector y, al mismo tiempo, hagan que la narración despierte su interés. Para comprobar si hemos dispuesto eficazmente dichos elementos tendremos que hacernos las correspondientes preguntas: ¿está bien definida la época en la que se desarrolla la obra? ¿Hemos caracterizado física y psíquicamente a nuestro protagonista? ¿Hemos logrado representar de manera nítida los escenarios de las escenas iniciales? ¿Se han elegido un comienzo y un desencadenante apropiados? ¿Se ha plasmado de algún modo la pregunta dramática? Como resume Ebenbach:

> El planteamiento de una obra debe cumplir tres funciones: debe introducir al lector en medio de la acción; debe ofrecer toda la información básica necesaria para que el lector se meta en la historia y debe establecer la gran pregunta dramática.
>
> *Escribir ficción*
> David Harris Ebenbach

Analicemos estas tres funciones con mayor detalle a la luz de nuevos ejemplos.

7.2.1. Introducir al lector en la acción

Ya hemos dicho que, al margen de cómo sean las primeras páginas de una novela, la historia en sí se pone en marcha con el desencadenante, con un hecho que modifica una situación de equilibrio. Sin duda, como ocurre con casi todo en la literatura, existen infinidad de variantes para esa primera función del planteamiento que es introducir al lector en la acción, en el argumento que se va a desarrollar. Por supuesto que no es obligatorio que mostremos el desencadenante en el primer pasaje narrativo o en la escena que abra nuestra novela; pero si queremos atraer el interés del lector es bueno que empiecen a pasar cosas cuanto antes.

El túnel, de Ernesto Sabato, comienza por el final, ya que en su primera frase nos informa de la conclusión: el protagonista ha matado a María Iribarne. Asimismo, un libro tan popular como *Cien años de soledad*, de Gabriel García Márquez, empieza con una frase peculiar, provocando la curiosidad del lector por ese coronel Buendía que, en algún momento de la historia, encarará un pelotón de fusilamiento. Otro ejemplo, finalmente, sería el comienzo de *Seda*, de Alessandro Baricco, que se produce *in medias res*, con su protagonista, Hervé Joncour, ya metido de lleno en el negocio de la compra y venta de gusanos de seda.

Desde un punto de vista narrativo el verdadero arranque de esas historias tiene lugar cuando ocurre *algo* que modifica lo que pasa habitualmente en un determinado lugar o a un personaje en concreto. Así, el verdadero comienzo de la historia *El túnel* se produce cuando cierta joven se queda observando una escena secundaria que el protagonista ha escondido en un cuadro, lo que va a hacer que el pintor se obsesione por esa joven y lo que pone en marcha la acción. Y el punto de partida narrativo de *Cien años de soledad* se articula alrededor de la llegada los gitanos a Macondo, ofreciendo distintas maravillas que van a catapultar el espíritu soñador del patriarca del lugar, José Arcadio Buendía. Por último, el arranque del argumento de *Seda* se corresponde con un cambio en la vida de un pequeño pueblo francés: un extraño personaje llega a la localidad y convence a su alcalde de que se deben dedicar al negocio de la seda.

Ese *algo* —el *desencadenante*— cumple una función tan crucial en el planteamiento que tendremos que planificarlo con especial atención. Ya hemos visto que no debemos retrasarlo mucho, ya que es el momento en que la novela empieza a ponerse de verdad interesante; y que tendrá que presentarse mediante una escena llamativa y original, ya que solamente tendremos esa oportunidad para meter al lector de lleno en la historia.

Ahondemos en las dos últimas ideas volviendo al ejemplo de *Ensayo sobre la ceguera*. El desencadenante ya lo conocemos y es sencillo: en un país indeterminado, por causas que se desconocen, se produce una epidemia que deja ciega a la población.

> Se iluminó el disco amarillo. De los coches que se acercaban, dos aceleraron antes de que se encendiera la señal roja. En el indicador del paso de peatones apareció la silueta del hombre verde. La gente empezó a cruzar la calle pisando las franjas blancas pintadas en la capa negra del asfalto, nada hay que se parezca menos a la cebra, pero así llaman a este paso. Los conductores, impacientes, con el pie en el pedal del embrague, mantenían los coches en tensión, avanzando, retrocediendo, como caballos nerviosos que vieran la fusta alzada en el aire. Habían terminado ya de pasar los peatones, pero la luz verde que daba paso libre a los automóviles tardó aún unos segundos en alumbrarse […].
>
> Al fin se encendió la señal verde y los coches arrancaron bruscamente, pero enseguida se advirtió que no todos habían arrancado. El primero de la fila de en medio está parado, tendrá un problema mecánico, se le habrá soltado el cable del acelerador, o se le agarrotó

la palanca de la caja de velocidades, o una avería en el sistema hidráulico, un bloqueo de frenos, un fallo en el circuito eléctrico, a no ser que, simplemente, se haya quedado sin gasolina, no sería la primera vez que esto ocurre. El nuevo grupo de peatones que se está formando en las aceras ve al conductor inmovilizado braceando tras el parabrisas mientras los de los coches de atrás tocan frenéticos el claxon. Algunos conductores han saltado ya a la calzada, dispuestos a empujar el automóvil averiado donde no moleste. Golpean impacientemente los cristales cerrados. El hombre que está dentro vuelve hacia ellos la cabeza, hacia un lado, hacia el otro, se ve que grita algo, por los movimientos de la boca se nota que repite una palabra, una no, dos, así es realmente, como sabremos cuando alguien, al fin, logre abrir una puerta. Estoy ciego.

Ensayo sobre la ceguera
José Saramago

Saramago nos ubica en la acción desde el primer instante, y lo hace con una escena aparentemente sencilla pero elocuente. Aparte de poner en marcha la novela con naturalidad, en esos párrafos nos cuenta mucho más de lo que parece, pues ahí están ya algunas ideas argumentales que enriquecerán la narración posterior. Entre ellas, que la ceguera puede atacar a cualquiera, en cualquier instante, y que no vendrá precedida de ningún signo externo que se pueda detectar con facilidad.

Por supuesto, hay muchos otros modos de comenzar una novela que también pueden ser efectivos, como una descripción, una reflexión, o soluciones estructurales más atrevidas —comenzar por el final, o *in medias res*—; pero en cualquier caso siempre deberemos sopesar las ventajas e inconvenientes que provocará el adelantar o retrasar el arranque de la historia, así como la importancia de plantear el desencadenante a tiempo y de forma atractiva para el lector. Recordemos el viejo chiste de los distribuidores cinematográficos estadounidenses:

> Empieza una típica película europea con imágenes de nubes doradas, iluminadas por el sol. Corte a nubes todavía más espléndidas y rubicundas. Nuevo corte a nubes aún más magníficas y henchidas. Una película de Hollywood empieza con nubes doradas y henchidas. En la siguiente toma sale un Jumbo 747 de entre las nubes. En la tercera explota.
>
> *El guion*
> Robert McKee

Ya lo hemos dicho: un desencadenante debe presentarse pronto y de manera sugestiva. Pero nuestra forma de atraer la atención del lector también puede adoptar formas más sutiles que el estallido de un avión, como una mirada o un plato de caracoles. El desencadenante de *El túnel*, de Ernesto Sabato, no es más que la contemplación de cierto detalle en un cuadro. El protagonista y narrador es un pintor que se siente desconcertado por algo que él mismo ha incluido en uno de sus lienzos. «Pero arriba, a la izquierda, a través de una ventanita, se veía una escena pequeña y remota: una playa solitaria y una mujer que miraba al mar». De todas las personas que observan el cuadro, solo una, durante la inauguración, se fija en ese detalle. Ese hecho tan nimio, observar una esquinita de una obra, hace que el pintor se obsesione con la joven, lo que pondrá en marcha el argumento de la novela. Asimismo, en *Franny y Zooey*, J. D. Salinger prepara durante numerosas páginas al lector para que acepte que Franny va a sentir náuseas y, poco después, desmayarse, debido a un sándwich de pollo y un plato de caracoles. Y ese desfallecimiento va a desencadenar el resto de la acción.

Una vez hayamos concebido una presentación sugerente, sea del tipo que sea, como desencadenante de la novela, lo importante será comprobar si cumple o no su función: ¿altera de forma brusca el equilibrio de la vida del protagonista? ¿Le insta a realizar algo para alcanzar una nueva situación de equilibrio? ¿Lo lanza a una aventura en persecución de un deseo? ¿Se enlaza con la pregunta dramática que surge en la mente del lector? Si nuestro desencadenante logra todo lo anterior, no importa que sea un hecho tan simple como que alguien, en sus ratos libres, se dedique a leer con avidez todos los libros de caballería que tenga en su poder y decida convertirse en caballero andante.

7.2.2. Proporcionar la información necesaria

Otro de los aspectos que tendremos que cuidar en el planteamiento será aportar la información necesaria para que el lector se sitúe en el espacio y en el tiempo de la narración, así como para que queden bien definidos los personajes principales.

En *Buenos días, tristeza*, de Françoise Sagan, la protagonista y narradora es Cécile, una adolescente que vive de forma despreocupada con su padre. Al principio del libro se muestra a Cécile, a su padre y a la última amante de este disfrutando apaciblemente de sus vacaciones de verano. El padre anuncia que ha invitado a otra persona: Anne, una antigua amiga de la madre ya fallecida. Pues bien, antes de que se produzca esa noticia —que es, de hecho, el desencadenante de la historia—, la autora se encarga de dar al lector los datos necesarios para que se haga a la idea del contexto en que se va a desarrollar la historia.

Aquel verano tenía diecisiete años y era completamente feliz. Los «demás» eran mi padre y Elsa, su amante. He de explicar ahora mismo esta situación, que puede resultar equívoca. Mi padre tenía cuarenta años y era viudo desde hacía quince. Era un hombre aún joven, lleno de vitalidad, de posibilidades, y, al salir yo del internado, dos años antes, no me costó entender que viviese con una mujer. ¡Me había costado bastante más trabajo admitir que cambiara cada seis meses! Pero pronto me lo hicieron comprender su atractivo, aquella vida nueva y fácil y mi propia disposición. Era un hombre frívolo, hábil en los negocios, con una constante curiosidad que satisfacía enseguida y que agradaba a las mujeres. No me costaba nada quererlo, y quererlo con ternura, pues era bueno, generoso, alegre y lleno de cariño por mí. En los inicios de aquel verano extremó su amabilidad hasta preguntarme si la compañía de Elsa, su amante de turno, me importunaría durante las vacaciones. No pude por menos de animarle, pues sabía que necesitaba a las mujeres y que, por otra parte, Elsa no supondría estorbo alguno para nosotros. Era una chica alta y pelirroja, entre galante y mundana, que hacía de extra en los estudios y se exhibía en los bares de los Campos Elíseos. Era simpática, bastante simple y no tenía pretensiones serias. Además, demasiado contentos estábamos ambos de marcharnos como para poner la menor traba a lo que fuese. Mi padre había alquilado, en el Mediterráneo, una gran casa con jardín, blanca, apartada, preciosa, con la que soñábamos desde los primeros calores de junio.

Buenos días, tristeza
Françoise Sagan

Es evidente que en el planteamiento de una novela no puede proporcionarse toda la información. Muchos detalles de los personajes, de los escenarios, etcétera, se desgranan a lo largo de la historia. En el párrafo que hemos visto no se nos cuenta que Elsa es una clienta habitual de los casinos franceses, ni que Cécile y su padre disfrutan juntos con frecuencia de la noche parisina, regresando entre risas al alba por las calles blancas de la ciudad. No, aunque son datos que posteriormente enriquecerán la narración, por ahora no son necesarios. Pero sí debemos incorporar la información suficiente para que el lector se sitúe y pueda asimilar, con claridad, la alteración en los acontecimientos que provoca el desencadenante.

En este caso, por ejemplo, se nos presenta a los tres personajes principales y se menciona la relación que existe entre ellos. Asimismo, se destaca el lugar donde se van a desarrollar los hechos posteriores —la casa del Mediterráneo—, se hace alusión a un entorno acomodado y se presiente cierta sensación de fragilidad en ese estado de felicidad en que viven. Como en cualquier planteamiento, además, se nos proporciona una gran cantidad de información técnica: el género (realismo), la voz narradora y el punto de vista (primera persona en Cécile), etcétera.

Así, la segunda función del planteamiento (proporcionar información al lector) es también una cuestión de equilibrio. Habrá que incorporar los datos suficientes para que el desencadenante se entienda, para que el primer punto de giro principal resulte adecuado y sorpresivo, pero todo ello sin que el exceso de información termine abrumando al lector.

Aquí, como casi siempre, menos es más. Conviene limitar los datos iniciales a lo estrictamente necesario para que el lector comprenda el desencadenante. Es esencial para ello aprender a integrar esa información, a dejarla de forma velada en las acciones y en los diálogos, o mediante un uso adecuado del narrador, de forma que no aparezca como una tediosa explicación.

7.2.3. PLANTEAR LA GRAN PREGUNTA DRAMÁTICA

Se hecho alusión a que una novela viene a ser una enorme metáfora, un vasto ejemplo. No somos capaces de explicar por qué alguien felizmente casado y enamorado, con un trabajo que le agrada y una economía saludable, se siente de pronto irremisiblemente atraído por otra persona con la que apenas se ha visto unos instantes y con quien ni siquiera ha hablado ni podrá hacerlo, ya que sus idiomas y culturas son absolutamente ajenos.

Entonces es como si Alessandro Baricco dijese: te voy a poner un ejemplo. Y el resultado es *Seda*.

Esa singular metáfora, ese ejemplo colosal, se suele articular alrededor de una sencilla —pero fundamental— pregunta dramática relacionada con el Tema de la obra (que hemos visto desde el capítulo 1), y suele traducirse en el objetivo que persigue el protagonista.

Y esa pregunta dramática, que se formula en torno al Tema de la novela y a la que otorgamos el adjetivo de «gran» porque atraviesa y recorre toda la obra, suele estar relacionada con una meta que el protagonista persigue de forma consciente o inconsciente. Así, en *Seda*, la gran pregunta dramática se traduce en si Hervé Joncour logrará establecer una relación con la misteriosa joven que conoce en Japón. O pensemos en *Moby Dick*, de Herman Melville. En seguida advertimos que la gran pregunta se transforma en si el capitán Ahab cazará o no a la ballena blanca. *Orgullo y Prejuicio*, de Jane Austen: la cuestión es si la señorita Bennet se casará o no con el señor Darcy. ¿Y en *Nocturno hindú*, de Antonio Tabucchi? Aquí lo que articula la historia es si el narrador conseguirá encontrar a Xavier, su amigo desaparecido.

Como vemos, la gran pregunta dramática representa, en todos los casos, objetivos concretos para sus protagonistas. Pero eso no cambia la simplicidad de la propuesta. En todas esas novelas se puede contestar con un *sí*, con un *no* o con un *ni sí ni no*, etcétera, a lo que se plantea. El desenlace de la historia no es otra cosa, de hecho, que la respuesta a la gran pregunta dramática.

Por supuesto, al ser la novela tal vez el género más abierto a todo tipo de posibilidades argumentales, hay obras donde la pregunta dramática es más difícil de vislumbrar, como pasa en *La campana de cristal*, de Sylvia Plath. En este caso podríamos formular así el propósito de la narradora: ¿encontrará Esther su lugar en el mundo? Esa meta se traduce en la novela en objetivos muy concretos, como presentarse a los concursos de relatos de una revista de modas para ganar un viaje a Nueva York, donde tratará, una vez más, de encajar en un ambiente que resulta ideal para el resto de sus compañeras pero no para ella.

También puede que en una misma novela coexistan numerosas preguntas dramáticas para organizar las múltiples tramas secundarias de la narración, como en *Cien años de soledad*. Pero al final, el asunto se reduce a saber si Macondo se convertirá en una gran ciudad o perecerá en el olvido; si el coronel Aureliano Buendía ganará alguna guerra o no; si algún hombre poseerá a Remedios la bella o esta permanecerá virgen para siempre; si Aureliano Babilonia descifrará los pergaminos de Melquíades o morirá antes de conseguirlo, etcétera. Y cada una de esas cuestiones, insistamos de nuevo, se pueden responder con relativa sencillez.

En muchos casos será el propio desencadenante el que puede dar lugar a la formulación de la pregunta dramática, pero no necesariamente tiene por qué ser así. Según hemos visto, en la *Ilíada* el desencadenante lo provoca una disputa entre Aquiles y Agamenón, mientras que la gran pregunta dramática es: ¿caerá Troya? Sin embargo, en *Sin noticias de Gurb* el suceso que pone en marcha la narración es la desaparición de Gurb, uno de los dos extraterrestres que acaban de llegar a la tierra para explorarla, y es justamente ese acontecimiento el que sugiere la gran pregunta dramática de la obra: ¿encontraremos a Gurb?

Y ¿cuándo debe aparecer planteada? Aunque por supuesto no existe una solución única, normalmente la gran pregunta dramática debe establecerse en el planteamiento y, dentro de esa parte introductoria de la novela, lo antes posible. Pensemos, por ejemplo, en *Siddhartha*, de Hermann Hesse. La novela comienza con un pasaje descriptivo. El escritor elige narrar con mucha distancia para resumir la vida habitual del protagonista, incluyendo también en esos párrafos iniciales al personaje secundario más importante de la historia, su amigo Govinda. Lo hace con un estilo que desde el primer momento evoca el tono espiritual de la obra:

> A la sombra de la casa y bajo el sol, a la orilla del río y junto a las barcas, a la sombra del bosque de sauces y el huerto de higueras, creció Siddhartha, el hermoso hijo del brahmán, el joven halcón, en compañía de Govinda, amigo suyo y también hijo de un brahmán. El sol, a la orilla del río, fue bronceando sus claras espaldas durante el baño, las abluciones sagradas y los sacrificios religiosos. La sombra se fue infiltrando en sus negros ojos bajo el bosquecillo de mangos, en el curso de sus juegos infantiles, al escuchar el canto de su madre, durante los sacrificios religiosos, al seguir las enseñanzas de su padre, el sabio, y las pláticas de los maestros. Hacía ya tiempo que Siddhartha participaba en las discusiones de los sabios y se ejercitaba con Govinda en la oratoria polémica, en el arte de la contemplación y en el ritual del ensimismamiento. Ya sabía pronunciar en silencio el Ohm, la palabra por excelencia. Podía enunciarla sigilosamente en su interior, al aspirar, y, en silencio, emitirla luego al exhalar el aire, en un recogimiento total y con la frente aureolada por los resplandores del espíritu reflexivo.

> *Siddhartha*
> Hermann Hesse

Así nos enteramos de que Siddhartha es un joven hermoso, reflexivo, responsable, hijo de un hombre de fortuna de la casta más alta. Pero en seguida vamos a pasar a la principal preocupación del protagonista, la búsqueda de una verdad última que colme la ansiedad de su alma: «Todos querían, pues, a Siddhartha, que era la alegría y el placer de todos. Pero él no hallaba, en cambio, placer ni alegría alguna en sí mismo».

Ahí, en la tercera página de la novela ya está expuesta la pregunta dramática, que podríamos redactar de muchas maneras pero que, de una forma u otra, será siempre la misma y está indisolublemente unida al Tema de la novela (la iluminación): ¿conseguirá Siddhartha hallar la paz interior? Y por supuesto la novela es la historia de esa búsqueda, desde el momento en que el protagonista decide abandonar la casa, con la fuerte oposición de su padre, hasta que el barquero Vasudeva le enseña a escuchar el alma del río y alcanza, por fin, la tan ansiada calma de su espíritu.

Podríamos extendernos indefinidamente en ejemplos sobre cómo la gran pregunta dramática aparece con prontitud en la mayoría de las novelas. El sexto párrafo del Quijote nos dice sin rodeos: «… Le pareció conveniente y necesario, así para el aumento de su honra como para el servicio de su república, hacerse caballero andante». La formulación de la pregunta dramática coincide como vemos con el desencadenante: ¿logrará Alonso Quijano convertirse en un caballero andante? Esta, podríamos decir, *urgencia* por plasmar la pregunta dramática tiene su lógica si pensamos que dicha pregunta, que encierra el objetivo del protagonista, nos va a servir para articular la novela (tanto para ayudarnos a seguir un hilo narrativo como para que el lector no se pierda). Imaginemos que nos despertamos en mitad de una gruta. Todo está oscuro, hace un frío tremendo. No sabemos cómo hemos llegado hasta allí ni qué dirección tomar. Pero disponemos de un encendedor y, palpando las paredes, hallamos una tea. ¿Cuánto tiempo esperaremos para encender la antorcha?

7.3. FALSOS DESENCADENANTES

Para finalizar haremos una mínima advertencia sobre los *falsos desencadenantes*: esto es, aquellos sucesos que parecen modificar la condición de partida de la novela pero que, en el fondo, no alteran sustantivamente el equilibrio inicial de los protagonistas.

Imaginemos que una mujer tiene un trabajo que no le agrada. Entonces, decide cambiar su situación, para lo cual viaja hasta otra ciudad donde acaba de conseguir un nuevo empleo. Sin embargo, esa mudanza, sin más, no transforma ningún valor fundamental de su vida. Y a no ser que se introduzca algún otro ingrediente en la narración, la historia no avanzará. Sin duda, se producirán ciertas variaciones circunstanciales. Ahora tendrá otros compañeros y desayunará en una cafetería distinta. Pero estos cambios no son en sí mismos un desencadenante. Si no se produce algo que altere el equilibro de fuerzas que rige la vida de la protagonista, la narración no arranca. Y lo más probable es que si una novela tiene un desencadenante tan flojo, siga un rumbo similar y termine igual que empezó, con la mujer aburrida de su nuevo trabajo, de sus compañeros y de su propia vida.

Un verdadero desencadenante tiene que transformar radicalmente el equilibrio inicial de la novela. Si partimos del ejemplo anterior, supongamos ahora que la mujer, en vez de buscar un nuevo empleo en otra ciudad, decide mudarse al campo y vivir de las hortalizas que está dispuesta a cultivar. Esta decisión supone un desencadenante más apropiado, ya que va a alterar completamente la vida del personaje. Así, enseguida nos vienen a la mente distintas posibilidades para continuar la historia: ¿logrará adaptarse?, ¿sabrá realizar las labores del campo?, ¿crecerán sus hortalizas?, ¿conseguirá venderlas? Tal vez la mujer tendrá que aceptar que vivir de sus tomates no es tan sencillo ni tan rentable como creía, y terminará cultivando marihuana para salir adelante, lo que nos permite pensar en un sinfín de nuevos rumbos para la novela.

Si, nada más pensar en un desencadenante, se nos ocurren numerosos hilos narrativos, así como cientos de escenas sugerentes, es probable que ahí tengamos un buen arranque para una historia. Del mismo modo, en cuanto un novelista logra un planteamiento acertado, uno que cumpla con todo lo que hemos expuesto durante este tema, su sensación interior es inquietantemente agradable. No puede dejar de pensar en las muchas posibilidades que le permitirá abordar el desarrollo posterior. Y en los ratos de descanso se remueve, nervioso, masticando las ganas que tiene de volver a colocar los dedos sobre el teclado.

8

EL DESARROLLO Y EL TEMA.
CÓMO ALENTAR UNA TRAMA

Alejandro Marcos

> Una historia funciona cuando contiene bombas de relojería programadas para estallar en la última página.
>
> Gordon R. Dickson

Un buen planteamiento, es, sin duda alguna, un paso fundamental a la hora de escribir una novela, pero no es más que el primero. Después habrá muchas decisiones que tomar y mucho que escribir. Si crear una novela es construir una casa, con el planteamiento, lo «único» que hemos hecho ha sido poner los cimientos. Ya tenemos una estructura sólida, pero ahora debemos levantar las paredes y colocar las puertas y ventanas para que todo quede bien comunicado y a nuestro gusto.

Además, deberemos tener cuidado y crear una edificación sólida, para que, a la hora de colocar el tejado del desenlace, no se nos venga todo abajo. Como veremos, ninguna de las tres fases es más importante que las otras. En este tema vamos a centrarnos en esa parte intermedia, la de levantar los muros. Partiremos de unos planos, escritos a lápiz, por si hay que corregir, y de unos cimientos sólidos y que aguanten la arquitectura idónea para el tamaño de la casa que queramos levantar. Es decir, de un planteamiento y una estructura ya definidas. Todo eso que hemos marcado en los planos será lo que nos oriente sobre el número de ventanas y puertas, el grosor de los muros, el tipo de materiales que usar, las vigas, el cemento. Todo importa en esta construcción si queremos que nuestra historia «se sostenga». Una vez hayamos levantado las paredes, llegará el momento en el que «solo» quede colocar el tejado y pintar la fachada. Algo relativamente sencillo si hemos conseguido concluir con éxito tanto el planteamiento como el desarrollo de nuestra novela.

8.1. El desarrollo

De acuerdo con lo planteado anteriormente, y al menos para novelas planeadas según una estructura clásica en tres segmentos, el desarrollo es la parte de la narración que se sitúa inmediatamente después del planteamiento de la novela y que precede al desenlace de la misma, exactamente entre los dos puntos de giro principales. Enlazando ambos, el desarrollo hará avanzar la trama, y con ello desplegará la parte central de nuestra historia.

Pongamos de ejemplo la novela *La máscara de Dimitrios*, de Eric Ambler. En dicha novela, el escritor Charles Latimer investiga sobre la vida del difunto delincuente Dimitrios Makropoulos para escribir su biografía. La novela comienza con la aparición del cadáver de Dimitrios y con la decisión del escritor de averiguar más sobre su vida. El planteamiento concluirá con esa decisión, la cual dará paso a la investigación en sí, que conformará en su totalidad el nudo de la novela. Poco a poco el escritor se verá envuelto en una historia más peligrosa y más grande de lo que había supuesto en un principio. El nudo concluirá con el fin de la pesquisa; y la búsqueda en sí, es decir, la historia, se desarrolla completamente en la parte intermedia de la novela.

En una novela policíaca de corte clásico como esta, el planteamiento sería el descubrimiento del cadáver o el crimen y la asunción de la investigación. El nudo o desarrollo sería la investigación en sí, y el desenlace llegaría con el descubrimiento del culpable. Pero en otro tipo de novelas, y sobre todo en estructuras menos clásicas —como apuntaremos brevemente en el tercer apartado de este tema— encontraremos diferentes expresiones del desarrollo.

8.1.1. LOS LÍMITES DEL DESARROLLO

En la estructura clásica, como vimos en el capítulo segundo, hay dos puntos de giro principales. El desarrollo arranca tras el primero y concluye en el segundo. En él, además, deben darse la mayoría de las acciones necesarias para mantener el interés del lector y para que la historia no se empobrezca. No olvidemos que es la parte donde se despliega el conflicto y el protagonista persigue su deseo: debe ser él quien actúe y, con sus acciones, haga avanzar el relato. A no ser que pretendamos precisamente eso, mostrar que no actúa.

Veamos la novela de José Luis Sampedro *La sonrisa etrusca*, que usaremos en buena medida como guía del capítulo. Se trata de un libro en el que no encontramos una única trama sino varias entremezcladas, lo que, adecuadamente manejado, contribuye a que la acción no decaiga. La narración principal nos cuenta la historia de Salvatore, un viejo campesino del sur de Italia, desde que se va a vivir a Milán con su hijo, a causa de la enfermedad que padece el anciano, hasta su propia muerte. El desarrollo en esta novela es el relato de cómo pasa sus últimos días el enfermo o, lo que es lo mismo, cómo se llega de la acción inicial a la final. Si entre esos dos sucesos, el irse a vivir con su hijo y su muerte, Salvatore no hubiera hecho nada más que esperar su hora, probablemente, por muy bien que estuviera escrita, la novela hubiera resultado bastante aburrida; sin embargo, Sampedro adereza toda la parte central de la novela con varias subtramas y distintos recursos narrativos que mueven a Salvatore a actuar de una manera u otra, de modo que, como lectores, vamos siguiendo la peripecia del anciano, a medida que la enfermedad avanza, sumergidos en la ficción. Y esto funciona, principalmente, porque Salvatore desea cosas y porque actúa para conseguirlas. Ese deseo arrastra al personaje, y a los lectores detrás de él.

Volvamos a los puntos de giro. Antes decíamos que el desarrollo se encuentra entre dos cambios de dirección, entre esos dos puntos de giro: entonces ¿no puede haber más que dos puntos de giro, uno al inicio y otro al final del desarrollo? No necesariamente. Quizá en una novela corta con una única trama lineal. En el caso de que haya varias subtramas, lo habitual es que casi todas empiecen o en el nudo o en el planteamiento y que todas concluyan antes del desenlace. En ese tipo de novelas encontraremos también otros puntos de giro asociados a esas subtramas.

Sigamos con nuestro ejemplo. Los puntos de giro de la trama principal serían dos: el primero, el momento en el que Salvatore llega a la casa de su hijo y conoce a su nieto, lo que provoca un cambio en la actitud del anciano con respecto a su estancia en la ciudad (decide quedarse para hacer del niño un adulto). Y el segundo, su decisión de casarse con Hortensia antes de morir. Esa boda propicia el desenlace y le permite aceptar la llegada de la muerte. Sin embargo, en el desarrollo de la novela hay más puntos de giro relativos a cada subtrama. Por ejemplo, cuando conoce a un universitario que se dedica a podar los árboles de la calle y le propone ir con él a relatar en la universidad las historias de su pueblo (la proposición es en sí misma un punto de giro); o cuando conoce a la sobrina de Anunziata (la empleada del hogar de su hijo), una joven enamorada de un comunista que le hace cambiar con sus charlas su recia visión de la juventud (otro punto de giro se dará cuando se entere de que la chica está saliendo con un comunista). Ambos sucesos inician sus correspondientes subtramas, que harán que la historia vaya avanzando poco a poco, pero sin descanso.

Veamos ahora el segundo punto de giro principal más detenidamente. En la novela, este se nos da a conocer mientras Salvatore mantiene una conversación con Hortensia en una iglesia de la siguiente manera:

—¿Recuerdas el primer día en que vinimos aquí?

—Sí, después de ver a tu San Francisco. ¿No voy a recordar? Por eso nos casaremos aquí. Pero el cura será un antifascista de siempre, como aquel don Giuseppe que me escondió en la cúpula, el pobrecillo, y que dijo aquel sermón.

(Porque se llamaba don Giuseppe, ahora mismo le ha venido a la memoria el nombre olvidado).

Está decidido; aunque Hortensia empezó resistiéndose. Incluso llegarán muy pronto los papeles del viejo, encargados a Ambrosio. Al hombre le entusiasma imaginar el disgusto de su yerno al caerle encima un ama inesperada, y goza anticipadamente de su llegada al pueblo con la mujer espléndida… Pero lo esencial es ella, Hortensia que a él le da la vida y se la dará a Brunettino, pues, aunque ya se defienda solo, necesita a una mujer. Sus padres le cuidarán, claro, pero ¿cómo va a enseñarle Andrea lo que ni siquiera barrunta? ¡Que no le ocurra al niño lo que a él! ¡Que no se pierda nada, que desde el principio sepa adivinar a las mujeres!

—Así serás su abuela y le seguirás enseñando después —continúa—. El niño te necesita.

La sonrisa etrusca
José Luis Sampedro

En este segundo punto de giro principal podemos ver cómo Salvatore, sabiendo que le llega la hora, se ha procurado una sustituta en la educación de Bruno. Es decir, le vemos tomar la decisión final que hará que se encuentre un poco más cerca de cumplir su deseo. Además, podemos ver algo del cambio que se está produciendo en el personaje, aceptando como válida parte de la educación que los padres del niño le están dando. Como indica Linda Seger en *Cómo convertir un buen guión en un guión excelente*, el segundo punto de giro desempeña las siguientes funciones:

- Hace girar la acción en una dirección nueva.
- Vuelve a suscitar la cuestión central (la situación planteada al principio de la novela) y nos hace dudar acerca de su respuesta.
- Suele provocar una decisión o un compromiso en el protagonista.
- Eleva el riesgo y lo que está en juego.

- Empuja la historia dentro del siguiente acto (en este caso, el desenlace).
- Nos introduce en un nuevo escenario y centra la atención en un aspecto diferente de la acción.
- Pero el segundo punto de giro hace una cosa más: acelera la acción. Hace el tercer acto más intenso que los otros dos. Proporciona un sentido de urgencia o impulso a la historia. Empuja al relato hacia su final.

Por supuesto, no todos los puntos de giro que llevan al desenlace tienen que cumplir todas las funciones que detalla Seger, pero cuantas más cumpla mayor será su eficacia. Por ejemplo, en *La sonrisa etrusca*, la boda hace girar la acción en una dirección nueva, otorgando al protagonista una nueva ilusión y fuerzas para seguir luchando contra la enfermedad. A la vez, el doctor ve con buenos ojos la celebración porque piensa que eso hará que el viejo pase sus últimos días sin preocuparse por la enfermedad (con lo que vuelve a traer la cuestión central). El doctor también le advierte de que le queda poco tiempo (no sabemos si podrá casarse finalmente) y que después de la boda la enfermedad tal vez se acelere (hace que la acción se oriente hacia el desenlace y aumenta su velocidad).

8.1.2. El desarrollo de la historia

Antes de abordar la escritura, es importante que tengamos una estructuración clara de cada una de las partes que compondrán la novela; de lo contrario correremos el riesgo de un planteamiento excesivamente largo (en el que la novela no termina de arrancar) o de un desarrollo demasiado corto (que demandará un desenlace extenso y farragoso para cerrar la historia). Lo conveniente es que la cuestión establecida en el planteamiento avance de forma gradual y mantenga su suspense hasta casi el desenlace. Esto ocurre de manera más clara en las novelas psicológicas o de personaje, donde generalmente el cambio producido en los protagonistas debe ser progresivo para resultar verosímil. Al tiempo, es importante que el lector no se aburra por el camino ni pierda el interés por conocer la resolución de la historia. Un recurso del que disponemos para ello es introducir tramas secundarias que mantengan el interés del lector y hagan avanzar la trama principal.

Esto es también lo que hace José Luis Sampedro en *La sonrisa etrusca*: a lo largo de todo el desarrollo, la integración de las diferentes tramas secundarias hace avanzar poco a poco el argumento principal. Por ejemplo, la relación con el estudiante universitario nos sirve para conocer cómo va evolucionando su enfermedad y para entender mejor el pasado del protagonista, cosas importantes en la trama principal. Si las tramas principal y secundaria no estuvieran interrelacionadas y no avanzaran la una con la otra, probablemente el lector sentiría que le están contando otra historia, que el escritor se ha olvidado de lo que quería contar. No se trata pues de que el desarrollo tenga que ser una parte inflada de la novela para que ocupe más que el planteamiento y el desenlace: simplemente hay que introducir las tramas secundarias necesarias para reforzar y hacer verosímil el avance de la historia hasta el segundo punto de giro principal y, con ello, hasta el desenlace, sin olvidarnos nunca de la historia que queremos contar.

Otra manera de «espesar» el argumento para darle más consistencia es añadir complicaciones al protagonista en la gestión de su conflicto. Como hemos visto extensamente antes, no hay historia sin conflicto, y como explica Enrique Páez,

> si entendemos una historia como un conflicto (…) nuestro trabajo a la hora de espesar un argumento es el de buscarle complicaciones al protagonista. Alguien quiere algo. Sí, pero… y ahí empiezan los contratiempos. Porque si alguien quiere algo y, simplemente, lo consigue, podemos felicitar al personaje por su buena suerte o por la felicidad en la que vive, pero no podremos escribir su historia. Una historia sin conflicto no es una historia, y ningún lector es capaz de soportarla.
>
> *Escribir. Manual de técnicas narrativas*
> Enrique Páez

No es mala idea buscarle dificultades a nuestro personaje siempre que sintamos que la historia se está quedando estancada. Eso sí, dichas complicaciones nunca pueden ser accesorias, simple relleno para una trama endeble, sino que deben tener un sentido dentro del argumento y cumplir una función en él. Veremos esta técnica con detenimiento en el capítulo undécimo.

Algo parecido —y aplicable a la novela— nos dice Linda Seger sobre el segundo acto de un guion:

> El segundo acto puede parecer interminable. A los guionistas les obliga a mantener la historia en movimiento durante cuarenta y cinco o sesenta páginas. Al público que va al cine, un segundo acto que no funciona le hace bostezar, salir a comprar palomitas y asegurar que nunca más volverá a ver otra película de ese director.
>
> La mayoría de los problemas del segundo acto provienen de la falta de impulso y de la disposición de la

línea argumental. ¡La película no se mueve! No estamos seguros de qué pasa, ni de por qué pasa.

Estos problemas suelen plantearse porque la película se desvía de su columna vertebral. Aparecen escenas sin ninguna relación, que la enturbian y la empantanan. O los personajes empiezan a hablar en lugar de actuar, o la historia evoluciona demasiado deprisa —o demasiado despacio.

Sin embargo, más adelante, la misma autora puntualiza:

La pérdida de interés por parte del público no siempre proviene de una falta de impulso, aunque a veces pueda parecerlo. Si una historia es demasiado predecible, si no hay tramas secundarias que le den volumen, o si los personajes son estereotipos que no nos involucran, la acción perderá interés. En estos casos hay que centrarse en el desarrollo de la línea argumental de la trama principal, de las secundarias y del tema, asegurándose, por supuesto, de que se les proporciona el impulso adecuado.

Cómo convertir un buen guión en un guión excelente
Linda Seger

Ahora bien, ¿cómo hacemos todo esto? Ya sabemos que en narrativa, como en casi todas las artes, no hay varitas mágicas ni fórmulas secretas. Sin embargo, existen una serie de recursos que nos ayudarán a la hora de conseguir los objetivos propuestos. Veamos los más útiles para abordar el desarrollo de una novela.

8.2. Herramientas para hacer avanzar la historia

8.2.1. Impulso y puntos de acción

Podemos definir el *impulso* como la fuerza que une varias escenas que se suceden gracias a las reacciones provocadas por las acciones de escenas anteriores. Esa fuerza que obliga al personaje a reaccionar ante una acción anterior y que, a su vez, mueve la historia de una escena a la siguiente.

De nuevo en *La sonrisa etrusca,* la nuera de Salvatore guarda la comida en la nevera. Para el personaje, los alimentos pierden ahí su sabor original, ya desvirtuado si los productos vienen, además, en envases. Esa acción provoca que Salvatore salga de casa y busque una tienda donde adquirir productos con el sabor que desea, lo que hace a su vez que conozca a la tendera del ultramarinos entablando amistad con ella y, finalmente, que cree un alijo secreto de comida en su propia habitación. Como vemos son acciones encadenadas en las que la realización de una provoca de forma inmediata la realización de la siguiente:

> Cesa el llanto y oye a Renato volverse a la cama. El viejo se levanta, se pone el pantalón y pasa a la cocina. No enciende para no delatarse, le basta el difuso claror callejero. Abre el armario: en su despensa del pueblo le asaltaba una ráfaga de olores, cebolla y salami, aceite y ajos. Aquí, ninguno; todo son frascos, latas, cajas con etiquetas de colorines, algunas en inglés. Coge un paquete cuyo rótulo promete arroz, pero dentro aparecen unos granos huecos, medio tostados e insípidos.
>
> (…) Otro establecimiento le reconcilia con el barrio. Está en la *via* Salvini, otra callecita donde, al pasar, le

atrae una modesta portada de ultramarinos. Además, acaba de entrar una mujer con aspecto de saber comprar. Todo promete una tienda como es debido.

En efecto, nada más entrar le envuelven los olores del país: quesos fuertes, aceitunas en orza, hierbas y especias, frutas al aire, sin envoltorios transparentes con letreros ni cartón moldeado para hacer peso... Y, por si todo fuera poco, ¡qué mujer detrás del mostrador, qué mujer!

Cuarentona, la buena edad. Fresca como sus manzanas. Se excusa con la clienta recién llegada, evidentemente de confianza, y sonríe al nuevo comprador con los ojos vivaces más aún que con la boca glotona.

—¿El señor desea?

Y la voz. De verdadera *stacca*, de buena jaca.

—¿Deseo? ¡Todo! —sonríe a su vez, señalando alrededor.

(...)

Lo tenía decidido desde que Andrea le retiró del armario su queso de cabra y su cebolla para el desayuno —«Jesús, papá, apesta el cuarto», exclamó ella— pretendiendo sepultarlo en las cajitas como ataúdes en el frigorífico. Esconderá sus vituallas en los bajos del sofá-cama, entre los hierros de la complicada armadura, metidas en bolsas de plástico por el olor, que además ayudará a ocultar el cigarrillo, pues Andrea se resigna a que fume donde no anda el niño. Por suerte, de olfato andan muy mal su nuera y la asistenta. Se comprende: la vida milanesa mata los sentidos.

La sonrisa etrusca
José Luis Sampedro

Este recurso imprime dinamismo a la historia: pasan muchas cosas y el lector ni se aburre ni se despista de lo que le queremos contar (siempre y cuando las acciones vayan a favor de la trama y de la historia). Los impulsos están formados por acciones y decisiones, por *puntos de acción* (los puntos de giro formarían parte de esta categoría). Algunos recursos que podemos emplear para generar impulsos y hacer avanzar la historia son: la *barrera*, la *complicación* y el *revés*. No olvidemos que el desarrollo de una historia necesita tener impulso durante un periodo más prolongado, por lo que estas técnicas serán particularmente útiles e importantes en esta parte de la novela —aunque estén presentes en el resto—.

8.2.2. LA BARRERA

Como hemos subrayado desde el capítulo segundo, en la mayoría de las novelas el protagonista lucha por conseguir algo que desea, a lo que se oponen otras fuerzas que se lo impiden. Ahí es donde nace el conflicto de nuestra historia, y es lo que le dará fuerza e interés. Ese conflicto obligará a nuestro personaje a actuar de una determinada manera: algunas veces, las acciones de nuestro personaje le llevarán a un obstáculo que le obligará a cambiar el modo de intentar conseguir su objetivo.

Ese obstáculo es lo que llamaremos una barrera. Una dificultad que aparece en el camino del protagonista y que le obliga a cambiar de dirección e intentar otra cosa distinta. En una novela de misterio, por ejemplo, una barrera habitual se produce cuando algunas de las pistas obtenidas por el detective se contradicen o no tienen sentido y le obligan a retomar la investigación desde otro punto de vista.

En la novela *Asesinato en el Orient Express*, de Agatha Christie, el detective Hércules Poirot trata de resolver un asesinato que se ha cometido a bordo de un tren cuando se hallaba detenido en medio de una tormenta de nieve. Todos los sospechosos tienen una coartada plausible sostenida por algún testigo, y las pistas que Poirot encuentra no hacen más que contradecirse. Parece llegar a un callejón sin salida en el que da la impresión de que el asesino se ha esfumado. Es entonces cuando el detective observa la investigación desde otro ángulo y empieza a tener en cuenta la idea de que todos los sospechosos estén compinchados y puedan ser, en realidad, un único asesino.

Esta técnica nos permite dar a nuestras historias sucesivos giros que hagan avanzar la trama y mantener la atención del lector. Hay que tener cuidado de no colocar una barrera tan infranqueable que nuestro personaje no la pueda superar, porque en ese caso estaremos bloqueando la acción: Agatha Christie pone en posesión de Poirot algunas pruebas que le hacen darse cuenta de que el asesino sigue aún en el tren, como la aparición de una bata de seda entre sus propias pertenencias. Dicha bata había sido vista por él mismo la noche del asesinato y era su principal pista para detener al asesino. La aparente imposibilidad de resolución del caso, y el hallazgo de la bata, no desaniman a Poirot, sino que le obligan a actuar de otro modo.

En *El desierto de los tártaros*, Dino Buzzati nos muestra a un joven militar llamado Giovanni Drogo que es destinado a una fortaleza en los confines del reino en la que nunca ocurre nada, la fortaleza Bastiani. Los soldados pasan los días esperando un ataque que parece que nunca llegará. El joven soldado intenta salir de allí, pero siempre surgen obstáculos que se lo impiden. A Giovanni le piden que permanezca cuatro años en la fortaleza antes de atender su traslado, pero veamos qué le sucede una vez cumplido ese tiempo, es decir, una vez superada esa barrera:

Cuatro años de Fortaleza bastaban, de costumbre, para tener derecho a un nuevo destino, pero Drogo, para evitar una guarnición alejada y quedarse en su ciudad, solicitó, de todas maneras, una conversación de carácter privado con el comandante de la división. Fue su madre la que insistió en esa conversación; decía que era preciso adelantarse para que no lo olvidaran; nadie se preocuparía espontáneamente por él, Giovanni Drogo, si él no se movía; y probablemente le tocaría otra triste guarnición fronteriza. Fue también su madre la que se las ingenió, por intermedio de algunos amigos, para que el general recibiese a su hijo con benévolas disposiciones.

(…)

—Usted está aquí —dijo con tono diplomático, lleno de sobreentendidos—. Usted está aquí para que lo trasladen a la ciudad, ¿no es cierto? Todos ustedes tienen la manía de la ciudad, sí que la tienen, y no comprenden que precisamente en las guarniciones alejadas es donde se aprende a ser soldado.

—Sí, excelencia —dijo Giovanni Drogo, tratando de controlar las palabras y el tono—. Y, de hecho, yo he pasado allí cuatro años…

—¡Cuatro años! ¡A su edad! ¿Qué significan? —replicó riendo el general—. De todos modos, yo no se lo reprocho… Decía que, como tendencia general, quizás no sea la mejor para consolidar el espíritu de los elementos de mando…

Se interrumpió, como si hubiera perdido el hilo. Se concentró un instante, continuó:

—De todos modos, mi querido teniente, trataremos de contentarlo. Ahora vamos a pedir su hoja de servicios. (…).

—¿Un nuevo reglamento, excelencia? —preguntó Drogo, curioso.

—Una reducción de plantilla; la guarnición se queda en la mitad —dijo el otro, brusco—. Demasiada gente, siempre lo he dicho, ¡había que aligerar esa fortaleza!

En aquel momento entró el ayudante de campo trayendo un gran paquete de hojas de servicio. Tras hojearlas sobre una mesa sacó una, la de Giovanni Drogo, y se la entregó al general, que le echó un vistazo con mirada de competencia.

—Perfecto —dijo—. Pero aquí falta, me parece, la petición de traslado.

—¿La petición de traslado? —preguntó Drogo—. Creía que no era necesaria, después de cuatro años.

—Normalmente no —dijo el general, evidentemente aburrido de tener que dar explicaciones a un subalterno—. Pero como esta vez hay una reducción de plantilla tan grande y todos quieren marcharse, es preciso tener en cuenta la precedencia.

—Pero en la Fortaleza nadie lo sabe, excelencia, nadie ha presentado aún la petición…

El general se dirigió al ayudante de campo:

—Capitán —le preguntó—, ¿hay ya peticiones de traslado de la Fortaleza Bastiani?

—Unas veinte creo, excelencia —respondió el capitán.

El desierto de los tártaros
Dino Buzzati

Drogo se verá obligado, de nuevo, a esperar en la Fortaleza hasta que se le presente otra oportunidad para abandonarla. Justo en el momento en el que esta barrera sea salvada, cuando consiga la petición, otra barrera aparecerá y el protagonista deberá luchar contra ella para poder irse.

Lo que consigue dar impulso a una novela con una estructura tan estática es que el personaje siga avanzando de obstáculo en obstáculo hacia la consecución de su deseo. De ahí la importancia de que la barrera sea salvable, ya que de lo contrario la historia se quedaría sin impulso. Imaginemos que al teniente Drogo se le impide tajantemente el traslado, que las normas militares no lo permiten: la historia sería difícil de sostener. Sin embargo, Buzzati nos deja una pequeña puerta abierta a la esperanza: aún puede que su petición de traslado llegue a tiempo, tiene una oportunidad. Y, aunque su petición no llegase, el protagonista tiene la posibilidad, al menos de momento, al ser joven, de dejar el ejército y volver a casa para dedicarse a otra cosa. El personaje tiene opciones, puede actuar. Eso es lo que hace que el lector se pregunté: ¿qué hará ahora?, y siga leyendo.

8.2.3. La complicación

Es una técnica narrativa que se divide en dos tiempos o momentos: el primero se da cuando, a partir de la presentación de una situación o personaje, se anticipa que algo que dificultaría la consecución del objetivo del protagonista podría pasar. El segundo momento se produce cuando se cumple esa anticipación.

Encontramos varias complicaciones en la novela *La sonrisa etrusca*; no obstante hay una particularmente clara. Se trata del primer encuentro entre Salvatore y Hortensia. El lector sabe que Salvatore está a punto de morir y, además, que planea regresar al pueblo antes de hacerlo. Sin embargo, planea la posibilidad de un romance entre ellos, y eso, sin duda, sería un obstáculo para el deseo de Salvatore de regresar al pueblo —pues conquistar a Hortensia constituiría un nuevo deseo—. Sin que el narrador tenga que explicar nada, aparecen en la mente del lector algunas preguntas: ¿Dispondrá de tiempo para conquistar a Hortensia?, ¿se quedará por ella en Milán?, ¿será correspondido?, ¿regresará al pueblo? Preguntas que obligan al lector a permanecer atento a la historia, y a Salvatore a tomar decisiones y a actuar, es decir, a mover la historia hacia delante.

La respuesta a la anticipación no tiene que estar cerca de ella necesariamente. Esto nos permite mantener la atención del lector durante un periodo más o menos largo de tiempo. Para desarrollarla narrativamente podemos recurrir a las estrategias de tensión que hemos visto en el capítulo segundo, como el *cliffhanger* (dejar al personaje en una situación sin resolver para volver a ella más tarde), la aparición de un objeto peligroso o de una expectativa amorosa (como en el ejemplo que hemos visto), o la introducción de un reloj narrativo (cuando el protagonista debe realizar algo antes de un plazo determinado).

8.2.4. EL REVÉS

Mediante esta técnica narrativa la situación del protagonista cambia radicalmente, dando un giro de ciento ochenta grados. Se trata de un obstáculo físico o emocional que surge ante el personaje y lo aleja de forma drástica de su objetivo. Suelen coincidir con alguno de los puntos de giro, y precisamente por ello hay que administrarlos con cuidado para evitar que nuestra historia resulte inverosímil o que el lector quede desconcertado por continuos cambios drásticos y nuevas disposiciones del argumento.

Un ejemplo de revés dentro del desarrollo lo encontramos en la novela *Seda*, de Alessandro Baricco. Recordemos la historia de Hervé Joncour, un joven que se dedica a viajar (primero a África y luego a Japón) en busca de huevos de gusano de seda para llevarlos a su pueblo. El revés se produce cuando estalla la guerra en Japón y él vuelve sin ningún gusano de seda (ya que los pocos que había conseguido mueren en el viaje). Este contratiempo hará que todo el pueblo deba buscar otra ocupación. Se trata de un revés físico y emocional. Físico porque hace que el protagonista (y la mayoría de los personajes secundarios) cambien su profesión; y emocional, porque supone un duro varapalo para Hervé al no poder volver a Japón (no olvidemos que, además de que los huevos se echen a perder, el suceso le aparta definitivamente de la mujer de la que se ha enamorado). La historia continúa hasta la llegada de una supuesta carta de Japón (segundo punto de giro principal) y concluye con el desenlace tras la muerte de su esposa.

Introducir uno o dos reveses —más puede resultar inconveniente—, puede ayudar a que nuestra historia se mantenga viva y aseguremos la atención del lector.

8.2.5. Secuencia de escenas

Hemos visto que la unidad narrativa fundamental —la acción de unos personajes dentro del mismo espacio, en un tiempo concreto y sin cortes— es la *escena*. Si varias de esas escenas están concatenadas y unidas por una idea —por ejemplo: el robo de un banco—, forman una *secuencia*. Normalmente una secuencia tiene su propio planteamiento, desarrollo y desenlace. Y puede emplearse en cualquier momento de la novela, pero es especialmente eficaz hacia la mitad del desarrollo, cuando la historia corre más riesgo de empantanarse.

En *El Jarama*, de Rafael Sánchez Ferlosio, encontramos un ejemplo de secuencia que sirve para acelerar la acción y para lanzar la historia hacia el desenlace. Se da casi al final del desarrollo cuando Lucita y Tito (dos de los jóvenes que han ido a pasar el día al río), se quedan solos al anochecer después de haber estado bebiendo vino. En toda la primera escena somos testigos de la creciente complicidad entre ellos y de su estado de embriaguez. La acción desemboca en los besos que comparten los personajes y el posterior arrepentimiento por parte de Lucita. Seguidamente la acción cambia al aparecer Sebas y Paulina, amigos de la pareja, que deciden tomar un baño. La siguiente escena tiene lugar en el agua, donde Sebas y Paulina hablan hasta que se dan cuenta de que Lucita ha desaparecido y se está ahogando. Comienza entonces la búsqueda de la muchacha hasta que la encuentran muerta. La escena final de la secuencia se da en la orilla, cuando unos jóvenes sacan el cadáver de Lucita y aparece la guardia civil.

Por su extensión no podemos reproducir aquí toda la secuencia, pero vamos a incluir algunos extractos que nos hagan ver la evolución constante de la tensión durante las distintas escenas. Veamos una parte de la primera escena: el beso y el rechazo.

> —Tú, recuéstate, mujer, por mí no lo hagas, ven.
> —¡Déjalo, estoy bien aquí, se me quita ello solo, ¿por qué me insistes?, estoy bien como estoy…!

Se sostenía los ojos y la frente con las manos. Tito dijo:

—Lo decía por tu bien, no es para impacientarse, Lucita. Vamos, ¿se pasa ese mareo?

Le ponía una mano en la nuca y le acariciaba el pelo.

—Se va pasando ya? ¿No quieres que te moje un pañuelo en el río? Eso te alivia, ¿voy?

Lucita denegó con la cabeza.

—Bueno, como tú quieras. ¿Vas a mejor?

Ella no dijo nada; giró la cabeza y empujó la mejilla, frotándose como un gato, contra la mano que la acariciaba, y deslizó la cara por todo el brazo arriba hasta esconderla en el cuello de Tito. Se recogía contra su pecho y lo tenía abrazado por detrás de la nuca y se hizo besar.

(…)

Volvieron a besarse y luego Lucita, de pronto, lo rechazó violentamente, quitándose de él a manotazos, y se tiró a una parte contra el suelo. Se puso a llorar.

La siguiente escena nos muestra a Sebas y a Paulina hablando hasta que deciden ir a ver a Tito y a Lucita. Cambiamos de escenario, la pareja no está con ellos aún.

Sebas miró hacia atrás, añadió:

—Mira, mejor será que veamos a ver lo que están haciendo esos tres calamidades.

Ahora un retazo de luna revelaba de nuevo, en la sombra, las aguas del Jarama, en una ráfaga de escamas fosforescentes, como el lomo cobrizo de algún pez.

—¿Nos acercamos a hacerles una visita?

—Bueno, vamos.

En la tercera escena, los cuatro están reunidos y deciden bañarse.

> —Llevas razón —dijo Sebas—, se llena uno hasta los pelos, a fuerza de estarse revolcando todo el día. Para darse otro baño. Yo me lo daba. ¿Eh?, ¿qué os parece?, ¿qué tal darnos ahora un chapuzón?
> —Pero ¿a estas horas? —dijo Paulina—. Tú no estás bien de la cabeza. Yo creo que…
> —Más emocionante, ya verás.
> —Por mí desde luego —dijo Lucita—. Yo me apunto. Has tenido una idea.

La siguiente escena muestra la desaparición de Lucita y la búsqueda.

> —Está ahí, ¿no la ves ahí delante? ¡Lucita!
> Calló en un sobresalto repentino.
> —¡¡Lucita!!
> Se oía un débil debatirse en el agua, diez, quince metros más allá, y un hipo angosto, como un grito estrangulado, en medio de un jadeo sofocado en borbollas.
> —¡Se ahoga…! ¡¡Lucita se ahoga!! ¡¡Sebastián!! ¡¡Grita, grita…!!
> (…)
> Resonaron los gritos de ambos, pidiendo socorro, una y otra vez, rodantes, acrecentados por el eco del agua. Se aglomeraban sombras en la orilla, con un revuelo de alarma y vocerío. Ahí cerca, el pequeño remolino de opacas convulsiones, de rotos sonidos laríngeos, se iba alejando lentamente hacia el embalse. Luego sonaron zambullidas; algunas voces preguntaban: «¿Por dónde, por dónde?». Ya se oían las brazadas de tres o cuatro nadadores, y palabras en el agua: «¡Vamos juntos, tú, Rafael, es peligroso acercarse uno solo!». Resonaban

muy claras las voces en el río. «¡Por aquí!, ¡más arriba!», les indicaba Sebastián. Llegó la voz de Tito desde la ribera:

—¡Sebastián! ¡Sebastián!

Y por fin, en la última, el cadáver es sacado del agua y depositado en la orilla, donde acuden unos guardias civiles.

> Penetraron los guardias en el cerco, con una rápida ojeada hacia el cadáver.
> —¿No le hacen nada? —dijo el más viejo de ellos al nadador a quien antes habían llamado Rafael.
> Se levantó en seguida otro, que estaba inclinado sobre el cuerpo; se quitaba los pelos mojados de la frente:
> —Soy estudiante de Medicina —decía jadeando—. No hay nada que hacer.
> —Ya —dijo el guardia.

El Jarama
Rafael Sánchez Ferlosio

Como puede observarse, Sánchez Ferlosio aumenta poco a poco la intensidad de las escenas para llegar al clímax de la secuencia con la muerte del personaje. Esta muerte llega con más intensidad después de haber conocido la relación de Tito con ella y habernos angustiado con el intento fallido de rescate y de búsqueda (mucho más largo que lo hemos reproducido). La secuencia vuelve a lanzar la acción (un poco adormecida en parte intermedia de la novela) y nos prepara para el desenlace, lanzando nuevas preguntas sobre los personajes (¿cómo reaccionarán a la muerte?, ¿qué harán ahora?) y sobre el argumento (¿qué pasará con el cuerpo?, ¿y con los guardias civiles?)

8.3. Otros desarrollos

Tal y como vimos en el tema anterior, la estructura de *Rayuela*, de Julio Cortázar, no responde a los cánones clásicos —el autor propone de hecho distintos recorridos de lectura—. Así también en obras tan conocidas como *Los detectives salvajes*, de Roberto Bolaño, *Las olas*, de Virginia Woolf o *Pedro Páramo*, de Juan Rulfo.

Los detectives salvajes comienza con un diario que narra los acontecimientos que le suceden a un joven poeta estudiante de derecho que se une al grupo de poetas del realismo visceral durante los últimos meses de 1975 hasta que se ve envuelto en una persecución la mañana de año nuevo del año siguiente. Un proxeneta quiere vengarse de él por haberse acostado con su prostituta. En ese grupo de poetas del realismo visceral destacan los dos líderes: Arturo Belano y Ulises Lima, que acaban huyendo con él y con la prostituta al desierto de Sonora. Sin embargo, en la segunda parte, la que habitualmente correspondería con el desarrollo, en lugar de continuar linealmente con la huida, se nos muestran diferentes fragmentos de testimonios de otros personajes (más de cincuenta) hablando de Arturo y de Ulises durante los veinte años posteriores a esa huida (1976-1996). La tercera parte retoma el diario del joven en el momento de la huida y narra sus peripecias por el desierto durante un mes. Es decir, que lo que ocurre en la tercera parte ha sucedido veinte años antes de que finalicen los acontecimientos que se narran en el libro. En esta novela, entonces, el desenlace se encontraría en el centro de la obra, ya que en él se nos muestran las consecuencias que ha tenido esa huida por el desierto. El desarrollo sería, por tanto, la última parte. En ella se narra la búsqueda en sí, la historia que hará que los personajes cambien y que alcancen o no su deseo.

Otro ejemplo sería *Pedro Páramo*. A pesar de que la historia está narrada desde el punto de vista de Juan Preciado en el momento en el que se dirige a Comala en busca de su padre, con esta historia se cuenta a la vez, de manera desordenada y a través de voces y de conversaciones, la historia de Pedro Páramo, padre del protagonista, hasta el momento de su muerte. Las dos historias tienen un desarrollo desordenado y desestructurado, como si el autor nos estuviera ofreciendo un puzle que debemos ordenar en nuestra mente para obtener la historia completa.

¿Entonces de qué depende la elección de una estructura o de otra? Generalmente, en los dos ejemplos que hemos visto pasa, las estructuras novedosas tienen un objetivo final en la novela. Por ejemplo, en *Los detectives salvajes*, el hecho de mostrarnos todos esos fragmentos de historias y de testimonios nos permite formarnos una idea clara de la situación de la juventud latinoamericana (y europea) a finales del siglo XX. Nos muestra algo caótico y con diferentes puntos de vista, con situaciones muy dispares y opiniones diferentes en función del país, la edad y la situación de cada personaje. Suponemos que la idea de Bolaño era transmitirnos con ello su visión de esa época concreta. El caso de *Pedro Páramo* es parecido, aunque se centra en una época anterior. Sin embargo, todas esas voces confusas, las historias a medias, las suposiciones, etcétera, contribuyen a crear la sensación de estancamiento y de confusión que hace que el lector perciba la historia como algo que se repite y se revive constantemente.

Por lo tanto, esta decisión dependerá, como casi siempre, de lo que queramos contar y del modo en el que queramos narrarlo. Cuanto más claro tengamos estos dos aspectos, más fácil nos será elegir entre una estructura clásica u otra diferente. No obstante, las herramientas y los conceptos que hemos visto se pueden aplicar tanto a novelas de corte clásico como a las de estructura innovadora.

8.4. Conclusión

A lo largo del tema hemos visto que, más que inflarlo de palabras vacías o de acciones que no aporten nada, el nudo de la historia requiere desarrollar la trama principal para llegar de forma natural del primer punto de giro principal al segundo. Para ello es necesario hacernos ciertas preguntas desde el principio: quiénes son nuestros protagonistas, cuál es su deseo, qué lo desencadena y qué se va a oponer a su consecución, cómo queremos que la historia termine. Es entonces cuando estaremos preparados para vertebrar el desarrollo de la novela, para lo cual podemos valernos de las herramientas que hemos visto. Tanto la barrera, como la complicación, el revés y la secuencia de escenas son técnicas, apoyadas en acciones de los personajes o situaciones que los obligan a actuar, que nos permiten dar un nuevo impulso a nuestra historia.

Hay otros recursos, como la introducción de tramas secundarias (siempre que apoyen y aporten algo a la principal) o de más dificultades para aumentar la intensidad del argumento. Hacer sufrir un poco a nuestro personaje puede ayudar a mantener el interés de la historia. No olvidemos en cualquier caso que las técnicas deben estar al servicio del arco principal —y el objetivo— de nuestra narración.

9

EL CLÍMAX Y EL DESENLACE

Elena Belmonte

La literatura confiere al mundo
los desenlaces de que carece.

Marco Kunz

De igual modo que saber que vamos a morir modifica cada una de las páginas de nuestra vida y nuestro comportamiento, así en una novela late, desde su primera frase, el desenlace.

El *sentido*, en tanto dirección y significado, de un relato se basa en la confianza o el temor de que todo tiene un fin, un propósito y acabamiento. Ya se trate de la crónica de todo un pueblo o de una pequeña historia familiar, de una modesta autobiografía o una tragedia colectiva, solo la certeza de un desenlace nos anima a seguir leyendo y nos permite emitir un juicio retrospectivo.

Veamos el comienzo de *La Regenta,* donde se describe la somnolencia que invade la ciudad de Vetusta:

> La heroica ciudad dormía la siesta. El viento Sur, caliente y perezoso, empujaba las nubes blanquecinas que se rasgaban al correr hacia el Norte. […] Vetusta, la muy noble y leal ciudad, corte en lejano siglo, hacía la digestión del cocido y de la olla podrida, y descansaba oyendo entre sueños el monótono y familiar zumbido de la campana del coro […].

Ahora veamos su desenlace:

> Abrió, entró y reconoció a la Regenta desmayada.
> Celedonio sintió un deseo miserable, una perversión de la perversión de su lascivia: y por gozar un placer extraño, o por probar si lo gozaba, inclinó el rostro asqueroso sobre el de la Regenta y le besó los labios.
> Ana volvió a la vida rasgando las nieblas de un delirio que le causaba náuseas. Había creído sentir sobre la boca el vientre viscoso y frío de un sapo.

La Regenta
Leopoldo Alas «Clarín»

Frente al sopor opresivo y provinciano de Vetusta, Ana ha mantenido su propio sopor alimentado de fantasías románticas. Y en esta lucha ha perdido la protagonista que, al final, tiene la impresión de haber sido besada no por un príncipe, como hubiera deseado, sino por un sapo. Existe, incluso, una coincidencia entre esas nubes blanquecinas que se *rasgan* al correr hacia el Norte, y las nieblas del delirio que se *rasgan* también en la última imagen. Bien es cierto que no todos los escritores tienen claro el final de sus novelas cuando las comienzan, sobre todo si en ellos prima la escritura como acto de descubrimiento. Pero en cualquier caso debemos considerar, como autores, la atención especial que merece el desenlace de nuestras novelas para cerrarlas de un modo coherente y satisfactorio, pues ahí nos estamos jugando el *sentido* último de nuestra historia.

9.1. Elementos del desenlace

9.1.1. Crescendo

Recordémoslo una última vez: si nos atenemos a una estructura clásica, una novela se compone de planteamiento, desarrollo y desenlace; y, al menos, ha de haber en ella dos puntos de giro. Con el segundo punto de giro —el que aquí nos interesa— se iniciará una especie de cuenta atrás: se acelerará la acción, se incrementará la tensión narrativa y se cerrará el desarrollo dando comienzo al desenlace.

Es el momento en que crece la sensación de apremio para el protagonista. Se impone la urgencia por resolver su conflicto, ha de tomar decisiones sobre cómo lograr su meta y, por consiguiente, ha de completarse su transformación. A esta creciente tensión, en cuanto a ritmo e intensidad, se le llama *crescendo* (del italiano *creciendo*), y no solo aviva la trama sino el interés del lector. El *crescendo* se logra mediante un efecto denominado «bola de nieve». Esto es, un suceso decisivo —el segundo punto de giro— provoca una serie de acontecimientos cada vez de mayor importancia a medida que avanza y se acelera la acción.

En *Diálogo en re menor*, de Javier Tomeo, los dos protagonistas conversan a lo largo de un viaje en tren. Dagoberto es un entusiasta del violín y Juan toca el trombón de varas en una banda municipal. Sus diferencias musicales harán, ya en el planteamiento, que Dagoberto sienta desprecio por Juan. En el desarrollo, el desprecio dará paso al odio y, cuanto más nos vayamos acercando al desenlace, el odio habrá dado paso a la perversidad de Dagoberto y a la angustia de Juan ante las humillaciones a las que aquel le somete. Escuchemos sus voces en este *crescendo* vertiginoso:

> —Aquí tiene usted mi propio revólver —me dijo—. Está a punto. Puede disparar cinco veces y desahogarse. Máteme. Recuerde todas las humillaciones que le he obligado a soportar y apriete el gatillo.
>
> Me quedé paralizado, sin fuerzas para sostener el arma.
>
> —¡Animo, ánimo, dispare! —insistió—. Recuerde que es usted un eunuco y apriete el gatillo. Vénguese en mí de todos los que le hicieron tan débil. ¡Vamos, vamos! ¡Vuéleme la cabeza y se lo agradeceré eternamente!
>
> Me sujeté la muñeca que sostenía la pistola con la otra mano y apoyé el índice en el gatillo. Lo primero que se me ocurrió en aquel momento fue pensar de qué modo podría agradecérmelo luego eternamente si le volaba la cabeza.
>
> —Vamos, vamos —me instó, acercando la frente al cañón—. Apriete de una vez el gatillo. ¿Qué es lo que le detiene? ¿El recuerdo de esa hermosa mujer que se llama Graciela? Si quiere que le diga la verdad, estoy hecho un lío, todavía no acabo de comprenderlo: ¿qué tipo de relaciones pudo sostener un cerdo como usted con una mujer tan bella y tan refinada?

Diálogo en re menor
Javier Tomeo

Cuando el *crescendo* llega a su punto culminante, se produce lo que conocemos como *clímax*.

9.1.2. CLÍMAX

La palabra *clímax* procede del griego y significa *escala*. En términos retóricos, la metáfora nos recuerda que todo clímax deriva de un ascenso en la intensidad. Es el instante donde la fuerza de la narración llega a su punto más álgido. En él se resuelven, positiva o negativamente, los problemas trazados a lo largo de toda la trama mediante un cambio irreversible en el equilibro entre los personajes y su medio, instalando un nuevo balance de fuerzas.

Para el lector, este acontecimiento inevitable expresa el sentido de la narración. Sin embargo, para los protagonistas el *clímax* representa la última tentativa por alcanzar sus objetivos, solucionar el conflicto y completar su arco de transformación. Quizá un valor positivo se transforme en negativo o viceversa.

Muchas veces, las relaciones entre los personajes secundarios también alcanzan en el *clímax* un punto de inflexión importante. Poco antes o poco después de que se produzca, las subtramas suelen cerrarse con resultados positivos o negativos. Por eso, porque conecta todos los elementos de la historia, es importante que sea notorio y vigoroso. Veamos cómo se aborda en la citada novela de Javier Tomeo:

> —¡Cállese de una vez! —le dije—. ¡Cállese o disparo!
> —Cualquiera sabe qué relaciones pudieron ser esas —suspiró Dagoberto—. No sé por qué, mi querido Napoleón, sospecho que ni siquiera conoce a la mujer de

esa fotografía. ¡Ah, sí, sí! ¡Ahí está la explicación! ¿Y si hubiese sido usted quien, sobre el retrato de una muchacha desconocida (se lo diré claramente, una de esas encantadoras criaturas con las que los infelices como usted ni siquiera tienen derecho a soñar), se hubiese escrito a sí mismo una dedicatoria?

—¡Mentira, mentira! —grité, acercando un poco más el revólver a su cabeza.

—¡Vamos, vamos, mi bolita de grasa! —continuó gritándome—. ¡Adelante, mi dulce lechoncito! ¡Dispare, no tenga miedo! ¡Levánteme la tapa de los sesos! ¿Cómo? ¿Va a decirme que no consiguió llevársela al catre? ¿Cometió el error de pensar que esa guarra era distinta de las otras? ¿No la vio, pues, en pelotas? ¿No llegó a descubrir si su Graciela, como la Graciela de mi pueblo, tenía también tres tetas?

Dio un paso atrás, pero no apartó la mirada de la boca del cañón. Apreté con más fuerza la muñeca derecha con la mano izquierda, cerré los ojos y empujé el gatillo con el índice. No hubo, sin embargo, disparo y cuando volví a abrir los ojos vi que por la boca del cañón solo había salido un espantasuegras. Dagoberto había vuelto a sentarse y se reía con grandes carcajadas, apretándose el vientre con las dos manos.

Diálogo en re menor
Javier Tomeo

Y el *clímax* dará lugar al desenlace.

9.1.3. El desenlace propiamente dicho

La función del desenlace es presentar la solución con un hecho que satisfaga las expectativas generadas y responda a las preguntas que se plantearon en un principio. La forma en que se cierra el conflicto puede ser una de las mayores dificultades del autor; pero cuando el final es verosímil, coherente y artísticamente creativo, el lector se siente satisfecho.

Es fundamental tener en cuenta la estructura y género de la novela, pues el desenlace debe ser consecuencia de la composición causal, probable y necesaria de los acontecimientos y no del capricho del autor. También debemos recordar que en él debe concluir la transformación del protagonista. Al hilo de *Diálogo en re menor*, Javier Tomeo decide que su protagonista se lance del tren en marcha. Y con ello nos cuenta que, si bien, Juan nunca se convertirá en un valiente, al menos, ha encontrado el modo de gritar «no» a las humillaciones de su antagonista:

> —¿Quiere que le diga lo que somos usted y yo? —me preguntó Dagoberto, bajando el tono de voz y lanzando una mirada en derredor, como si temiese que pudiera escucharnos alguien.
>
> Antes de que pudiera decírmelo me precipité hacia el pasillo, corrí a la plataforma y salté a la vía, aprovechando que el tren apenas se movía. Me di cuenta entonces de que estaba cruzando un puente en obras y de que faltaba todavía un buen trozo para llegar a la estación. Cuando el último vagón acabó de pasar el puente, la locomotora aceleró la marcha y en un abrir y cerrar de ojos las luces rojas del furgón de cola se perdieron en la oscuridad.
>
> Durante un buen rato me pareció continuar escuchando a lo lejos las carcajadas de Dagoberto. Luego recordé que estaba en calzoncillos. Lo que pasó después, sin embargo, ya no importa tanto.

Diálogo en re menor
Javier Tomeo

Un desenlace que no deja de ser profundamente satisfactorio aunque Juan esté en calzoncillos en medio de la estación y en sus oídos resuenen aún las carcajadas de su enemigo.

9.1.4. ANTICLÍMAX

Si el *clímax* es el momento culminante o más tenso de una narración, el anticlímax supone una distensión, una disminución paulatina del ritmo y de la intensidad. Se produce si después del desenlace aún requerimos un breve desarrollo narrativo; es decir, un fragmento adicional entre el *clímax* y el cierre.

Dependiendo de la naturaleza de nuestra historia, la narración podrá cerrarse con un *clímax* o bien con un anticlímax. En cualquier caso, se intentará que sea lo más breve posible, para que no descienda demasiado la curva de tensión.

> Me dijo que Reno había muerto y que, oficialmente, yo no era ya un criminal, que la mayor parte del dinero robado en el First National Bank había sido recuperado, que MacSwain se había confesado autor de la muerte de Tim Noonan y que Personville, declarado en estado de guerra, se estaba convirtiendo en rosaleda de dulce olor y sin espinas.
>
> Me pude haber ahorrado el trabajo y los sudores que me supuso eliminar todos mis pecados de los informes. No engañaron al Viejo. Me echó una bronca de primera.
>
> *Cosecha roja*
> Dashiell Hammett

En el ejemplo de Hammett vemos que la acción se resuelve —desenlace—, pero se añade un pequeño fragmento en el que el detective «recoge» los cabos de la historia y se despide —cierre—.

9.1.5. TRANSFORMACIÓN

En general, en una novela se narra la historia de una transformación. Esto no significa necesariamente que el personaje mentiroso se vuelva sincero, que el triste decida sonreír o que el inmaduro pierda su temor al compromiso. Pero sí la idea o la impresión de que algo habrá sucedido dentro del protagonista después de haberse enfrentado a su conflicto y al deseo de alcanzar una determinada meta. El protagonista de *La tregua* es un hombre triste que lleva una vida anodina, sin más alicientes que acudir al trabajo. Conocer a Laura Avellaneda, descubrir el amor y enfrentarse a la muerte de ella sin duda le cambiarán, aunque se empeñe en seguir mostrándose igual de triste y negar lo que dice su suegra —«te sientes feliz de sentirte desgraciado»—:

> Allí quedó mi mesa. Nunca pensé que me importara tan poco desprenderme de la rutina. Los cajones quedaron vacíos. En uno de ellos encontré un carnet de Avellaneda. Ella lo había dejado para que registráramos el número en su ficha personal. Me lo puse en el bolsillo y aquí está. La foto debe tener unos cinco años, pero hace cuatro meses ella era más linda. Otra cosa ha quedado en claro y es que la madre está en un error: yo no me siento feliz de sentirme desgraciado. Me siento simplemente desgraciado. Se acabó la oficina. Desde mañana y hasta el día de mi muerte, el tiempo estará a

mis órdenes. Después de tanta espera, esto es el ocio.
¿Qué haré con él?

La tregua
Mario Benedetti

En el desenlace asistimos a esa transformación del personaje que ha venido amasándose de manera paulatina. Puede tratarse de una evolución en sentido positivo —finales felices, o todo lo contrario, finales desgraciados—. Añadiremos dos ejemplos más, basándonos de nuevo en el tema del amor: en la novela *El gran Gastby*, de F. Scott Fitzgerald, el amor hace que su héroe trágico evolucione en sentido negativo desde sus sueños a la destrucción, en su afán de recuperar aquel momento pasado en el que conquistó a la mujer que quería; en *El turista accidental*, de Anne Tyler, su protagonista evoluciona favorablemente a través de una relación sentimental. En muchas ocasiones, esta transformación no solo se producirá en el protagonista o protagonistas, sino también en el antagonista e incluso en alguno de los personajes secundarios.

9.2. Tipos de desenlace

Cada historia requiere un final, y este ha de ser la consecuencia lógica de unos acontecimientos. La clasificación básica que aquí proponemos se atiene a la estructura clásica o lineal; es decir, aquella en la que el desenlace se sitúa al final, después del planteamiento y el desarrollo.

9.2.1. Desenlace cerrado o terminante

El conflicto que se planteó en un principio queda completamente resuelto y concluido, para bien o para mal, por parte de los personajes. El cierre coincide con el desenlace.

Antes del siglo xx casi todos los finales eran cerrados. Se trataba del lugar reservado para la justicia humana o divina; la reparación, el regreso, el matrimonio. El lector, al cerrar los ojos, podía obtener una especie de cuadro estático en el que los personajes habían quedado inmóviles para siempre.

Los hermanos Grape viven frustrados por la presencia omnipotente de la madre en la casa; una mujer obesa que no se mueve del sofá y que, de alguna manera, les impide hacer sus vidas. La muerte de la madre y la necesidad de acabar con el pasado les lleva a prenderle fuego a la casa familiar. Arnie, el hermano retrasado, mirará las luces como símbolo de la liberación que se produce en todos ellos a partir de ese momento.

> Me saco las manos de los bolsillos. Pongo una sobre un hombro de Larry y con la otra le aprieto el brazo a Ellen.
>
> —Mira las luces —le dice Arnie a Amy—. Mira las luces.
>
> Las sirenan llenas el aire, las paredes de la habitación de mamá se derrumban envueltas en llamas, y Amy dice:
>
> —Sí, Arnie, mira las luces.

¿A quién ama Gilbert Grape?
Peter Hedges

9.2.2. Desenlace abierto o indeterminado

El conflicto que se planteó en un principio no llega a resolverse, y así el desenlace queda postergado para después del cierre. Será el lector, si lo desea, quien tenga que seguir pensando en la historia para llegar a algún posible desenlace. Puede tratarse de un conflicto que no tiene solución y el final consiste en esa misma no-solución.

En la narración moderna es mucho más habitual encontrar este tipo de finales —muy *chejovianos*— donde el texto termina pero la historia no. Después de cerrar el libro, los personajes continúan su camino provocando la impresión de que el autor ha hecho un corte en medio de una realidad más amplia, de forma que asistimos solo a una pequeña parte de un todo y no a un mundo concluido:

> Digo trataría porque no está del todo seguro de que existiera de verdad aquel nexo que había visto durante tanto tiempo entre Cecilia y la pintura; ni de que amar a Cecilia de una manera nueva significara volver a pintar. También en esto, solo la experiencia podría darme una respuesta.
>
> Así, al final, el único resultado verdaderamente seguro era que había aprendido a amar a Cecilia, o mejor, a amar sin más. O tal vez esperaba haber aprendido, porque tampoco en este aspecto de mi vida quedaba excluida la duda. Tenía que esperar, para estar seguro del todo, a que Cecilia hubiese vuelto de su excursión al mar.

El tedio
Alberto Moravia

El protagonista de *El tedio* es un personaje desestructurado y sin apoyos que choca, una y otra vez, en sus intentos por arraigar en la realidad. El autor no parece interesado en resolver la historia atando cabos sino más bien en dejarnos cierta sensación de duda y desconcierto; los mismos que padece el protagonista.

9.2.3. DESENLACE DILEMÁTICO

La posible solución al conflicto que se planteó deja abiertas dos posibilidades. El desenlace queda en manos del lector que tendrá que elegir aquella opción que le parezca más adecuada o verosímil, con la incertidumbre de cuál sería el verdadero final imaginado por el autor. Este tipo de final podría confundirse con el final abierto, pero si en este las posibilidades que se nos ofrecen son miles, en el final dilemático se reducen a dos:

> Pero él ya se había dado la vuelta con una sacudida, miraba de nuevo con ojos fijos y no veía más que el tranquilo día. Con el impacto de la pérdida de la que yo estaba tan orgullosa dejó escapar el grito de una criatura lanzada al abismo, y la forma en que lo sujeté hubiera podido ser atraparlo en su caída. Lo cogí, sí, lo retuve…, puede imaginarse con qué pasión; pero al cabo de un minuto empecé a comprender qué era realmente lo que sostenía. Estábamos solos con el tranquilo día, y su pequeño corazón, desposeído, había dejado de latir.
>
> *Otra vuelta de tuerca*
> Henry James

En *Otra vuelta de tuerca*, la voz narradora es la de una institutriz que cuida de dos niños que, al parecer, ven fantasmas. Gracias a la subjetividad que confiere una voz en primera persona, no es posible determinar con claridad si existe la presencia de fantasmas y el niño ha muerto de la impresión o la institutriz está loca y en su delirio es la que lo ha matado.

9.2.4. Desenlace sugerido

El autor no llega a especificar de qué modo se resuelve el conflicto, pero ha ido sembrando el texto de indicios y alusiones para que el lector pueda sobreentender el final de la historia. Aunque esta clase de desenlaces pueda llegar a confundirse con el abierto o el dilemático, en el sentido de que da lugar a posibles continuaciones, en realidad es un final cerrado: un final cerrado *fuera* del texto.

En ocasiones las pistas son más complejas, y el lector tiene que interpretar metáforas de situación, símbolos o elipsis:

> El cuarto se ha llenado de oscuridad, solo con mucho trabajo se puede distinguir la blancura de la cama, y todo el resto está negro. Dentro de poco tendría que salir la luna.
>
> ¿Tendrá tiempo de verla Drogo, o deberá irse antes? La puerta del cuarto palpita con un leve crujido. Quizá es un soplo de viento, un simple torbellino de aire de estas inquietas noches de primavera. Aunque quizá ella ha entrado, con paso silencioso, y ahora está acercándose al sillón de Drogo. Armándose de fuerza, Giovanni endereza un poco el busto, se ajusta con una mano el cuello del uniforme, echa aún un vistazo al exterior

de la ventana, una brevísima mirada, para su última porción de estrellas. Después, en la oscuridad, aunque nadie lo vea, sonríe.

El desierto de los tártaros
Dino Buzzati

La vida del capitán Drogo ha consistido en esperar, soñar, desde una fortaleza, con la invasión de los tártaros. Cuando al fin lleguen, el protagonista será retirado del servicio porque ya no se le considera operativo. Asistimos a su desenlace donde la muerte viene a buscarle. Buzzati ha salpicado el texto de tantos indicios que podemos concluir que la inminencia de la muerte hace feliz al protagonista porque se ha estado preparando para enfrentarla con valor y dignidad y eso es lo que hace. El lector sabe que Drogo morirá, pero Buzzati tiene la pericia de dejarlo vivo, librando por fin su batalla.

9.2.5. DESENLACES CIRCULAR Y CÍCLICO

El final es *circular* si nos conduce de algún modo de nuevo al principio —como, por ejemplo, en la *Odisea*—. Si el conflicto expuesto se repite indefectiblemente, hablaríamos de desenlace *cíclico*.

El hedor de la muerte está por todas partes, especialmente en mí, y hay en este pueblo tanta carroña que me pregunto si no estarán en este lugar, antes de la puesta del sol, todos los cuervos de estas tierras. Ha pasado por mi mente la idea de prenderle fuego a la calle… Eso los ahuyentaría. Pero no sopla nada de viento y sería un trabajo demasiado duro, más duro del que puedo hacer.

Y tengo que admitir, con gran vergüenza, que no dejo de pensar en la posibilidad de que alguien, algún día, venga a buscar la madera de nuestro pueblo para utilizarla de nuevo.

Cómo todo acabó y volvió a empezar
E.L. Doctorow

La novela de Doctorow comienza con un pueblo arrasado; su desarrollo consiste en el esfuerzo del protagonista por hacerlo resurgir y llenarlo de vida. En el desenlace, el pueblo vuelve a ser un lugar destruido. El autor nos deja con la sensación de que el ciclo puede volver a empezar en cualquier momento.

9.2.6. DESENLACE SORPRESIVO

El posible desenlace imaginado por el lector da un giro inesperado y la trama no concluye como era de esperar. Un último dato desvela el misterio que ha ido fraguándose durante la narración. Esto obliga al lector a reelaborar la historia.

En la novela *El sueño de los héroes,* de Adolfo Bioy Casares, el lector se sorprende al comprobar que el autor está jugando con un plano real y otro fantástico; de tal modo que Emilio Gauna, el protagonista, en su afán de recordar algo que sucedió tres años antes en unos carnavales y olvidó, intenta revivir los hechos pasados y lo que descubre es su propia muerte:

No solo vio su coraje, que se reflejaba con la luna en el cuchillito sereno; vio el gran final, la muerte esplendorosa. Ya en el 27 Gauna entrevió el otro lado. Lo recordó fantásticamente: solo así puede uno recordar su propia muerte. […]

Infiel, a la manera de los hombres, no tuvo un pensamiento para Clara, su amada, antes de morir.

Mudo encontró el cuerpo.

El sueño de los héroes
Adolfo Bioy Casares

Existe el riesgo, con este tipo de finales, de que la sorpresa quede demasiado abrupta o injustificada. O por el contrario de que, lejos de resultar sorpresivo, el lector ya viera venir el final desde lejos.

9.2.7. Desenlaces felices y desgraciados

Hemos visto distintas clases de desenlace en virtud de la estructura narrativa; pero también —y perfectamente compatibles con aquellos— podríamos hablar de su *tonalidad emocional* —concepto que exploraremos con más detenimiento en el capítulo once—. Desde esta perspectiva encontraremos desenlaces en los que el conflicto se soluciona positivamente y los personajes —y con ellos el lector— se sienten satisfechos.

En *Frankie y la boda*, Frances ha estado soñando con la boda de su hermano; piensa que ese día se marchará con los novios a otro lugar donde podrá huir de esa sensación de soledad y extrañeza que le produce su adolescencia. Llegado el momento y cuando vea que eso no es posible, se derrumbará. En el desenlace de la novela, y aunque aún ilusionada por la posibilidad de visitarlo, algo ha cambiado, porque Frances tiene por fin una amiga que llama al timbre de su puerta:

> —Pasé por la tienda para hablar con papá respecto a la escuela y tenía una carta de Jarvis. Está en Luxemburgo —dijo Frances—. Luxemburgo. ¿No crees que es un nombre muy bonito?
> […]
> —En la nueva casa hay sótano y un lavadero —añadió después de un momento—. Es probable que pasemos por Luxemburgo cuando demos la vuelta al mundo.
> Frances retornó a la ventana. Eran casi las cinco y en el cielo ya no había aquella luz color geranio. En el horizonte los últimos y pálidos colores parecían densos y fríos. Como en invierno, la oscuridad vendría demasiado pronto.
> —Me entusiasma…
> Pero la frase quedó inconclusa y el silencio roto. Con un súbito estremecimiento de felicidad oyó que sonaba el timbre de la puerta.

Frankie y la boda
Carson McCullers

Cuando el conflicto planteado a lo largo de la trama no encuentra una solución positiva y los personajes quedan sufriendo, reciben daño, tienen una pérdida o mueren, indudablemente estamos ante un final desgraciado. Debemos cuidar que no sean excesivos y melodramáticos, debilitando así la verosimilitud de la historia.

> Concetta se retiró a su cuarto; no sentía absolutamente nada: le parecía estar viviendo en un mundo conocido pero ajeno; un mundo que ya había consumido toda su

energía y ahora solo contenía puras formas. El retrato de su padre no era más que algunos centímetros cuadrados de tela; [...]

Seguía sin sentir nada: el vacío interior era total; solo del montoncito de piel emanaba una niebla de malestar. Aquella era la pena de ese día: hasta el pobre *Bendicò* despertaba recuerdos amargos. Hizo sonar la campanilla.

—Annetta —dijo—, este perro está todo apolillado y lleno de polvo. Llévatelo, y tíralo.

Mientras se llevaba a rastras al guiñapo, los ojos de vidrio la miraron con la humilde expresión de reproche que aflora en las cosas a punto de ser eliminadas, anuladas. Unos minutos después, lo que quedaba de *Bendicò* fue arrojado en el rincón del patio que el basurero visitaba cada día: mientras caía desde la ventana, recobró por un instante su forma: hubiera podido verse danzar en el aire a un cuadrúpedo de largos bigotes, que con la pata anterior derecha levantada parecía imprecar. Luego todo se apaciguó en un montoncito de polvo ceniciento.

El gatopardo
G. Tomasi di Lampedusa

La novela de Lampedusa cuenta la decadencia de una familia de aristócratas sicilianos. Tras la muerte del príncipe Fabrizio, Concetta decide deshacerse del perro disecado que su padre guardaba. Con este gesto final, quedará clausurada por completo la época que les definió.

9.3. Otros lugares para el desenlace

Pero no siempre el desenlace de una historia tiene que encontrarse al final. Veamos una clasificación donde los elementos de la estructura no se presentan bajo una estructura lineal, cronológica, sino bajo un orden alterado, de modo que el desenlace no ocupa el último lugar.

9.3.1. *IN MEDIAS RES*: NUDO + DESENLACE

La narración comienza en el desarrollo, continúa con el desenlace y acaba en el planteamiento, donde se nos narra el origen de todo.

En el siguiente ejemplo el narrador comienza por el desarrollo y el desenlace y luego pasa a contarnos todo lo que condujo a ese final:

> Me han jodido… Mañana voy a la silla. Pero lo escribiré en cualquier caso, pues me gustaría dejar una explicación. El jurado, como es natural, no comprendió nada. Además, Slacks está muerta. Me resultaba difícil hablar sabiendo que no me creerían. Si Slacks hubiera podido arrojarse desde el coche, si hubiera podido venir a contarlo… Pero por fin todo ha terminado. Ya no hay nada que hacer. Al menos en este mundo.

Los perros, el deseo y la muerte
Boris Vian

9.3.2. INVERSIÓN: DESENLACE + PLANTEAMIENTO + NUDO O DESENLACE + NUDO + PLANTEAMIENTO

La narración comienza con el desenlace; lo más relevante de la narración serán los acontecimientos que condujeron a aquel. Así comienza *Crónica de una muerte anunciada*:

El día en que lo iban a matar, Santiago Nasar se levantó a las 5,30 de la mañana para esperar el buque en que llegaba el obispo.

Y así termina:

Empezaban a desayunar cuando vieron entrar a Santiago Nasar empapado de sangre llevando en las manos el racimo de sus entrañas. […] Al pasar frente a la mesa les sonrió, y siguió a través de los dormitorios hasta la salida posterior […] buscando con paso firme el rumbo de su casa.
   —¡Santiago, hijo! —le gritó—, ¿qué te pasa?
   Santiago Nasar la reconoció.
   —Que me mataron, niña Wene —dijo.
   Tropezó con el último escalón, pero se incorporó de inmediato. […] Después entró en su casa por la puerta trasera, que estaba abierta desde las seis, y se derrumbó de bruces en la cocina.

Crónica de una muerte anunciada
Gabriel García Márquez

De la misma forma, y con el desenlace al principio, podemos invertir toda la narración.

Cuando Odilo cierra los ojos, veo volar una flecha… Solo que al revés. Primero la punta. ¡Oh, no, pero sí…! Hemos vuelto a irnos, campo a través. Odilo Unverdorben y su codicioso corazón. Y dentro soy yo, llegado en mal momento: no sé si demasiado pronto o demasiado tarde.

La flecha del tiempo
Martin Amis

Odilo, uno de los nombres que utiliza el protagonista, nos cuenta su historia comenzando por la vejez y acabando con su propio nacimiento. El autor utiliza este tipo de estructura para explorar en la naturaleza del pasado.

9.4. DEUS EX MACHINA

La expresión *Deus ex machina*, y que traduciríamos como *el dios [que baja] de la máquina*, proviene de la dramaturgia griega y se refiere a un mecanismo de poleas que en los teatros griegos permitía que un personaje apareciese en el escenario como si descendiese desde las alturas para resolver el conflicto planteado. Cuando el desenlace de una obra no resultaba fácil porque la situación se había complicado en exceso, el Zeus bajaba en una máquina y lo arreglaba todo en un instante: «Tú regresarás a tu patria y no tomarás venganza», «Tú heredarás el reino» o «Te envío el carro del Sol para que huyas», determinaba. Gracias a su intervención, el mundo volvía a estar ordenado, lo que no dejaba de ser un alivio para el autor de la obra que, de este modo, salía fácilmente de un callejón sin salida.

Este efecto acabó siendo denostado al considerar que el desenlace no surgía del argumento mismo sino del capricho del dios —en último término, del autor—. Con ello, la narración no solo perdía tensión sino también verosimilitud.

En la obra de teatro *Tartufo*, de Molière, toda la familia de Orgón está intentando evitar el casamiento de Mariana con Tartufo, al que consideran muy mala persona. Si bien la trama y los personajes están muy bien construidos, en el desenlace el autor se inventa la aparición de un oficial que viene a decirles que el monarca sabe que el prometido es un cínico y culpable de muchas faltas que merecen cárcel; con ello se evita la boda.

La expresión *Deus ex machina,* se sigue empleando para referirse a un desenlace que no se deduce de manera lógica de la trama y que no proviene de los propios personajes, sino que resulta azaroso y gratuito. La resolución de un conflicto siempre ha de venir del propio protagonista o de sus circunstancias, de la lógica interna del relato y no de un elemento externo, como el hallazgo de una carta misteriosa, el descubrimiento de un parentesco imprevisto, un número premiado en la lotería o la revelación de que todo fue un sueño. La ficción es, o debería ser, un pacto entre el autor y el lector y, si bien es aquel quien establece las reglas, es obligatorio que se someta a ellas en todo momento para no generar frustración en el lector.

9.5. Alrededores del desenlace

No sería del todo exacto afirmar que una obra narrativa acaba inexorablemente en el desenlace puesto que, en torno a él, existen otros conceptos que, técnicamente, merecerá la pena tener en cuenta.

9.5.1. El cierre

Está situado en el lugar exacto donde ponemos el punto final y rematamos la historia, la última frase: donde baja el telón. El cierre puede no coincidir con el desenlace, en el caso de que exista un epílogo. En cualquier caso, será la parte más concluyente, dado que es donde se resuelven o no los conflictos. En el siguiente ejemplo, extraído de *Lolita*, vemos que se trata de un final cerrado y, por lo tanto, coincide con el punto final.

> Ninguno de los dos vivirá, pues, cuando el lector abra este libro. Pero mientras palpite la sangre en mi mano que escribe, tú y yo seguiremos siendo parte de la bendita materia, y me será posible hablarte desde aquí, aunque estés en Alaska. Sé fiel a tu Dick. No dejes que otros hombres te toquen. No hables con desconocidos. Espero que quieras a tu hijo. Espero que sea varón. Ojalá que tu marido te trate siempre bien, porque, de lo contrario, mi espectro se le aparecerá, como negro humo, como un gigante demente, y le arrancará nervio tras nervio. Y no tengas lástima de Clare Quilty. Tenía que elegir entre él y Humbert Humbert, y quería que este viviera, al menos, un par de meses más, para que tú vivieras después en la mente de las generaciones venideras. Pienso en bisontes y ángeles, en el secreto de los pigmentos perdurables, en los sonetos proféticos, en el refugio del arte. Y esta es la única inmortalidad que tú y yo podemos compartir, Lolita mía.

Lolita
Vladimir Nabokov

9.5.2. EL EPÍLOGO

En ocasiones la franja intermedia entre el desenlace y el cierre está ocupada por la narración de los hechos producidos tras el desenlace; el autor no parece quedarse tranquilo si, antes de cerrar, no nos cuenta el destino que corrieron sus personajes tras ese desenlace. Es fácil deducir que en esta parte de la historia se producirá un anticlímax. Veamos cómo comienza y cómo acaba el epílogo de *El nombre de la rosa*, después de que la abadía donde se desarrolla la historia haya ardido y sus protagonistas continúen con sus vidas:

> La abadía ardió durante tres días y tres noches, y de nada valieron los últimos esfuerzos. […] Guillermo y yo nos alejamos de aquel paraje en dos cabalgaduras que encontramos perdidas por el bosque […] Nos dirigimos hacia oriente […].
>
> Años después, hombre ya bastante maduro, tuve ocasión de realizar un viaje a Italia por orden de mi abad. No pude resistir la tentación y, al regresar, di un gran rodeo para volver a visitar lo que había quedado de la abadía […].
>
> Hace frío en el *scriptorium*, me duele el pulgar. Dejo este texto, no sé para quién, este texto, que ya no sé de qué habla: *stat rosa prístina nomine, nomina nuda tenemus*.

El nombre de la rosa
Umberto Eco

9.5.3. LA CLAUSURA

La clausura no es tanto un concepto que tenga un lugar dentro del texto o una circunstancia concreta dentro de la historia, sino una cualidad de la obra como totalidad, un efecto que el final contribuye a catalizar. Un efecto, sobre todo, de naturaleza estética, de coherencia y solidez. Un final logrado sería aquel capaz no solo de cerrar el arco y subtramas planteadas sino también de colmar las expectativas que el lector ha ido generando desde el principio. No importa tanto que le gratifique o le desazone o le irrite, sino que lo perciba como consecuente y necesario para clausurar esa experiencia estética, su pacto ficcional con el autor.

9.5.4. Hacia atrás

El efecto de clausura puede orientarse retrospectivamente, hacia el texto transcurrido, hacia las situaciones desplegadas a lo largo de la trama, sin activar la mente del lector ante las posibles consecuencias o efectos secundarios del desenlace, por graves o evidentes que puedan parecer. De alguna forma, esta clausura supone una abolición del devenir. En el siguiente ejemplo no cabe echar la vista hacia el futuro del personaje sino que induce a una mirada retrospectiva sobre lo que hizo con su vida:

> En vez de la muerte era la luz.
> —¡Ahora lo comprendo! —dijo de pronto, en voz alta—. ¡Qué alegría!
> Todo esto sucedió para él en un instante, y la significación de ese instante ya no llegó a cambiar. Para los presentes la agonía se prolongó aún dos horas. Algo borboteaba en su pecho; su cuerpo, extenuado, se estremecía. Luego el barboteo y los ronquidos se fueron espaciando más y más.
> —¡Se acabó! —dijo alguien sobre él.
> Él oyó estas palabras y las repitió en su alma. «Se acabó la muerte —se dijo—. La muerte no existe».

> *La muerte de Iván Ilich*
> León Tolstói

9.5.5. Hacia adelante

El efecto de clausura también puede orientarse hacia el futuro, hacia lo que el texto ya no muestra, ni está escrito, las consecuencias que probablemente tendrán lugar más adelante y que el receptor solo puede suponer:

—¿Lo ves? No quiere reconciliarse —dijo su marido—. Nunca hemos de permitir que, por casualidad, adivine de dónde le llega el dinero. De nada valdría. No lo soportaría.

—Eres un *brave homme*, Armand —dijo Madame la Générale con admiración.

—Querida, tuve derecho a volarle la tapa de los sesos; pero, como no lo hice, no dejaremos que se muera de hambre. Ha perdido su pensión, y es totalmente incapaz de hacer nada en el mundo para valerse. Tenemos que cuidar de él, en secreto, hasta el fin de sus días. ¿Acaso no le debo el momento más extático de mi vida? […] Es extraordinario cómo, de un modo u otro, este hombre ha conseguido ligarse a mis sentimientos más profundos.

El duelo
Joseph Conrad

Los dos hombres, protagonistas de la novela de Conrad, se lanzan a un enfrentamiento feroz, aunque de razones misteriosas. El enconamiento modifica cada día de sus vidas. Y les une en el desenlace; donde uno de los personajes se hace cargo de la pobreza del otro. Es imposible no quedarse mirando hacia el futuro, como si la naturaleza de las ofensas pudiera convertir el tiempo en algo inabarcable y profundamente contradictorio.

9.6. LA RESONANCIA

Toda decisión narrativa aspira a producir un efecto en ese receptor implícito —*lector modelo* lo llama Umberto Eco; *lector ideal*, Wolfgang Iser—, que se constituye en la mente del autor como un cómplice de sus estrategias y una víctima de sus manipulaciones. Cómplice dudoso y víctima incondicional que va tomando forma y dando sentido al proceso germinal de la novela, desde la configuración del tema, del tono, de la estructura, hasta la forma de una frase, la elección de un adjetivo o incluso la división por capítulos. Cuando el autor confunde al *lector modelo* con el lector real, o cuando sus expectativas sobre el hipotético lector gobiernan en exceso su escritura, el final de su novela lo delata implacablemente, quizá con más nitidez que hasta allí. Cuanto más evidente es en el desenlace la tentación provocadora o aleccionadora, cuanto más se percibe su intención de transmitir un mensaje (complaciente o agresivo, transgresor o tranquilizador) más patente es también la intromisión del destinatario.

El desenlace de una historia no solo designa su término textual (el final) sino también el cumplimiento de su intención (finalidad). Cada vez que escribimos una novela estamos sirviendo al texto, pero también sirviendo al mundo. Le servimos nuestra mirada al lector, le regalamos un estado de ánimo y una experiencia de vida que le hará sentirse incluso de manera distinta a cuando comenzó a leerla. La última frase dicha por el último personaje o por el narrador, la última acción, producirán una sensación de resonancia que expandirá sus ecos hasta el principio mismo del texto. Es justamente en el final, con su poder de resonancia, donde se condensa la función ejemplar que el autor no siempre quiere o no siempre puede esquivar.

Casi inevitablemente, su experiencia, principios e ideología quedan como cristalizados en la conclusión de la historia, bien por vía afirmativa, «esto es lo que debería ocurrir», bien por vía negativa, «ojalá esto no ocurriera nunca».

Es el autor, y no la influencia de un lector, el que debe cerrar la novela. La cierra desde su propia filosofía, teniendo en cuenta todos y cada uno de los elementos empleados que, al fin, en el desenlace, cobran su auténtico sentido.

Algo sucedido en su adolescencia ha confundido a Briony, la protagonista, y le ha hecho vengarse de Cecilia, su hermana, y de Robbie, su novio. Las consecuencias de su venganza han sido de largo alcance, sobre todo para ella misma, cuando al final de su vida aún no ha sido capaz de perdonarse. Su voz nos deja ese eco sobre lo irremediables que resultan, a veces, las equivocaciones del ser humano y lo poco que importa que nos perdonen los demás si el propio perdón no llega.

He permanecido de pie junto a la ventana, presa de oleadas de cansancio que absorben las fuerzas remanentes de mi cuerpo. Es como si el suelo ondulara debajo de mis pies. He estado contemplando la primera luz gris que ilumina el parque y los puentes sobre el lago desaparecido. Y el largo sendero angosto por el que se llevaron a Robbie hacia la blancura. Me complace pensar que no es debilidad ni evasión, sino un postrer acto de bondad, una resistencia contra el olvido y la desesperación, permitir que mis amantes vivan y dejar que se unan al final. Les di felicidad, pero yo no era tan

interesada como para hacer que me perdonasen. No del todo, no todavía. Si tuviera el poder de hacer que aparecieran en la celebración de mi cumpleaños… ¿Robbie y Cecilia, todavía vivos, el uno sentado al lado de la otra en la biblioteca, sonriendo […] No es imposible.
Pero ahora tengo que dormir.

Expiación
Ian McEwan

10

ALGO QUE CONTAR.
LA REFLEXIÓN, LA DIGRESIÓN Y EL ANÁLISIS

Javier Sagarna

Pienso, luego existo.

René Descartes

Escribir historias visuales, con un lenguaje sencillo o, al menos, contenido, con frases de un tamaño manejable y una sintaxis correcta que evite la monotonía sin meterse en líos, suele ser un excelente primer objetivo para un escritor, un lugar de partida que luego iremos llenando de significados y retos de estilo. A partir de ahí, cuando ya somos capaces de contar con corrección y cierta habilidad, es el momento de seguir creciendo. Aprender a indagar en el significado de nuestros textos, a sugerir, a connotar, son muchas de las formas de enriquecer su profundidad y cualidades estéticas. Y, entre ellas, retomar una serie de recursos que, cuando comenzamos a escribir, casi habíamos considerado prohibidos y que, sin embargo, forman parte integral de la literatura: la reflexión, la digresión y el análisis.

¿Por qué estuvieron *prohibidos*? Ante todo porque son difíciles de manejar, pues resulta mucho más complicado mantener el interés de un lector si el texto es abstracto que si se trata de un texto visual.

Por otro lado, una reflexión (o una digresión o un análisis) tiene que ser *buena*. Si es obvia o tópica da una impresión absoluta de torpeza. Si no alcanza una cierta altura y originalidad, esa reflexión sobra.

Sin embargo, por su propia naturaleza la literatura es un terreno fértil para la reflexión, para el análisis, para diseccionar el mundo y profundizar en cada uno de sus recovecos y matices. Hay muchas formas de hacerlo, pero permitir que el discurso se espese, en lo sintáctico y en su significado, es sin duda una de ellas.

Conocer en profundidad estos recursos, a qué llamamos reflexión, digresión y análisis, dónde buscar para encontrar verdadero material personal para construirlas y de qué manera y con qué objeto se han venido utilizando en literatura, será el objetivo de este tema. Una invitación a explorar la narrativa cuando va más allá del «filmar» con palabras nuestra historia.

10.1. El tema y sus matices

Toda novela (todo relato de cualquier extensión y enfoque, en realidad), al tiempo que cuenta una historia, trabaja de forma más o menos evidente sobre algún tema de fondo. La historia puede tener más o menos acción, ser más o menos divertida o densa, realista o fantástica, estar enmarcada en nuestros días, en tiempos de los romanos o en el 2203, pero al final, cuando termine la peripecia, el lector tendrá la sensación de que le han hablado de algo que le concierne más allá de las aventuras o desgracias de unos personajes que sabe de ficción.

Una regla que suele cumplirse en una novela es que todo aquello que de forma directa, lateral o implícita alude al tema de fondo de la misma, ayuda a profundizar en él o nos acerca a nuevos matices, resulta interesante para el lector; mientras que todo aquello que no tenga relación con dicho tema, por bien escrito que esté o por vistosa que sea su presentación, dispersará su atención y resultará menos interesante.

Así, *Crimen y castigo* nos habla principalmente de la culpa, o el *Quijote* es en esencia una novela sobre el deseo (al menos, según algunas interpretaciones, pues si algo tienen las grandes novelas es un fondo complejo y lleno de matices), o las aventuras de Sherlock Holmes hablan, sobre todo, de hasta qué punto nos pasamos la vida buscando la verdad, alguna verdad. Y podríamos seguir. Por supuesto, no siempre el novelista es consciente de lo que habla mientras construye la novela. Los hay, con alma de filósofos, que saben bien de qué quieren hablar y orientan en todo momento su novela en esa dirección; pero también existen otros que se ponen a contar su historia y solo cuando la terminan (o aun más tarde) se enteran de qué estaban hablando en realidad. Acaso lo más normal sea situarse a medio camino, tener una cierta intuición de por dónde van los tiros al tiempo que dejamos que el desarrollo de la historia vaya perfilando el verdadero tema. Eso sí, una vez que nos hacemos conscientes de dicha idea de fondo, conviene hacer que la mayoría de los elementos de la novela apunten a ella, de una u otra manera. Incluso aunque ello suponga eliminar párrafos notables pero que no hacían sino estorbar.

Evidentemente, habrá muchos factores que harán aconsejable o no dotar a nuestra novela de un tono más o menos reflexivo; pero el principal de todos ellos será si esas reflexiones ayudan o no a profundizar en el tema central, si nos aportan algo relevante para la mejor comprensión de la historia y de su fondo.

10.2. RECURSOS DE COMPOSICIÓN

Si como vimos en el capítulo quinto llamamos *tiempo de la historia* al tiempo real en el que transcurrirían los hechos que estamos contando y *tiempo del discurso* al tiempo que, de forma aproximada, tardaría un lector medio en leer los pasajes que empleamos para contar esos hechos, podemos definir tres tipos de recursos de composición. Vamos a recordarlos con algunos ejemplos:

10.2.1. DONDE EL TIEMPO DE LA HISTORIA ES IGUAL AL TIEMPO DEL DISCURSO

Para narrar aquellos fragmentos de la novela en los que ambos tiempos son iguales o similares empleamos esencialmente la escena (ver capítulo primero) y la secuencia literaria (que como vimos en el capítulo octavo podemos definir como el episodio narrativo compuesto por una sucesión de escenas que comparten el mismo tema argumental, pero entre las que se producen tanto cambios de escenario como saltos en el tiempo). Se trata de dos recursos que nos permiten acercar mucho al lector a la historia, ubicarlo en su interior y permitirle asistir a ella en tiempo real, como si la estuviera viviendo.

> Me sorprendió mucho al despertarme ver que Joe estaba sentado a mi lado, fumando su pipa. Al abrir los ojos me saludó con una alegre sonrisa y dijo:
> —Ya que va a ser la última vez, Pip, he querido seguirte.
> —Y estoy muy contento de que lo hayas hecho, Joe.
> —Gracias, Pip.
> —Puedes estar seguro, mi querido Joe —continué cuando nos hubimos dado la mano—, de que nunca te olvidaré.
> —No, no, Pip —dijo Joe, con tono apacible—. Estoy seguro de eso. ¡Pues claro que no! ¡Dios te bendiga! Lo único es que se necesitaba un poco de tiempo para entenderlo, y yo tardé en que se me metiera en la cabeza porque fue todo tan de sopetón ¿verdad?
>
> *Grandes esperanzas*
> Charles Dickens

10.2.2. DONDE EL TIEMPO DE LA HISTORIA ES MAYOR AL TIEMPO DEL DISCURSO

En aquellos fragmentos en los que el tiempo de la historia es *mayor* que el tiempo del discurso, los recursos de composición que empleamos son el *resumen* y la *elipsis*. Ambos permiten contar en unas pocas líneas o incluso omitir las acciones menos interesantes desde el punto de vista de la trama de la novela. Así conseguimos que el ritmo narrativo sea el adecuado y evitamos aburrir al lector. Así, como Stevenson, podremos contar lo que sucede en varias semanas de navegación en unas pocas líneas:

Tuvimos algunos temporales que no hicieron más que poner de manifiesto las cualidades de la *Hispaniola*. Todos los hombres de a bordo parecían muy contentos; y para chasco que no lo hubiesen estado, pues estoy seguro de que no hubo una tripulación más mimada que aquella desde que Noé se hizo a la mar. A la más mínima, les daban doble ración de *grog*, y había gachas cada dos por tres, por ejemplo cuando el caballero se enteraba de que era el cumpleaños de algún marinero; y en el puente siempre había un tonel lleno de manzanas para que quien lo quisiera las comiera cuando le apeteciera.

La isla del tesoro
Robert Louis Stevenson

10.2.3. Donde el tiempo de la historia es menor al tiempo del discurso

Por último, habrá fragmentos de la novela en que nos interese demorar el transcurso del tiempo, de forma que el tiempo de la historia sea menor que el tiempo del discurso. Para ello utilizaremos los recursos que son el objeto de estudio en este tema: la descripción, la reflexión, la digresión y el análisis o disección.

Son, como veremos, recursos que nos permiten «contar despacio», de forma que nos demoremos a lo largo de varias páginas en narrar lo que, sin embargo, tiene lugar en un plazo de tiempo corto. ¿Por qué hacer esto? Pues porque aquello de lo que estemos hablando puede ser algo con lo que merezca la pena entretenerse, mostrarlo con todo detalle, o pensar sobre ello; relacionarlo con otra situación que refuerce el significado de la primera. También porque su observación minuciosa, desmenuzada en cada detalle, pueda ayudarnos a entender su esencia o la de los personajes y sus conflictos.

10.3. La descripción

La descripción es uno de los recursos más usados para ralentizar una narración y, como veremos, también puede ser útil para acercarnos y acercar al lector al tema de nuestra historia y a sus matices. Entre las definiciones del verbo «describir» del diccionario de la RAE se encuentran dos que resultan interesantes:

> 1. tr. Delinear, dibujar, figurar algo, representándolo de modo que dé cabal idea de ello.
> 2. tr. Representar a alguien o algo por medio del lenguaje, refiriendo o explicando sus distintas partes, cualidades o circunstancias.

Si bien la segunda sería la más próxima a nuestro propósito como escritores, la primera incorpora un concepto fundamental: habla de «dibujar». Y es que, en buena medida, la descripción es el arte de dibujar con palabras. Nuestros personajes, los entornos por los que se mueven, los gestos que hacen, mil pequeños detalles con los que conseguimos, como diría John Gardner, que el texto «se proyecte como una película en la cabeza del lector» y este pueda vivirlo con intensidad y, en consecuencia, interesarse por él. Podemos ver un buen ejemplo en este texto de Jack London:

Buck vivía en una hermosa casa, en el soleado valle de Santa Clara. La llamaban la hacienda del juez Miller. Estaba apartada del camino, medio escondida entre una arboleda que apenas dejaba entrever la amplia y fresca balconada que rodeaba la casa por sus cuatro costados. A la casa se llegaba por senderos de grava que serpenteaban por entre amplias extensiones de césped y bajo las ramas entrelazadas de altos álamos. Por la parte posterior, la finca era aún más espaciosa. Tenía grandes caballerizas que atendían una docena de palafreneros y mozos de cuadra, varias filas de casitas para el servicio, todas ellas con su emparrado, y un sinfín de pulcros cobertizos, parras altas, verdes pastizales, huertos y vergeles. Y luego estaba la bomba del pozo artesiano y un gran pilón de cemento donde los hijos del juez Miller se daban un chapuzón por las mañanas, o se refrescaban cuando las tardes eran calurosas.

La llamada de lo salvaje
Jack London

No solo vemos la casa del juez Miller de forma que estamos en disposición de asistir a cualquier historia que se nos quiera contar en ese entorno, sino que además sabemos, sin que aún nadie nos lo haya dicho explícitamente, que aquel era un buen hogar para sus habitantes y, desde luego, para Buck.

Para describir podemos seguir dos estrategias: interrumpir la acción para insertar el pasaje descriptivo y solo reanudarla cuando este termina (es decir, hacer que el tiempo de la narración se detenga mientras describimos), o bien mantener la acción en movimiento e ir desarrollando las descripciones sin dejar que la acción llegue a pararse (o sea, que el tiempo de la narración se ralentice pero nunca llegue a detenerse). Lo veremos más claro con un par de ejemplos:

10.3.1. DESCRIBIR A ACCIÓN PARADA

Estoy en medio de una habitación impresionante. En todas las paredes hay vitrinas con mariposas atravesadas por un alfiler. Encima de una gran mesa de madera descansan libros sobre lepidópteros, una lupa, un acerico, frascos con líquidos cuya composición ignoro, botes de cristal, agujas de acero inoxidable de cabeza dorada, bolitas de alcanfor, pegamento, hilos, pinzas, papeles de seda y celofanes, una cuchilla de afeitar, una caja de acuarelas, pasteles, utensilios de dibujo. Olmo diseca y colecciona mariposas, pero también las dibuja con una precisión que da miedo.

Black, Black, Black
Marta Sanz

10.3.2. DESCRIBIR CON LA ACCIÓN EN MOVIMIENTO

Una masa grisácea y redonda, del tamaño de un oso, se alzaba lenta y trabajosamente hacia fuera del cilindro. Cuando le dio la luz plena, brillaba como cuero humedecido. Dos colosales ojos oscuros me miraron con fijeza. La redonda masa tenía rostro, si vale esta palabra. Había bajo los ojos una boca cuyos bordes sin labios, temblorosos y palpitantes, segregaban saliva. Suspiraba y latía el cuerpo convulsivamente… Un apéndice tentacular, delgado y blando, se asió del borde del cilindro y otro se balanceó en el aire.

La guerra de los mundos
H. G. Wells

En la actualidad, tal vez por la influencia de la cultura audiovisual, se suele preferir mantener la acción en movimiento mientras se describe, aunque sea de manera mínima. De una forma o de otra, no podemos ignorar el papel de las descripciones como elemento dramático. Toda descripción permite que el lector visualice el entorno y los personajes y, en consecuencia, que pueda «trasladarse a vivir allí» y sumergirse en la ficción. Pero como al describir el tiempo transcurrirá despacio en nuestro texto, también podemos usarla para que la tensión aumente, por ejemplo, demorándonos en una descripción justo cuando el lector sabe que algo está a punto de suceder.

Sin embargo, y como hemos visto extensamente en el capítulo sexto, las mejores descripciones suelen hacer más que eso. Con una descripción, además de pintar con palabras lo visible o aquello que se pueda percibir por los sentidos, podemos también dar una idea de cómo se sienten los personajes o el narrador; crear, por acumulación de significantes, una atmósfera que transmita la emoción predominante del texto; podemos, en fin, hacer visible el alma invisible de las cosas y sentir cómo esta resuena en la historia que hemos planteado.

Describir bien es un arte. En un mal día, podemos llenar un texto de imágenes y detalles perfectamente inútiles, que lo sobrecarguen y desvíen la atención del tema principal. Con cierta pericia, podemos dibujar con palabras, de forma que quien nos lea visualice con nitidez la historia que le estamos contando. Con maestría, las descripciones nos servirán también para, de forma indirecta, iluminar las emociones del narrador y los personajes, sus sentimientos más íntimos y, de esta manera, emocionar también al lector.

10.4. LA REFLEXIÓN

En ocasiones, al hilo de lo que está sucediendo en la historia, requerimos que el personaje o el narrador se sienten a reflexionar, a pensar sobre la propia escena o el desarrollo de la historia. A estos pensamientos que cruzan la mente de alguno de estos actores y que se ofrecen al lector es a lo que llamaremos *reflexión* en literatura.

A la hora de escribir una reflexión hay que tener en cuenta que, salvo casos muy concretos, no se tratará de un ejercicio de retórica, ni tampoco será, casi nunca, un arrebato poético, lleno de énfasis. Sobrarán los lugares comunes, lo que todo el mundo sabe, o el manido recurso de ser tan abstractos y oscuros que nadie pueda entendernos. Perderse en el estilo olvidando el fondo o llenándolo de tópicos suele ser, de hecho, el error más habitual de los escritores noveles. Por el contrario, a una reflexión le exigiremos:

- Estar bien escrita, con las palabras más apropiadas para transmitir su contenido y su esencia.
- Ser adecuada al personaje o narrador que reflexiona. No todas, pues, serán inteligentes, ni lúcidas.
- Su fondo se construirá con los mimbres de la originalidad (será algo nuevo, algo propio del personaje que reflexione con respecto a esa situación única en que lo hace), de la verdad (lo que, desde el punto de vista de quien reflexione, se entienda como verdadero) y de la cercanía a la situación que motiva la reflexión

(lo que el personaje o el narrador se ven impelidos a pensar en ese momento).
- Su eficacia, pues, estará ligada al punto de vista del narrador (sea un narrador externo o uno de los personajes) y a la personalidad y los sentimientos del personaje en la situación que la provoca.

Aparte de adquirir una cierta pericia técnica para encontrar la mejor forma de expresarlas, escribir buenas reflexiones exigirá del escritor, por lo general, un cierto entrenamiento en la tarea de pensar por sí mismo, un trabajo de introspección que luego pueda extrapolar a su conexión con los personajes.

10.4.1. AUTOR, NARRADOR, PERSONAJE, ¿QUIÉN REFLEXIONA?

A primera vista, el narrador parece la figura más apropiada para introducir reflexiones mientras narra una historia, o al menos para canalizarlas. Por tanto, su punto de vista, el lugar en el que se sitúa con respecto a la historia —si es un narrador externo o interno, si la historia es su presente o su pasado, el sentimiento desde el que se narra…—, será clave a la hora de elaborar las reflexiones y el contenido y la emoción de las mismas. Si volvemos sobre el ejemplo previo de Dickens y le añadimos el siguiente párrafo lo veremos con claridad:

Me sorprendió mucho al despertarme ver que Joe estaba sentado a mi lado, fumando su pipa. Al abrir los ojos me saludó con una alegre sonrisa y dijo:

—Ya que va a ser la última vez, Pip, he querido seguirte.

—Y estoy muy contento de que lo hayas hecho, Joe.

—Gracias, Pip.

—Puedes estar seguro, mi querido Joe —continué cuando nos hubimos dado la mano—, de que nunca te olvidaré.

—No, no, Pip —dijo Joe, con tono apacible—. Estoy seguro de eso. ¡Pues claro que no! ¡Dios te bendiga! Lo único es que se necesitaba un poco de tiempo para entenderlo, y yo tardé en que se me metiera en la cabeza porque fue todo tan de sopetón ¿verdad?

No sé por qué, pero no me gustó demasiado que Joe estuviera tan seguro de mí. Me hubiera gustado que hubiese manifestado alguna emoción, o que hubiera dicho «Eso te honra, Pip», o algo similar.

Grandes esperanzas
Charles Dickens

Es decir, el narrador está recordando y reflexiona sobre lo que sintió entonces y sobre lo que, en aquel momento, le hubiera gustado que sucediera. Es importante que reparemos en que la reflexión la realiza el narrador, no el personaje. El personaje es Pip, un joven apenas adolescente, y el narrador es también el propio Pip, pero mucho tiempo después, un hombre ya de mediana edad, con mucha más experiencia que el muchacho, y que mira la situación desde el final de la historia, de la que ya conoce su desenlace. Un narrador que es capaz, ahora, de darse cuenta de que algo no iba bien y elaborar qué hubiera esperado recibir de Joe. Algo a lo que el joven Pip, no prestó atención, y no hubiera sabido interpretar.

Este contraste entre lo que el narrador piensa o sabe ahora y lo que pensaba en el momento que está narrando es, muchas veces, el eje central de la narración y un gran recurso cuando se narra en primera persona. A veces, incluso, constituye el hallazgo fundamental del texto, tal como podemos ver en este ejemplo en el que la voz narradora se acerca al personaje hasta fundir ambas voces, pero en el que el tono levemente irónico nos deja ver de forma magistral la diferencia entre ambas formas de pensar:

> Atticus cogió el *Mobile Press* y se sentó en la mecedora que Jem había dejado vacía. Por mi vida, no comprendía cómo podía estar sentado allí con aquella sangre fría cuando su único hijo varón corría el riesgo de morir asesinado por una antigualla del Ejército Confederado. Por supuesto, Jem me hacía enfadar tanto a veces que había sido capaz de matarlo, pero si mirábamos la realidad desnuda, él era todo lo que tenía. Atticus ni parecía darse cuenta de eso, o si lo sabía, no le importaba.

> *Matar a un ruiseñor*
> Harper Lee

Es muy habitual, casi indispensable, que los narradores en primera persona reflexionen sobre lo que narran, pues es su mirada sobre los hechos, más que la propia peripecia en sí, lo que más interesa al lector. Unas reflexiones que, a veces, estarán directamente ligadas a la acción:

> Pero aun aquí, en Tíbur, el súbito resoplar de un ciervo entre el follaje basta para que se agite en mí un instinto más antiguo que todos los demás, gracias al cual me siento tanto onza como emperador. ¿Quién sabe? Si he ahorrado mucha sangre humana, quizá sea porque

derramé la de tantas fieras, que a veces, secretamente, prefería a los hombres. Sea como fuere, la imagen de las fieras me persigue más y más, y tengo que hacer un esfuerzo para no abandonarme a interminables relatos de montería que pondrían a prueba la paciencia de mis invitados durante la velada.

> *Memorias de Adriano*
> Marguerite Yourcenar

Otras veces, sin embargo, las reflexiones pueden ser más complejas, de corte casi filosófico, y con una relación más indirecta con la acción:

Todavía me desconcierta la extensión del olvido, la magnitud de todo lo que he ignorado no ya sobre los otros, vivos y muertos, sino sobre mí mismo, sobre mi cara y mi voz en el pasado lejano, en los días finales de la primera mitad de mi vida, cuando me creía, acobardado y temerario, en las vísperas acuciantes de un porvenir que era falso y que también se ha extinguido. Pero ahora imagino cautelosamente el privilegio de inventarme recuerdos que debiera haber poseído y que no supe adquirir o guardar, cegado por el error, por la torpeza, por la inexperiencia, por una aniquiladora voluntad de desdicha abastecida de excusas y hasta de fulgurantes razones por el prestigio literario de la pasión.

> *El jinete polaco*
> Antonio Muñoz Molina

También hay ocasiones, por otro lado, en que el narrador en primera persona prefiere retirarse y dejar que sea el personaje, en aquella situación que se está narrando, quien reflexione con sus propias palabras. De hecho, un juego muy frecuente suele ser el de jugar con los dos tipos de reflexión: las que hacía el personaje en el momento que se narra y las que hace ahora el personaje narrador, con la experiencia acumulada. Podemos ver un ejemplo de cómo el narrador se retira y se limita a plasmar las reflexiones del personaje:

> Cuando me quedé solo me puse a pensar las cosas. Me pregunté: «¿Voy a ver a ese médico, en secreto, y delato a estos sinvergüenzas? No, eso no saldría bien. Podría decir quién se lo había dicho y entonces el rey y el duque se encargarían de mí. ¿Iré a decírselo en secreto a Mary Jane? No… No me atrevo. Seguro que lo revelaría con algún gesto; ellos ya tienen el dinero y se largarían con él. Si fuera en busca de ayuda, seguro que me encontraría metido en el asunto. No, no hay más que una forma. Tengo que robar ese dinero como pueda y de forma que no sospechen de mí. Aquí han encontrado un buen filón y no van a irse hasta que le hayan sacado a esta familia y a este pueblo todo lo que puedan, así que tengo tiempo suficiente para encontrar una solución. Voy a robarlo y a esconderlo y después, cuando esté río abajo, escribiré una carta y le diré a Mary Jane donde está escondido».

> *Las aventuras de Huckleberry Finn*
> Mark Twain

Las reflexiones como vemos pueden ser útiles a la hora de preparar la verosimilitud y desarrollar los cambios y decisiones de los personajes, colaborando de esa manera también al desarrollo de la acción.

Los narradores externos —recordemos el capítulo tercero— también reflexionan. Dependiendo del punto de vista, puede ser una cuestión delicada, pues los lectores podrían sentirse algo manipulados si sienten que se les dice lo que tienen que pensar acerca de la situación. Pero bien empleada puede ser un recurso muy eficaz:

> Don Leonardo Meléndez le debe seis mil duros a Segundo Segura, el limpia. El limpia, que es un grullo, que es igual a un grullo raquítico y entumecido, estuvo ahorrando durante un montón de años para después prestárselo todo a don Leonardo. Le está bien empleado lo que le pasa.

La colmena
Camilo José Cela

Aparte de que, en todo momento, el narrador, al describir, es todo menos neutral y califica sin tregua a sus personajes, tampoco duda a la hora de reflexionar sobre ellos: «Le está bien empleado lo que le pasa». Se ha dicho que el narrador de *La colmena* incorpora a su discurso las opiniones de la gente, incluso que es un personaje aunque no acabe de aparecer en la novela, aunque normalmente lo consideraríamos un narrador externo que acostumbra a opinar. Es más habitual que los narradores externos se limiten a dejar que sus personajes reflexionen y a darnos cuenta de dichas reflexiones. A veces, este narrador procederá como ya hemos visto, retirándose para dejar paso a la voz del personaje:

> De tal manera y por tan buenos términos iba prosiguiendo en su plática don Quijote, que obligó a que por

entonces ninguno de los que escuchándole estaban le tuviese por loco, antes, como todos los más eran caballeros, a quien son anejas las armas, le escuchaban de muy buena gana; y él prosiguió diciendo:

—Digo, pues, que los trabajos del estudiante son estos: principalmente pobreza, no porque todos sean pobres, sino por poner este caso en todo el estremo que pueda ser; y en haber dicho que padece pobreza me parece que no había que decir más de su mala ventura, porque quien es pobre no tiene cosa buena. Esta pobreza la padece por sus partes, ya en hambre, ya en frío, ya en desnudez, ya en todo junto; pero, con todo eso, no es tanta, que no coma, aunque sea un poco más tarde de lo que se usa, aunque sea de las sobras de los ricos, que es la mayor miseria del estudiante este que entre ellos llaman «andar a la sopa»; y no les falta algún ajeno brasero o chimenea, que, si no calienta, al menos entibie su frío, y, en fin, la noche duermen debajo de cubierta. No quiero llegar a otras menudencias, […] Pero contrapuestos y comparados sus trabajos con los del mílite guerrero, se quedan muy atrás en todo, como ahora diré.

Don Quijote de la Mancha
Miguel de Cervantes

Otras veces las reflexiones serán más íntimas, igualmente ligadas al personaje y a su conflicto, pero formuladas por el personaje para sí mismo:

«Después de todo», pensó, levantándose y yendo a la ventana, «nada ha cambiado. La casa, el jardín, son precisamente lo que eran. No han movido una silla, no han vendido un adorno. Ahí están los mismos senderos, el mismo césped, los mismos árboles y el mismo estanque, donde viven, lo juraría, las mismas carpas. Es verdad que ahora ocupa el trono la Reina Victoria y no la Reina Isabel, pero qué diferencia…».

Orlando
Virginia Woolf

O interpretadas por el narrador e integradas en su discurso, dando cuenta de ellas con su propia voz en estilo indirecto:

Esa exclamación fue brusca, como digo, pero fue también perfectamente calculada. El doctor se había llevado una cierta decepción al no encontrar a su compacta y bonancible anfitriona rodeada, en grado más visible, de los estragos de la inmoralidad de Morris Townsend; pero en su fuero interno se había dicho que no era porque él se los hubiera ahorrado, sino porque ella había sabido vendarse las heridas. Allí estaban, doliendo, tras la estufa barnizada, las láminas festoneadas, bajo su menudo y pulcro seno de popelín; y con que él atinase a tocar el punto sensible, ella haría un movimiento que la traicionaría.

Washington Square
Henry James

Igualmente, el narrador puede incorporarlas a su discurso empleando el estilo indirecto libre en el que su voz se funde con la del personaje, al permitir que los sentimientos de este se apoderen del discurso:

Antoinette hizo una mueca, «sucia inglesa», y tendió hacia la pared sus débiles puños crispados. Sucios, egoístas, hipócritas, todos, todos… Les daba exactamente igual que ella se ahogara de tanto llorar en medio de la noche, que se sintiera miserable y sola como un perro extraviado.

Nadie la quería, ni una sola alma en el mundo…, los muy ciegos e imbéciles no veían que ella era mil veces más inteligente, más refinada, más profunda que toda esa gente que osaba criarla y educarla. Nuevos ricos groseros e incultos. ¡Ah!, cómo se había reído de ellos durante toda la velada y ellos no se habían dado cuenta, naturalmente. Podía llorar o reír delante de sus narices y ellos no se dignarían a mirarla. Claro, una niña de catorce años, una chiquilla, es algo despreciable y vil como un perro. Pero ¿con qué derecho la enviaban a acostarse, la castigaban, la injuriaban? «¡Ah!, ojalá se murieran».

El baile
Irène Némirovsky

O incluso servirlas «en crudo» al lector, mediante la reproducción del fluir de la conciencia del personaje:

No creo que exista el diablo pero el Jaguar me hace dudar a veces. Él dice que no cree, pero es mentira, pura pose. Se vio cuando le pegó a Arróspide por hablar mal de Santa Rosa. «Mi madre era devota de Santa Rosa y hablar mal de ella es como hablar mal de mi madre», pura pose. El diablo debe tener la cara del Jaguar, su misma risa y además los cachos puntiagudos. Vienen a llevarse a Cava, dijo, ya descubrieron todo. Y se puso a reír mientras el Rulos y yo perdíamos el habla y se nos venían los muñecos. ¿Cómo adivinó?

La ciudad y los perros
Mario Vargas Llosa

Las reflexiones son esenciales a la hora de dar profundidad a la acción y a los personajes y, aunque su abundancia o escasez, así como su hondura y longitud, dependerán en buena medida del tono y punto de vista, pueden aparecer casi en cualquier momento del texto. A veces, incluso, una reflexión del narrador puede servir para iniciar un texto y así, desde las primeras líneas, apuntar ya al tema de fondo de la novela:

> Momentos semejantes únicamente los viven los jóvenes. No me refiero a los más jóvenes. No. Los más jóvenes, propiamente dichos, no saben lo que significan esos momentos. Se trata de un privilegio de la tierna juventud vivir adelantándose a su tiempo, con la grandiosa continuidad de la esperanza, que no sabe ni de pausas ni de introspecciones.
>
> Uno cierra tras de sí la pequeña verja de la infancia y entra en un jardín encantado. Sus propias sombras resplandecen porque llevan dentro de sí la promesa. Cada vuelta en el camino tiene su lado seductor y no porque se trate de un territorio inexplorado, pues es bien sabido que la humanidad entera ha desfilado por ese lugar. Es el encanto de la experiencia universal a partir de la cual se espera una sensación infrecuente o personal, algo que emana por encima de nuestro propio ser.
>
> *La línea de sombra*
> Joseph Conrad

De igual manera, una reflexión atinada en forma aforística puede contener la esencia del texto, y se puede llegar a escribir toda una novela solo para dejarla caer en el momento exacto de su desenlace:

> El capitán miró a Fermina Daza y vio en sus pestañas los primeros destellos de una escarcha invernal. Luego miró a Florentino Ariza, su dominio invencible, su amor impávido, y lo asustó la sospecha tardía de que es la vida, más que la muerte, la que no tiene límites.
>
> *El amor en los tiempos del cólera*
> Gabriel García Márquez

10.5. La digresión

Hay ocasiones a lo largo de la novela en que algún suceso da pie para que el narrador recuerde otra situación y se lance a contarla o a profundizar en ella, olvidándose aparentemente de la acción principal. Muchas veces serán recuerdos del pasado; otras, proyecciones hacia el futuro. En ocasiones serán situaciones bien escenificadas y en otras reflexiones que divergen de la historia central. En cualquier caso, siempre se conectarán de alguna manera con la acción principal.

La clave es que, aunque en apariencia sean divergentes, existan conexiones con la historia central, tanto en el plano de la acción (es decir, aportando datos que puedan ser útiles a la hora de desarrollar la acción principal o para presentar o desarrollar a los personajes), como en el plano del significado del texto. Veámoslo con algunos ejemplos:

Florentino Ariza, en efecto, estaba sorprendido de los cambios, y lo estaría más al día siguiente, cuando la navegación se hizo más difícil, y se dio cuenta de que el río padre de la Magdalena, uno de los grandes del mundo, era solo una ilusión de la memoria. El capitán samaritano les explicó cómo la deforestación irracional había acabado con el río en cincuenta años: las calderas de los buques habían devorado la selva enmarañada de árboles colosales que Florentino Ariza sintió como una opresión en su primer viaje. Fermina Daza no vería los animales de sus sueños: los cazadores de pieles de las tenerías de Nueva Orleans habían exterminado los caimanes que se hacían los muertos con las fauces abiertas durante horas y horas en los barrancos de la orilla para sorprender a las mariposas, los loros con sus algarabías y los micos con sus gritos de locos se habían ido muriendo a medida que se les acababan las frondas, los manatíes de grandes tetas de madres que amamantaban a sus crías y lloraban con voces de mujer desolada en los playones eran una especie extinguida por las balas blindadas de los cazadores de placer.

El capitán Samaritano les tenía un afecto casi maternal a los manatíes, porque le parecían señoras condenadas por algún extravío de amor, y tenía por cierta la leyenda de que eran las únicas hembras sin machos en el reino animal. Siempre se opuso a que les dispararan desde la borda, como era la costumbre, a pesar de que había leyes que lo prohibían. Un cazador de Carolina del Norte, con su documentación en regla, había desobedecido las órdenes y le había destrozado la cabeza a una madre de manatí con un disparo certero de su Springfield, y la cría había quedado enloquecida de dolor llorando a gritos sobre su cuerpo tendido. El capitán había hecho subir al huérfano para hacerse cargo de él, y dejó al cazador abandonado en el playón desierto junto al cadáver de la madre asesinada. Estuvo seis meses en la cárcel, por protestas diplomáticas, y a punto de perder su licencia de navegante, pero salió dispuesto a repetir lo hecho cuantas veces hubiera ocasión. Sin embargo, aquel había sido un episodio histórico: el manatí huérfano, que creció y vivió muchos años en el parque de animales raros de San Nicolás de las Barrancas, fue el último que se vio en el río.

—Cada vez que paso por ese playón —dijo— le ruego a Dios que aquel gringo se vuelva a embarcar en mi buque, para volver a dejarlo.

El amor en los tiempos del cólera
Gabriel García Márquez

El fragmento ilustra muy bien la manera habilísima en que García Márquez introduce la *digresión*. Empieza en la escena principal, mirándola desde los ojos e impresiones del personaje protagonista, Florentino Ariza. Lo que el personaje ve conduce de forma natural al relato del capitán, que explica lo sucedido con el río. Es decir, desde un elemento presente —la degeneración del río— pasamos a otro que, si bien guarda cierta relación con ellas, nos aleja de la escena y acción principales. Y de ahí, aprovechando que lo que cuenta el capitán lleva hasta los manatíes, el relato se desvía por lo que ya es una digresión en toda regla: la historia del manatí y el gringo y lo que hizo el capitán en aquella oportunidad. Cuenta de todo, como veréis: lo que pasó, las consecuencias, con detalles y de manera muy vívida, y cuando termina vuelve a la escena principal una vez más con maestría, a través de una frase de diálogo que no solo cierra la historia del manatí sino que nos devuelve al momento en que la narración de la misma estaba teniendo lugar: la escena principal.

¿Para qué añadir aquí todo este material? Pues las razones son varias. Por una parte, la decrepitud del río es una excelente metáfora de la decrepitud de los dos protagonistas —Florentino Ariza y Fermina Daza— que se reencuentran cincuenta y tres años despés. Por otro, la historia del manatí huérfano y su dolor, su entidad de animal raro, casi el último de su especie durante muchos años, remite al propio Florentino Ariza, y las alusiones al amor y al dolor abundan en el presupuesto básico de la novela. Pero es que, además, a través de esta digresión el capitán Samaritano, que será un personaje importante en el tramo final de la novela, queda espléndidamente retratado como un hombre sensible y noble, con el valor suficiente para hacer lo que debe sin importarle las consecuencias. En el párrafo siguiente el autor nos cuenta cómo Fermina Daza queda conmovida por la historia y pone al capitán «en un lugar privilegiado de su corazón». Más o menos lo mismo que le ocurre al lector.

Es decir, la digresión, aunque podría aparentar ser una ocurrencia del autor, tiene una función bien clara en la historia —presentar de forma imborrable al capitán Samaritano—, y además está conectada y colabora en el sentido general de la novela, tanto a través de las resonancias metafóricas —el parecido del manatí con Florentino Ariza— como por la utilización de elementos —el amor, el dolor, los estragos del tiempo— que nos remiten al eje central de significado. Sin ella, el texto perdería fuerza y capacidad para conmover.

Podemos verlo, también, en este ejemplo extraído de *El guardián entre el centeno*, una novela que es digresiva desde su propia concepción, pues el narrador está dispuesto a hablarnos de todo menos de lo que en realidad le tiene hecho polvo y motiva su huida. Así, cada una de estas digresiones, aparte de mostrar el aturdimiento del personaje narrador, la maraña de palabras que intenta interponer entre él y sus sentimientos, apunta sutilmente a los temas centrales de la novela: la ausencia, la pérdida, la carencia, lo que no se tiene, la pertenencia y la exclusión, el cambio. De esta forma, con todas las digresiones apuntando, como indicios, a ese agujero negro central de la novela, el lector no solo comprende el dolor del protagonista, sino que lo vive desde la misma impotencia de este para contarlo.

> Mientras me comía los huevos, entraron dos monjas y se sentaron a mi lado en la barra. Supongo que se mudaban de un convento a otro y estaban esperando el tren. No sabían dónde dejar sus maletas que eran de esas baratas como de cartón. Ya sé que no hay que dar importancia a esas cosas, pero no aguanto las maletas baratas. Reconozco que es horrible, pero puedo llegar a odiar a una persona solo porque lleve una maleta de esas. Una vez, cuando estaba en Elkton Hills, tuve por compañero de cuarto una temporada a un tal Dick Slagle. Tenía unas maletas horribles y las escondía debajo de la cama en vez de ponerlas encima de la red para que nadie las comparara con las mías. Aquello me deprimía tanto que hubiera preferido tirar mis maletas o hasta cambiarlas por las suyas. Me las había comprado mi madre en Mark Cross; eran de piel auténtica y supongo que le habían costado una fortuna. Pero la cosa tuvo gracia. No se imaginan lo que ocurrió. Un día las metí debajo de la cama para que no le dieran a Slagle complejo de inferioridad. Pues verán lo que hizo él. Al día siguiente las sacó y volvió a ponerlas en la red. Al final caí en la cuenta de que lo había hecho para que todos creyeran que eran las suyas. De verdad. Para todo ese tipo de cosas Slagle era un tipo rarísimo. Por ejemplo, siempre se estaba metiendo conmigo y diciéndome que tenía unas maletas muy burguesas. Esa era su palabra favorita. Se ve que la había oído o leído en algún sitio.

Todo lo que yo tenía era burgués. Hasta la pluma estilográfica. Me la pedía prestada todo el tiempo, pero decía que era burguesa. Solo fuimos compañeros de cuarto dos meses. Los dos pedimos que nos cambiaran. Y lo más gracioso es que cuando lo hicieron me arrepentí, porque Slagle tenía un sentido del humor estupendo y a veces lo pasábamos muy bien. Y no me sorprendería saber que él también me echó de menos. Al principio, cuando me llamaba burgués y todas esas cosas se notaba que lo decía en broma y no me molestaba. Hasta lo encontraba gracioso. Pero después me di cuenta de que empezaba a decirlo en serio. Lo cierto es que resulta muy difícil compartir la habitación con un tío que tiene unas maletas mucho peores que las tuyas. Lo natural sería que a una persona inteligente y con sentido del humor le importaran un rábano ese tipo de cosas, pero resulta que no es así. Resulta que sí importa. Por eso prefería compartir el cuarto con un cabrón como Stradlater que al menos tenía unas maletas tan caras como las mías.

Pero, como les iba diciendo, las dos monjas se sentaron a desayunar y charlamos un rato.

El guardián entre el centeno
J. D. Salinger

De nuevo un elemento presente en la acción principal, en este caso algo tan nimio como las maletas de cartón que llevan las monjas, impulsa al protagonista narrador a recordar una historia en apariencia desconectada (excepto por el hecho de que en ella también hay maletas), algo que le sucedió hace algún tiempo, con otra persona, en otro lugar; una pequeña historia unida apenas a la historia principal por esas maletas que, sin embargo, y aunque a primera vista pueda no parecerlo, está fuertemente conectada con la trama principal.

Es indudable que esta digresión nos informa sobre el personaje, tanto respecto a su comportamiento de entonces y lo que aquellos sucesos le hacían sentir, como a través de la reflexión que la cierra. Pero además abunda en los temas centrales de la novela, con elementos como esconder las maletas bajo la cama —esconder lo que duele—, que es en el fondo lo que está intentando desesperadamente hacer el personaje; la reacción del otro —su envidia, su intento de negar ante el mundo que él no tiene aquello que querría tener—, muy significativa si pensamos que ahora es el protagonista el que está en la situación de carencia; el echar de menos al compañero una vez que se cambian de cuarto —echar de menos es lo que más hace Holden Caulfield, el protagonista, durante la novela—; el mero hecho de que el elemento central sean unas maletas, algo que a fin de cuentas sirve para marcharse, para cambiar de lugar; o ese debate sobre ser o no burgués que apunta a la pertenencia y la identidad, que son también temas clave de la adolescencia que, a fin de cuentas, es de lo que habla, de forma metafórica, la novela.

Al final, cuando el personaje termina su digresión y la cierra con la reflexión que ese recuerdo invoca, volvemos a la escena principal para continuar con nuestra historia. Para ello, Salinger ha dejado allí a dos monjas sentadas en la barra de una cafetería, una imagen del todo visible que permite que el lector recupere esa escena sin ninguna dificultad en cuanto se le menciona, a pesar de haber estado un buen rato en otro escenario (el de la digresión) y preocupado por otros asuntos.

Por último, mencionaremos un tipo de digresión tal vez menos artístico en sus intenciones, pero de gran utilidad a la hora de poner al lector en antecedentes o darle información que necesita para la cabal comprensión de la historia que se le está contando. Podemos llamarla *digresión informativa*:

> Un prefecto es el jefe de una sección compuesta por treinta niños que viven en calles y en callejones próximos entre sí. Cada sección lleva el nombre de un santo, cuya imagen aparece pintada en un escudo que está en lo alto de una vara que se pone junto al asiento del prefecto. El prefecto y su ayudante observan las faltas de asistencia y nos vigilan para poder darnos un capón si nos reímos durante la Exposición o cometemos algún otro sacrilegio. Si faltas una noche, el hombre de la oficina te pregunta por qué, te pregunta si te estás distanciando de la Cofradía, o puede decir al otro hombre de la oficina: «Creo que este amiguito nuestro ha aceptado la sopa». Esto es lo peor que se puede decir a cualquier católico de Limerick o de cualquier parte de Irlanda, por lo que pasó en la Gran Hambre.
>
> *Las cenizas de Ángela*
> Frank McCourt

El narrador en primera persona nos está contando su ingreso en la Cofradía y las normas a las que tuvo que adaptarse, pero además nos da otra información de naturaleza claramente digresiva: «Un prefecto es el jefe de una sección compuesta por treinta niños que viven en calles y en callejones próximos entre sí. Cada sección lleva el nombre de un santo, cuya imagen aparece pintada en un escudo que está en lo alto de una vara que se pone junto al asiento del prefecto». Por supuesto este tipo de digresiones informativas, están imbricadas con frases que hacen que la historia avance y cabe destacar la habilidad con la que McCourt emplea un «tono mixto» que le permite seguir suministrando datos mientras ya ha puesto en movimiento la acción —«El prefecto y su ayudante observan las faltas de asistencia y nos vigilan […] o puede decir al otro hombre de la oficina: "Creo que este amiguito nuestro ha aceptado la sopa"»—, e incorporar comentarios que están a medio camino entre la información y la opinión: «Esto es lo peor que se puede decir a cualquier católico de Limerick o de cualquier parte de Irlanda, por lo que pasó en la Gran Hambre». Una digresión informativa demasiado larga puede sacar al lector de la historia y desenfocar su interés; por eso conviene integrarla con la acción, de forma que esta no llegue a detenerse mientras, una frase aquí, un párrafo corto allá, vamos deslizando los datos que nos interesan.

Estimar la cantidad de información que necesitaremos para que el lector comprenda nuestra historia (y pueda conmoverse con ella) y distribuirla (a veces en digresiones, otras colando los datos al describir, en las reflexiones o en la propia acción, en algún caso incluso omitiéndolos pero ingeniándoselas para que el lector pueda deducirlos) es una de las mayores dificultades, y también una de las principales habilidades que debe adquirir un escritor.

10.6. EL ANÁLISIS O DISECCIÓN

El *análisis*, si bien está íntimamente ligado tanto a la descripción como a la reflexión, merece un capítulo aparte. Podría definirse como una narración descriptiva y reflexiva, expandiendo el término descripción hasta abarcar la situación completa, cada uno de los gestos y sentimientos de los personajes, el significado profundo de lo que dicen, hacen, piensan o sienten. El narrador cuenta lo que ocurre en la novela, sí; pero al tiempo lo analiza, lo desmenuza, lo disecciona con bisturí de buen cirujano y piensa sobre ello, hasta extraerle todo su significado. Tal como pretende Marcel Proust en su monumental *En busca del tiempo perdido*, del primero de cuyos tomos extraemos el siguiente ejemplo:

Pero mi abuela, si el calor excesivo cesaba, si había tormenta o solo un chubasco, iba a pedirme que saliera. Y como yo no quería renunciar a mi lectura, me marchaba a continuarla al jardín, debajo del castaño, a una casilla de esparto y tela en cuyas honduras me sentaba y me creía oculto a los ojos de las visitas que pudieran tener mis padres.

¿Y acaso no era también mi pensamiento un refugio en cuyo hondo me estaba yo bien metido, hasta para mirar lo que pasaba fuera? Cuando veía yo un objeto externo la conciencia de que le estaba viendo flotaba entre él y yo, y le ceñía de una leve orla espiritual que no me dejaba llegar nunca a tocar directamente su materia; se volatilizaba en cierto modo antes de que entrara en contacto con ella, lo mismo que un cuerpo incandescente al acercarle a un objeto mojado no llega a tocar su humedad, porque siempre va precedido de una zona de evaporación. En aquella especie de pantalla coloreada por diversos estados que, mientras yo leía, iba desplegando simultáneamente mi conciencia, y cuya escala empezaba en las aspiraciones más hondamente ocultas en mi interior y acababa en la visión totalmente externa del horizonte que tenía al final del jardín, delante de los ojos, lo primero y más íntimo que yo sentía, el fuerte puño, siempre activo, que gobernaba todo lo demás, era mi creencia en la riqueza filosófica y la belleza del libro que estaba leyendo y mi deseo de apropiármelas, de cualquier libro que se tratara.

Por el camino de Swann
Marcel Proust

La situación que se narra es la de un niño que sale a leer al jardín, un chico apasionado por los libros. Sin embargo, y aunque lo que sucede queda perfectamente descrito, toda la atención del narrador está puesta en comprender hasta sus mínimos detalles las emociones y convicciones que movían a ese niño, sus sentimientos, sus deseos. Para ello, reflexiona, describe y compara, razona y profundiza en cada emoción, en cada pensamiento, sin perder nunca de vista del todo la situación principal. Proust pone al servicio de su análisis todos los recursos del escritor genial que era: traza escenas y diálogos, se pregunta y trata de responderse, describe con minuciosidad, se deja arrastrar a digresiones o pone la lupa de aumento sobre cada pequeño detalle y se lanza a reflexionar. Esto es lo que hace a lo largo de los siete tomos de *En busca del tiempo perdido*. Claro que no todo narrador tiene por qué exhibir esa riqueza expresiva, ni un vocabulario hermoso, ni hacerse preguntas de gran calado filosófico o psicológico, ni ser tan lúcido. Puede incluso tener mucho peligro:

Lennie apretó los dientes para no gritar; casi me dio pena. Es cierto, sentí verdadera pena por él, pero al cabo de un rato habían cambiado mis sentimientos. Supongo que porque yo soy así. Empiezo por sentir lástima de alguien, de Rose, por ejemplo, y hasta de Myra y tío John, o… bueno, de mucha gente; pasado el tiempo se me parecía mejor no haber sentido lástima de ellos. Mejor para ellos, por supuesto. A mí me parece que es bastante normal, ¿no? Porque cuando te apenas por alguien quieres ayudarle, y cuando se te mete en la cabeza que no puedes, que hay demasiados para ayudar, que dondequiera que miras te sale uno nuevo, millones nuevos, y que eres el único hombre y que nadie más se preocupa y… y…

1280 almas
Jim Thompson

10.7. Todo a la vez

Hemos visto a lo largo de este manual una serie de recursos que nos permiten componer un texto narrativo. Están, claro, los que priman la acción y nos permiten visualizar las escenas y hacen que, como lectores, nos traslademos allí, al mundo de los personajes, y podamos seguir sus movimientos y peripecias. Esta será la función principal de las escenas y de esos pasajes narrativos en los que se mantiene la unidad de acción, pero en los que pueden producirse cambios en el espacio y saltos y aceleraciones en el tiempo, que hemos llamado secuencias literarias. Y de buena parte de los resúmenes y hasta de las elipsis —cuyo no contar está, normalmente, al servicio de dar presencia a las partes más importantes de la trama—. Asimismo, buena parte de las descripciones, sobre todo aquellas que estén más ligadas a situaciones concretas, estarán también al servicio de la acción. Todos estos recursos son adecuados también para ir profundizando en el sentido del texto y, por ejemplo, la selección de escenas o de detalles ambientales es una excelente manera de trabajarlo.

Por otro lado, hay una serie de recursos que, aunque suelen también aportar datos clave sobre los personajes y sus conflictos, por lo general ahondan en la parte menos visible de la historia, en su significado, en lo que está dentro de las cabezas de los personajes y del narrador, en sus emociones, en ese mundo de las ideas y los sentimientos que también es parte de la literatura y de la mayoría de las novelas. Como hemos visto con detalle en el presente capítulo, la reflexión, muchas digresiones, y por supuesto el análisis, son las herramientas que nos permiten explorar ese territorio.

Esto no quiere decir, por supuesto, que emplearlos sea pertinente en cualquier clase o género de historia. Pero ahí están, indicándonos el modo de hacerlo, si resulta necesario. Todos son recursos a disposición del narrador, como lo serían a la hora de pintar un cuadro los colores en la paleta de un pintor. Podemos usar cada uno por separado y hacer aquí una escena más o menos pura, a la que siga una reflexión bastante estándar, para pasar luego a otra escena. Sin embargo, lo más normal será mezclarlo todo, igual que un pintor mezcla los colores en su paleta. Así, en muchos textos, las escenas avanzarán con sus diálogos, gestos y acciones entre descripciones más o menos pegadas a la acción, atravesadas de pequeñas reflexiones y digresiones que aparecen aquí y allá, para detenerse a veces en un análisis, o acelerarse otras en una acción desbocada o en un pequeño resumen. Todo este juego en el que miraremos alternativamente lo que sucede fuera —en el mundo de las acciones— y dentro —en el de las ideas y sentimientos—, en el que combinaremos un lenguaje visual con otro de corte más abstracto, nos dará, en función de su particular equilibrio, el estilo y el ritmo narrativo, la atmósfera y, en buena medida, el tono —que como veremos en el siguiente capítulo emanará principalmente del sentimiento básico desde el que cuente el narrador, pero requerirá de cierta combinación de recursos para ser eficazmente comunicado—. Sin estos recursos, por tanto, un escritor verá limitadas las posibilidades expresivas de sus historias. Para ilustrar este juego de recursos combinados en un solo párrafo, veamos un último ejemplo:

> —¡En las lanchas pequeñas siempre se tiene la sensación de correr más! —dijo Dickie a gritos.
>
> Tom movió la cabeza asintiendo, dejando que su sonrisa hablase por él. En realidad, estaba aterrorizado. Solo Dios sabía la profundidad del mar por aquellos parajes. Si algo le sucedía a la lancha de repente, no habría forma humana de regresar al puerto, al menos no para él. Aunque tampoco había ninguna posibilidad de que nadie les viese allí. Dickie volvía a virar la lancha ligeramente hacia estribor, poniendo proa hacia la alargada lengua de tierra gris, pero hubiese podido golpear a Dickie, saltar sobre él, incluso besarle, o lanzarlo por la borda, sin que nadie se diese cuenta a causa de la distancia. Tom sudaba, sentía arder su cuerpo bajo la ropa, pero tenía la frente helada. Estaba aterrorizado, pero no por el mar, sino por Dickie. Sabía que iba a hacerlo, que ya nada podía detenerle, ni siquiera él mismo, y que tal vez no lo lograría.

El talento de Mr. Ripley
Patricia Highsmith

11

EL PAPEL DE LAS EMOCIONES.
LA MENTE RACIONAL, EL CUERPO
Y EL CORAZÓN

Mariana Torres

> *No se trata de lo que ocurre en una página,*
> *se trata de lo que ocurre en el corazón y en la mente del lector.*
>
> Gordon Lish

Imaginemos la siguiente situación: son las tres de la madrugada y acaban de llamar a la puerta. No hay nadie más en casa. Os despierta el timbre que, insistente, suena por segunda vez. Os levantáis y camináis lentamente hacia la puerta, intentando ser silenciosos; queréis acercaros a la mirilla sin ser descubiertos… En ese breve lapso a todo vuestro cuerpo le ha dado tiempo a reaccionar frente a algo que presupone una amenaza: el cerebro ordena a los músculos que se tensen, aumenta la presión sanguínea y se ensanchan las venas; le dice al estómago y a los riñones que dejen de trabajar, a los capilares que se contraigan para minimizar la pérdida de sangre en el caso de heridas, a las glándulas del sudor que se abran porque la temperatura corporal ha aumentado… Vuestro cuerpo entero se prepara para la lucha, y para el cerebro lo mismo da que en la puerta espere un vecino que se ha confundido de timbre, vuestro hijo que ha perdido las llaves o una jauría de leones hambrientos.

Es decir, el cuerpo cambia como respuesta a todo ese torrente de pensamientos. Y si toda esta larga lista de reacciones químicas sucede porque el cerebro reacciona a un pensamiento, ¿qué es lo que ocurre cuando estamos inmersos en una buena historia? Pensad en algún recuerdo intenso, algo que realmente os haya atravesado lo bastante como para recordarlo en detalle, algo que incluso vuestra piel pueda volver a sentir. ¿No es cierto que vuestro cerebro es capaz de volver a reproducirlo, y con él las mismas emociones? Seguramente os ocurrirá lo mismo si el pasaje de una novela os hace revivir esa emoción. Y eso se produce en vuestra piel, no en la de los personajes de la novela.

El mago e ilusionista profesional Marco Tempest, lo explica así: «El arte es un engaño que crea emociones reales, una mentira que crea una verdad».

Porque puede ser que vuestras novelas sean ficción, que vuestros personajes hayan nacido de la imaginación y vuestras tramas sean puro ingenio inteligentemente armado; pero las emociones que están detrás de todo ese andamio son reales.

11.1. LA MENTE RACIONAL, EL CUERPO Y EL CORAZÓN

Con los buenos pasajes nos emocionamos: tenemos miedo o nos entran ganas de llorar, se nos acelera el corazón o se nos hace un nudo en la garganta. Todo eso ocurre en nuestro cuerpo. No darle al cuerpo, por tanto, un papel importante en el juego de las emociones y los pensamientos podría tratarse de una equivocación. Una persona es un cuerpo que se mueve, piensa y se emociona. Nos componemos de tres elementos: el físico, el racional y el emocional. Vamos a situar estos tres elementos —solo para entendernos mejor y poder hablar de ello— en el cuerpo, la mente y el corazón.

Si las personas tenemos esta triple composición, cabe suponer que los personajes literarios, en tanto representación de personas, también. Y serán las experiencias —sensoriales, intelectuales, afectivas— del escritor las que ayuden a tender el puente entre personaje y lector.

Vamos a acercarnos primero a dos aspectos concretos de esa mente que piensa y que, de alguna forma, dirige el juego. El primer aspecto serán los sueños, donde las situaciones se suceden sin control y sin ningún tipo de objetivo: no organizamos qué vamos a soñar cada noche. Es el mismo tipo de ausencia de control que subyace en muchos procesos creativos. Así lo describe Isak Dinesen en *Memorias de África*:

> El placer del verdadero soñador no reside en la sustancia de su sueño, sino en esto: que las cosas ocurren sin ninguna interferencia por su parte y, además, completamente fuera de su control. Grandes paisajes creados por sí mismos, grandes y espléndidas vistas, ricos y delicados colores, caminos, casas que nunca ha visto y de las que nunca ha oído hablar. Aparecen extraños y son amigos o enemigos, aunque la persona que sueña no haya hecho nunca nada por ellos.
>
> *Memorias de África*
> Isak Dinesen

En los sueños la mente que piensa no desaparece: está presente, mezclando recuerdos con situaciones cercanas, asociaciones subconscientes y experiencias lejanas. En el momento del sueño, y sin que nos demos cuenta, construimos ese espacio de creación libre donde nuestro cuerpo siente las historias que está construyendo de una manera muy parecida a la que sentiría si estuviéramos despiertos. Esta misma capacidad de recrear la realidad sensorial que tenemos en los sueños no nos abandona al despertar. Por eso podemos meternos tanto en una historia donde la realidad sensorial esté bien recreada, y por eso podemos, a su vez, recrearla con la escritura.

El segundo aspecto es el proceso de traducir el mundo en palabras. O, más bien, etiquetas. El cuerpo tiene una experiencia concreta y, milésimas de segundos después, entra en juego el cerebro: esto es una «flor», esto es una flor «bonita y delicada», que denota «buen gusto». O por el contrario: esto es una «flor», esto es una flor «horrible», es una flor de lo más «cursi», quien la use para decorar su mesa será una persona «hortera».

Las primeras etiquetas que coloca nuestro cerebro sobre las percepciones suelen servir para asignar nombres o situarnos en el mundo. De hecho nos asustaríamos muchísimo si nos cruzáramos con algo que nuestro cerebro no fuera capaz de etiquetar, y empezaríamos por intentar describirlo a partir de referencias conocidas: esto es algo mitad «flor» y mitad «zarigüeya», pero qué «cosa» más «extraña».

Las segundas, terceras y cuartas etiquetas están relacionadas con sensaciones y emociones. La «flor» que estamos percibiendo podemos sentirla «áspera» o «mojada» o «maloliente». A su vez, esta carga de sensaciones físicas nos generará un juicio de valor y el cerebro colocará esas sensaciones en sus correspondientes cajas acostumbradas: «qué asco, una flor maloliente, quiero alejarme de ella».

Fijémonos especialmente en estas etiquetas que implican un juicio de valor, las que han venido a aparecer justo después de la emoción. «Una flor maloliente, qué asco, quiero alejarme de ella». ¿Qué hubiera ocurrido si el narrador que explora esa sensación de percibir la flor se hubiera quedado en la segunda etiqueta, es decir, en «una flor maloliente»? Sería el lector el que deduciría «qué asco», o tal vez «qué curioso». Cuanto más lejos vayamos en el proceso de etiquetado, más corremos el riesgo de alejarnos de la emoción del lector.

Esto mismo puede servirnos para provocar emociones que no tienen, a simple vista, que ser «las habituales». Lo explica muy bien Ray Bradbury al hablar de cómo viven los niños ciertas experiencias:

> Hace unos años me divirtió y me dejó un tanto perplejo un artículo donde un crítico, analizando *El vino del estío* y las más realistas obras de Sinclair Lewis, se preguntaba cómo yo había podido nacer y criarme en Waukegan, que en mi novela había rebautizado Green Town, y no me había fijado en qué feo era el puerto, y qué deprimentes los depósitos de carbón y los talleres ferroviarios de más abajo.
>
> Pero por supuesto que yo me había fijado; y, genéticamente mago como era, me fascinaba esa belleza. Ni los trenes ni los furgones ni el olor del carbón son feos para los niños. Fealdad es un concepto con el cual nos cruzamos más tarde y que luego siempre tenemos en cuenta.

Zen en el arte de escribir
Ray Bradbury

Ahí lo tenemos: «fealdad es un concepto con el cual nos cruzamos más tarde». El niño que era Bradbury no se había fijado en lo «feo» que era el puerto, al contrario, se había fijado en su belleza, había vivido la maravilla que para él representaban esas montañas de depósito de carbón y esos talleres ferroviarios. A medida que nos hacemos adultos nuestro cerebro se va llenando de etiquetas para denominar lo que nos rodea. Los niños pequeños son tan buenos contadores de historias porque tienen esa mirada no desgastada que permite hacer poesía hasta de una escalera mecánica.

11.2. EL MUNDO EMOCIONAL DE LOS PERSONAJES

Hemos dicho que los personajes son una representación de las personas; por ello su cuerpo físico, sus emociones y su mente racional —o los equivalentes en cada caso—, tienen su importancia. Serán los diferentes niveles de complejidad en cada uno de los tres elementos lo que nos dará como resultado un personaje *plano* o un personaje *redondo*:

> Una de las grandes ventajas de los personajes planos es que se les reconoce fácilmente cuando quiera que aparecen. Son reconocidos por el ojo emocional del lector, no por el ojo visual que meramente toma nota de las recurrencias de un nombre propio.

> «Personajes planos y personajes redondos», en
> *Aspectos de la novela*
> Edward Morgan Forster

Hay personajes tan someramente dibujados que no son más que una emoción puesta en movimiento. Aun así, para llegar a los niveles superiores de complejidad que tienen los personajes de peso en las novelas, es probable que necesiten un cuerpo.

11.2.1. El cuerpo de los personajes

Es a través de ese cuerpo que el personaje entra en contacto con el mundo: es necesario que escuche, saboree, huela, vea y toque… Y no solamente es el mundo exterior el que le envía información, sino que también su mundo interior lo hace, en distintos grados.

> A la puerta del cementerio, una apisonadora iba y venía repiqueteando por el camino recién asfaltado. Despedía un olor a grasa chamuscada, vapor y pintura caliente. Jimmy Herf andaba por el borde del camino. Las piedras le lastimaban los pies, clavándose en las suelas gastadas de sus zapatos. Se rozaba al pasar con obreros de tez curtida, que olían a ajo y a sudor. A los cien metros se paró. Sobre la carretera gris bordeada por los postes y alambres del telégrafo, sobre las casas grises, semejantes a cajas de cartón, y sobre los mellados solares de los marmolistas, el cielo tenía un color de huevo de petirrojo. Los gusanos se retorcían en su propia sangre. Jimmy se arrancó la corbata negra y se la metió en el bolsillo. Una canción zumbaba locamente en su cabeza.
>
> *Manhattan Transfer*
> John Dos Passos

En este fragmento podemos ver cómo el mundo exterior envía información al personaje, que la recibe, siente, juzga, a la vez que reacciona ante ella. Es ya en las últimas líneas donde se manifiesta el otro mundo, el que envía información al personaje desde su interior, con esa canción que zumba «locamente» en su cabeza. Vamos a analizar el cuerpo de los personajes desde dos ángulos: el de los sentidos (cuerpo sensorial), y el del movimiento (cuerpo físico).

11.2.1.1. El cuerpo sensorial

No es lo mismo el sabor de una onza de chocolate que leer, en un texto, a qué sabe el chocolate. Si alguien que no ha probado el chocolate nos preguntara, podríamos cansarnos de intentar describirlo (es dulce, pero un poco amargo, se deshace en la boca, es marrón o negro, sabe como a cacao…) pero nunca lograremos conseguir que nuestra descripción pueda sustituir a la experiencia. Las sensaciones que le produce Heime a la protagonista de este cuento de Carson McCullers llegan del exterior al cuerpo del personaje, a través de los sentidos del olfato y de la vista:

> Heime parecía oler siempre a pantalones de pana, a la comida que había tomado y a resina. Casi siempre, también, tenía las manos sucias alrededor de los nudillos y los puños de la camisa le salían grisáceos por las mangas del jersey. Ella le miraba siempre las manos cuando tocaba: flacas solamente en las articulaciones, con duras burbujitas de carne rebosando encima de las uñas raspadas, y el pliegue, tan niño, que se le notaba en la muñeca arqueada.

«Wunderkind»
Carson McCullers

Otro tipo de sensaciones que se pueden manifestar gracias a la combinación de varios sentidos, y no siempre fáciles de describir, llegan al personaje no del mundo exterior sino del interior de su propio cuerpo:

> Poco a poco sintió, al estar asomada a la ventana, que una extraordinaria titilación y vibración le recorría todo el cuerpo, como si la integraran miles de alambres en los que alguna brisa o unos dedos errantes estuvieran haciendo escalas. A veces los dedos del pie le hormigueaban; a veces la médula. Tenía sensaciones rarísimas en el fémur. Sus pelos parecían eréctiles. Sus brazos vibraban y zumbaban como vibrarían y zumbarían los alambres telegráficos, veinte años después. Pero toda esa agitación acabó por concentrarse en sus manos; y luego en una mano, luego en un anillo de sensibilidad temblorosa alrededor del dedo segundo de la mano izquierda.
>
> *Orlando*
> Virginia Woolf

Vamos a ver ahora un ejemplo donde el narrador está empezando a tejer una red de sensaciones, focalizadas en esta ocasión en el tacto y el olfato:

> Cada vez estamos más sucios, y nuestra ropa también. Vamos sacando ropa limpia de nuestra maleta debajo del banco, pero pronto ya no nos queda ropa limpia. La que llevamos se va rompiendo, nuestros zapatos se gastan y se agujerean. […] La planta de los pies se nos endurece, ya no notamos las espinas ni las piedras. La piel se nos pone morena, llevamos las piernas y los brazos cubiertos de arañazos, de cortes, de costras, de

picaduras de insecto. Las uñas, que no nos cortamos nunca, se nos rompen; el pelo, casi blanco a causa del sol, nos llega hasta los hombros.

La letrina está al fondo del jardín. Nunca hay papel. Nos limpiamos con las hojas más grandes de indeterminadas plantas.

Ahora tenemos un olor mezcla de estiércol, pescado, hierba, setas, humo, leche, queso, barro, porquería, tierra, sudor, orina y moho.

Ahora olemos mal, como la abuela.

El gran cuaderno
Agota Kristof

Además de plagar el texto de sensaciones —desde esa planta endurecida de los pies a las *indeterminadas* plantas—, el narrador aprovecha para mostrar el paso del tiempo a través del deterioro de la ropa de los gemelos, del pelo y las uñas que crecen. ¿Y qué ocurre con los olores cuando pasa el tiempo? Pues exactamente lo que cuenta el fragmento: se mezclan. El narrador trabaja por acumulación hasta permitirse, solo al final, clasificar esa sensación olfativa de una forma tan abstracta como «mal».

11.2.1.2. El cuerpo físico

Por otra parte, los personajes actúan y se mueven, exhiben gestos, realizan acciones. A la hora de retratar bien a un personaje, como vimos en el capítulo cuatro, esas acciones siempre tendrán más peso que las palabras. Si un personaje no está expresando con todo su cuerpo que realmente ama a la chica, por mucho que le regale flores y cn un diálogo le prometa amor eterno, no nos lo vamos a creer. Tendremos un problema de verosimilitud si, de repente, un personaje parece sentir algo que no debería sentir, que no encaja con su personalidad.

El narrador del siguiente ejemplo describe su cuerpo —totalmente colmado después de una cena abundante— en tercera persona, como si fuera algo separado de él:

> Todavía el anciano hacía crujir la escalera de madera con sus pasos pesados, cuando yo ya me sentía solo con mi cuerpo. Él —mi cuerpo— había atraído hacia sí todas aquellas comidas y todo aquel alcohol como un animal tragando a otros; y ahora tendría que luchar con ellos toda la noche. Lo desnudé completamente y lo hice pasear descalzo por la habitación. Enseguida de acostarme quise saber qué cosa estaba haciendo yo con mi vida en aquellos días; recibí de la memoria algunos acontecimientos de los días anteriores, y pensé en personas que estaban muy lejos de allí. Después empecé a deslizarme con tristeza y con cierta impudicia por algo que era como las tripas del silencio.

«El balcón»
Felisberto Hernández

Empezando por lo sensorial y lo físico, se conduce hasta una descripción abstracta sobre el pasado. Incluso habla de «deslizarse con tristeza» en algo tan poco tangible como las «tripas del silencio». Pero aun así comienza en un cuerpo, con un tipo de movimiento, en un ambiente concreto —imaginamos la cama fría en la que se introduce para dormir—; esa combinación de elementos sostiene ese cuerpo físico que, a su vez, contiene la emoción.

11.2.2. LAS EMOCIONES Y LOS SENTIMIENTOS DE LOS PERSONAJES: EL CORAZÓN

Por mucho que tenga un cuerpo que se mueva en un escenario, si un personaje no manifiesta emoción —aunque sea mediante la ausencia de la misma—, no será un personaje con el que podamos sentirnos identificados. El segundo elemento, pues, lo componen las emociones y los sentimientos, todo aquello que hemos venido a situar dentro del corazón. A efectos prácticos vamos a ejemplificar este apartado con una selección de fragmentos que apuntan a sentimientos muy concretos y universalmente reconocibles: el amor, el miedo, la tristeza, la angustia, la envidia y la impotencia.

—El amor

Amor, en este caso, de una niña por su padre. Se trata de las primeras líneas de la novela *Primavera sombría*, de Unica Zürn:

> Su padre es el primer hombre que conoce ella: una voz grave, unas cejas pobladas, bellamente arqueadas sobre unos ojos negros y risueños. Una barba que la pincha cuando él le da un beso. Olor a humo de cigarrillos, cuero y agua de colonia. Sus botas crujen, su voz es fosca y cálida. Sus caricias son arrebatadoras y festivas. Él se divierte con la muñequita de la cuna. Ella le quiere nada más verlo. Al nacer ella, él vuelve de la guerra. La primera impresión que ella recibe de él es profunda e inolvidable. Ella lo prefiere a las mujeres que habitualmente están a su lado. ¡Aquel olor suyo, aquellas manos fuertes y largas, aquella voz profunda!
>
> *Primavera sombría*
> Unica Zürn

La novela continúa narrando con la misma prosa sencilla, fría y distante, la infancia de su protagonista. Sus experiencias con el dolor físico y emocional llegarán después,
pero están sembradas desde estas primeras líneas —esa
barba que pincha, esas botas que crujen—. Aun así perma-
necen soterradas bajo el sentimiento de amor y admiración
de la niña —la voz es fosca pero cálida, las caricias son
arrebatadoras pero festivas—.

—El miedo
En este caso uno de los más clásicos miedos: a la oscuridad. Es una de las escenas iniciales de *Manhattan Transfer*, cuando Ellen es aún pequeña y su madre la deja sola
en casa por la noche —fijémonos en la progresión de los
párrafos largos: cómo el primero está plagado de descripciones y sensaciones, cómo en el segundo se manifiestan
las emociones de la niña hasta llegar al tercer párrafo donde
todo se mezcla—.

Apagó la luz del gas; las sombras salieron de los rincones y unieron sus alas, enlazándolas.
—Buenas noches, Ellen.
La raya luminosa de la puerta se estrechó al salir
mamá, se estrechó lentamente hasta quedar como un
hilo. La cerradura crujió, los pasos se alejaron por el
vestíbulo, la puerta de la calle se cerró de golpe. El tictac
de un reloj en algún rincón del cuarto silencioso. Fuera
del piso, fuera de casa, ruedas, galopar de cascos, voces que se pierden. El estruendo aumenta. Todo negro
menos los dos hilos de luz como una I invertida en el
ángulo de la puerta.

Ellie hubiera querido estirar las piernas, pero le daba miedo. No se atrevía a quitar los ojos de la L invertida en el ángulo de la puerta. Si cerraba los ojos la luz se iría. Detrás de la cama, entre las cortinas de la ventana, dentro del armario, debajo de la mesa, las sombras le hacían muecas. Ellie se apelotonaba apretando su barbilla contra las rodillas. La almohada estaba llena de sombras, las sombras se deslizaban, se le metían en la cama. Si cerraba los ojos, la luz se iría.

De la calle un fragor negro subía en espirales, se filtraba a través de las paredes haciendo palpitar las sombras enlazadas. Su lengua chasqueaba entre los dientes como el tictac del reloj. Sus brazos y sus piernas estaban rígidos; el cuello, rígido también; iba a gritar. Gritar hasta ahogar el estruendo de la calle, gritar para que papá la oiga, para que papá vuelva a casa. Tomó aliento y gritó más. Para que papá vuelva a casa. Las sombras se tambaleaban y bailaban. Las sombras daban vueltas y más vueltas. Entonces se echó a llorar. Sus ojos se llenaron de lágrimas ardientes, tranquilizadoras, que rodaban por sus mejillas hasta las orejas. Dio una vuelta y lloró, con la cabeza hundida en la almohada.

Manhattan Transfer
John Dos Passos

El escenario parece cobrar vida; al principio despacio, como algo casi normal —las sombras salen de los rincones, las cerraduras crujen, los rayos de luz se estrechan—. Estas primeras amenazas son advertidas por los sentidos, en especial el oído en el primer párrafo —todo lo que alude el narrador corresponde a un sonido, estamos a oscuras—. Y la vista cobra su importancia porque se focaliza en ese rayo luminoso; la tensión va en aumento porque la niña no quiere cerrar los ojos, no quiere prescindir de ese sentido. A partir del segundo párrafo las amenazas aumentan: las sombras «hacen muecas» y se van acercando hasta instalarse en su propia cama, lo que incrementa la sensación de agobio. Un *crescendo* hasta el último párrafo donde la niña ya solo desea gritar —las frases son cada vez más cortas—. Solo al final, después de llorar y gritar, es cuando se queda dormida.

—La angustia

En este caso extraída de un ejemplo del mismo cuento de Carson McCullers arriba citado. Hacia el final del relato la protagonista se enfrenta a la pérdida de esa maestría al piano que solía tener de niña. Veamos cómo el narrador reproduce el progreso en la emoción de la protagonista:

> Ella no podía mirar al piano. La luz le iluminaba el vello de sus manos extendidas y hacía brillar los cristales de sus gafas.
>
> —¡Todo seguido! —ordenó él—. ¡Vamos ya!
>
> Sintió que la médula de sus huesos se vaciaba y que no le quedaba sangre dentro. El corazón, que toda la tarde le había golpeado el pecho, lo sintió muerto, lo vio gris, blando y encogido por los bordes como una ostra.
>
> El rostro del señor Bilderbach parecía vibrar en el espacio delante de ella, acercarse al ritmo de las sacudidas de las venas de sus sienes. Evasivamente ella miró al piano. Sus labios temblaban como jalea y una oleada de lágrimas silenciosas hizo que las teclas blancas se le empañaran con una línea aguanosa.
>
> —No puedo —murmuró—. No sé por qué, pero no puedo. No puedo más.

«Wunderkind»
Carson McCullers

Hay una sensación física asociada a cada emoción de la protagonista. Lejos de ser precisas, se expresan mezclando elementos de ámbitos diferentes, dando lugar a sensaciones que no son ni siquiera posibles como tales —«sintió que la médula de sus huesos se vaciaba»—. El narrador no afirma solamente que la protagonista siente cómo se le encoge el corazón. La chica, además de sentirlo «muerto», lo ve —no es que solo lo sienta, lo ve desde fuera como si no fuera su propio corazón— «gris, blanco y encogido por los bordes como una ostra». Por último, la narradora pone en boca del personaje las siguientes palabras cuando intenta explicar lo que está sintiendo: «No sé por qué, pero no puedo». El personaje no sabe exactamente lo que está sintiendo, o tal vez no encuentra las palabras adecuadas para nombrar su emoción. Esa tarea queda del lado del lector que, si le es necesario, nombrará con sus propias palabras esa emoción.

—La envidia

En este fragmento Manuel, el narrador de *Skins*, cuenta cómo él y el Tercio —su compañero de calle— piden limosna en la puerta de la iglesia:

Lo sé porque aunque es muy generoso conmigo, al Tercio se le forman arrugas amargas en la frente cuando esa mujer se acerca a mí, me da la moneda grande y luego, sin asco ninguno, me toma de la mano entre sus manos y me saluda apretándolas. Ahora, en invierno, las lleva dentro de unos guantes que son más suaves que la piel de muchas personas. Yo entonces también sonrío y siento como si el volumen de aire de mi pecho se multiplicara por mil. Y me doy cuenta de lo poco que necesita un hombre para ser feliz. Y tengo que hacer esfuerzos para que no me salten las lágrimas de puro gozo. El brik de los temblores, una moneda grande, la caricia de unos guantes y una cara que sonría. Una sonrisa tenue, tímida, casi inexistente, pero que yo adivino, como adivino las arrugas de mal humor del Tercio, amargo.

Skins
Alfonso Fernández Burgos

Fijaos cómo el narrador va pasando desde lo sensorial hasta llegar a la emoción —esa euforia de tenerlo todo para ser feliz—, siempre envuelta y resguardada por términos concretos. Cierra con una enumeración basada en la repetición de los elementos físicos que produjeron las sensaciones poco antes. Y con esas arrugas, ya no amargas sino de mal humor —las hemos traducido en una emoción, pero solo después de saborearlas como amargas y vivir un poco el porqué de esa amargura—. Podríamos decir que los elementos concretos dibujan un perfil de la figura del personaje que se va rellenando, para llevarlo a la vida, con las emociones.

—La tristeza

A veces hay que poner en palabras exactas las emociones, no basta con sugerirlas de manera indirecta. Y qué mejores personajes para ello que los adolescentes. En este fragmento la voz narradora es del protagonista, encerrado con su familia en una estación de esquí:

Para empezar no había nieve, ni una gota, solo funcionaban el telemierda de los enanos y los cañones. El resto estaba pelado, reseco y marrón, y a mí me ponía tristísimo verlo así. Cada mañana me asomaba a la ventana del apartamento y me ponía de mala leche para todo el día. En serio, era horrible encontrarse con aquella montaña marrón, y los telesillas parados, y los charcos de barro negro que, día a día, iban sustituyendo a las manchas de nieve. Y por todas partes, fuéramos adonde fuésemos, no había más que gente amargada, con las vacaciones bien jodidas, gastándose la pasta de los *forfaits* en aquellas tiendas repugnantes llenas de adornos repugnantes, cuyos repugnantes dueños sonreían, qué remedio, y nos pedían que la enana dejase quietas las bolas de plástico del árbol de Navidad. No había nieve, no había nada, solo los seis encerrados en aquel apartamento minúsculo, los pedos de Guillermo, las rabietas de los enanos y la mala leche continua de los viejos. Los seis allí, aislados, pelando las uvas para que la enana no se atragantase mientras todo dios, en Madrid, en París, en todas partes, se lo pasaba de coña y brindaba con champán.

Mudanzas
Javier Sagarna

El ambiente que rodea al protagonista grita tanto como su voz: el exterior está «pelado, reseco y marrón» y la poca nieve que hay está tapada por «charcos de barro negro». Así es como se siente el protagonista por dentro. Dibujando un escenario acorde a las emociones internas —no solo del protagonista sino de las personas que le rodean: tanto los demás turistas, como los dueños de las tiendas, como su propia familia—, este narrador —en ocasiones «tristísimo»— no tiene problema en marcar con palabras clarísimas sus sentimientos.

11.2.3. LOS PENSAMIENTOS DE LOS PERSONAJES: LA MENTE RACIONAL

Y si a las personas los pensamientos abstractos pueden hacernos sentir una emoción, a los personajes también debería ocurrirles. Veamos un fragmento tan sensorial como todos los anteriores, pero con una intervención clara de la mente racional, en el que el personaje recuerda un sueño reciente:

> Esa noche soñó que se despertaba en los jardines del antiguo cauce, y que un individuo del que solo podía ver las manos, que eran grandes, sucias y con las uñas largas, la tenía agarrada por los brazos y por los pies, y le sobaba el culo. No sabía cómo podía inmovilizarla y al mismo tiempo manosearle el trasero. También veía las puntas de la manga de una chaqueta, que parecía de pana, y que olía a una mezcla de alcohol, orines e inmundicia. Cuando despertó supo que el olor era idéntico al de un mendigo que se apostaba siempre en la puerta de un supermercado, dos manzanas más allá de su casa. Se puso a llorar, sin saber si llamar o no a sus padres para decirles que acababa de ver al individuo en sueños, pero luego estuvo recapacitando, y se dijo que el sueño había sido culpa de haber estado leyendo morbosamente en Internet lo que no debía.

> *La ciudad en invierno*
> Elvira Navarro

El personaje narrador llega a través de los sentidos hasta una respuesta emocional inmediata y básica, para llegar a una intervención más racional sobre la situación. El personaje se hace real porque es el camino que hubiéramos seguido nosotros: siente de una manera parecida —desde los sentidos—, su cuerpo reacciona como lo haría el nuestro —tiene miedo, se echa a llorar— y finalmente deduce con su razón: recapacita y no llama a sus padres.

La misma progresión pero en sentido inverso puede advertirse en uno de los relatos de Tobias Wolff. El protagonista —un hombre de mediana edad, que se enzarza en una discusión con su mujer— evoluciona hasta que, al final, casi siente por primera vez su cuerpo, como si saliera de una anestesia:

> Cogió el cubo de la basura y lo sacó fuera. La noche era clara y pudo ver algunas estrellas hacia el oeste, donde las luces de la ciudad no las ocultaban. En *El Camino* el tráfico era ligero y constante, plácido como un río. Se avergonzó de haber permitido que su mujer le arrastrase a una pelea. Dentro de unos treinta años ambos estarían muertos. ¿Qué importaría entonces todo esto? Pensó en todos los años que llevaban juntos, en lo unidos que estaban y en lo bien que se conocían, y se le hizo un nudo en la garganta y apenas podía respirar. Sintió un hormigueo en la cara y en el cuello. Su pecho se inundó de calor. Se quedó allí un rato, disfrutando de esas sensaciones, luego cogió el cubo y salió por la puerta trasera del jardín.

En este fragmento Wolff nos conduce desde la vergüenza como respuesta a la situación que el hombre acaba de vivir hasta la explicación racional y lógica. Solo entonces aparecen las sensaciones físicas, como si esa emoción le produjera las sensaciones: nudo en la garganta, dificultad para respirar, hormigueos… Es más, el narrador marca claramente que el hombre se queda un momento quieto para disfrutar de las sensaciones —que en principio nada tendrían de agradables, salvo que uno lleve uno mucho tiempo sin sentir su propio cuerpo—. En palabras de Ángel Zapata, es como si el hombre adquiriese, en ese momento, «corporeidad». Continúa el relato de la siguiente manera:

> Los dos chuchos del final de la calle habían vuelto a volcar el cubo colectivo. Uno de ellos estaba revolcándose en el suelo y el otro tenía algo en la boca. Gruñendo, lo lanzó al aire, dio un salto y lo atrapó, gruñó de nuevo y sacudió la cabeza de un lado a otro. Cuando le vieron venir se alejaron con pasos cortos. Normalmente él les habría tirado piedras, pero esta vez les dejó ir.
>
> «Di que sí»
> Tobias Wolff

El narrador continúa con una escena descriptiva y, a través de una acción no realizada —esas piedras que no les arroja a los chuchos—, nos hace visible un cambio emocional —además del físico que acaba de marcar con esas sensaciones que tanto tiempo llevaba sin sentir—. Esta es la forma en el que se construyen las emociones en la ficción narrativa. Las novelas trabajan por acumulación ascendente, como una espiral hacia arriba: un personaje puede pasar varias veces por el mismo lugar emocional —aun sin que sea exactamente el mismo—, y cada vez abarcaremos una capa más de emoción o un matiz extra. Así deben construirse las novelas: hay que trabajar la evolución emocional de los personajes que tanto parten de los sentidos y los pensamientos como aterrizan en ellos.

11.3. EL MUNDO EMOCIONAL DEL LECTOR

Al abordar el mundo emocional del lector nos enfrentamos a un problema: cada lector es diferente y lo que sienta o deje de sentir tendrá muchísimo que ver con experiencias personales, cultura, nivel de concentración en la lectura, implicación en la misma, interés por la materia… Es decir, nunca podremos imponer al lector lo que debe sentir. Nuestro trabajo consiste en tender los hilos para que se vaya agarrando emocionalmente a unos y otros, para que esa historia le haga partícipe y reverbere en su interior.

Los efectos provocados por los sentidos, las emociones y los pensamientos, están por completo interconectados; un pensamiento puede provocar una emoción y una reacción física, y a la inversa. Tenemos, por tanto, que tener en cuenta las siguientes consideraciones sobre el papel de las emociones y su relación con el cuerpo y la mente racional:

Nuestro cuerpo tiene un papel mucho más importante de lo que muchos reconocemos en la generación de las emociones. El proceso comienza con la percepción que, como ya sabemos, implica la transmisión de información de los órganos sensoriales al cerebro, donde se crea una representación conceptual del objeto percibido. Sería entonces bastante natural suponer que, cuando el objeto ha sido percibido y reconocido, se produce una respuesta emocional, que a su vez genera una reacción física. En realidad, sucede exactamente lo contrario […] Es solo *después* de esta respuesta corporal que la parte analítica del cerebro interpreta estas reacciones físicas en términos de una emoción concreta. En otras palabras, no es que veas algo que te asusta, sientas miedo y luego salgas corriendo, sino que ves algo temible, empiezas a correr (a la vez que tu corazón se acelera y una oleada de adrenalina recorre tu cuerpo), y *luego* interpretas tu reacción corporal como miedo.

La alegría de vivir
Yongey Mingyur Rinpoché

Es decir, nuestro cerebro etiqueta las emociones solo después de haberlas sentido y que el cuerpo haya reaccionado. Aplicado a una historia de ficción y al efecto que produce en el lector, nos ayuda a entender por qué nos emocionamos cuando la narración nos hace sentir alguna cosa. Y por qué si el texto nos dice lo que debemos sentir, no funciona tan bien como si nos hace sentirlo. No hace ninguna falta que el narrador etiquete como «miedo» aquello que el lector debe reconocer como tal.

11.3.1. CÓMO LLENA EL LECTOR LOS HUECOS DE LA NARRACIÓN

Al igual que los buenos cómicos saben cuándo han de callarse para dejar que el público se ría, el buen novelista sabe administrar la información emotiva para ir dejando huecos que el lector llenará con su propia emoción. Así lo explica Virginia Woolf a raíz de la lectura de las novelas de Jane Austen:

> Jane Austen es (…) mucho más profunda de lo que superficialmente parece. Nos estimula a suplir lo que no está. En apariencia nos ofrece una futilidad, aunque está compuesto por algo que se expande en la mente del lector y dota las escenas que por fuera son triviales de la más duradera forma de vida. El acento siempre

recae en el personaje… Los giros y vueltas del diálogo nos mantienen en un ansioso suspense. Ciertamente nuestra atención se reparte entre el momento presente y el futuro… Aquí, en esa historia inacabada y generalmente inferior, se encuentran todos los elementos de la grandeza de Jane Austen.

The common reader: First Series
Virginia Woolf

Es decir, es el lector el que llena con su propia emoción lo que parece faltar en esos diálogos y escenas. Y para Virginia Woolf tal mecanismo narrativo es uno de los más grandes logros de Austen, que incluso trabaja el suspense con esos diálogos que aluden a futilidades que no son tales.

11.3.2. LO QUE SABEN LOS PERSONAJES, LO QUE SABE EL LECTOR

Proporcionar al lector más información de la que tienen los personajes es otra herramienta muy útil a la hora de provocar emociones, incluso contradictorias, en el lector. En el siguiente ejemplo el narrador está pegado a la protagonista, una adolescente llamada Antoinette:

La señora Kampf retrocedió unos pasos, salió y abrió la puerta por segunda vez. Antoinette se levantó con una lentitud desganada tan evidente que su madre apretó los labios con aire amenazador y preguntó:
—¿Le molesta a la señorita?
—No, mamá.
—Entonces ¿por qué pones esa cara?
Antoinette sonrió con una especie de esfuerzo laxo y penoso que deformó sus rasgos dolorosamente. A veces

odiaba tanto a las personas mayores que querría matarlas, desfigurarlas, o bien gritar: «Sí, me molestas», golpeando el suelo con el pie; pero temía a sus padres desde muy niña.

La manera en que sonríe Antoinette no solamente es un «esfuerzo laxo y penoso» sino una sonrisa que «deforma sus rasgos dolorosamente». A continuación, el narrador describe lo que siente la protagonista de una manera extrema —«querría matarlas, desfigurarlas»— y acompañada con movimiento —«golpeando el suelo con el pie»—. Todo ello rodeado de moduladores: no es que les odiara a veces, es que les «odiaba tanto». Es decir, el narrador describe emociones abstractas, pero siempre las complementa y arropa con detalles físicos, sensoriales. Sigue así:

En otro tiempo, cuando Antoinette era más pequeña, su madre la sentaba a menudo sobre las rodillas, la apretaba contra su pecho, la acariciaba y la abrazaba. Pero eso Antoinette lo había olvidado. En cambio, en lo más profundo de su ser conservaba el sonido, los estallidos de una voz irritada pasando por encima de su cabeza, «esta niña que está siempre encima de mí», «¡otra vez me has manchado el vestido con los zapatos sucios!», «¡al rincón, así aprenderás, ¿me has oído?, pequeña imbécil!». Y un día… por primera vez, un día había deseado morir. Ocurrió en una esquina, en medio de una regañina; una frase encolerizada, gritada con tal fuerza que los viandantes habían vuelto la cabeza: «¿Quieres que te dé un guantazo? ¿Sí?», y la quemazón de una bofetada. En plena calle.

El baile
Irène Némirovsky

Y casi podemos sentir cómo el personaje se estremece porque hemos venido sintiendo con ella todo ese torrente de contradictorios recuerdos infantiles. Nada más empezar esa retrospección donde la niña empieza a recordar todo aquello, lo primero que dice es que su madre tenía un lado tierno, que también la trató bien, la acarició y la abrazó… pero, qué mala suerte, el narrador afirma claramente que eso la niña «lo había olvidado». Este es el punto donde el narrador está dando más información al lector de la que tiene su protagonista, y muy dirigida a dibujar el sentimiento que debe despertarnos esa madre.

11.3.3. Emocionar por acumulación ascendente

La novela tiene una clara ventaja en relación con los textos cortos a la hora de provocar emoción en el lector. Y es que el autor dispone de más tiempo para volver una y otra vez sobre situaciones y ampliar información. Tal vez por eso sea tan difícil extraer ejemplos para ilustrar este punto, porque muchos de los fragmentos más emocionantes de la literatura no se pueden sacar de contexto, al menos sin renunciar al mismo efecto: el lector debe llegar a ellos después de haber leído todas las páginas anteriores.

Vamos a referirnos en todo caso a una novela corta muy conocida, *El coronel no tiene quién le escriba*, de García Márquez, para ilustrarlo: durante toda la novela el tiempo transcurre de una manera casi agónica. La narración está plagada de marcas temporales para que, en todo momento, el lector prácticamente pueda concluir en qué día y qué mes se sitúa: cuántos días han pasado desde la muerte del hijo, para cuántos días queda comida, cuántos días hasta la pelea con el gallo, cuantísimos días han pasado desde que el coronel espera esa pensión… Y página a página, gracias a la repetición de marcas temporales, a la evolución de la situación del coronel y su esposa hacia un extremo grave —al final de la novela no tienen nada más para vender, y aún quedan varios días para la pelea—, la emoción trabaja por acumulación. Es un efecto de bola de nieve: un poco más de tiempo, un poco más de hambre, un poco más de espera, un poco más de desesperanza.

11.4. EL MUNDO EMOCIONAL DEL ESCRITOR

Llegamos ahora al último eslabón de esta cadena con el tercer jugador de la partida literaria: el escritor. El novelista no es solamente una mente racional que estructura tramas, ni tampoco solamente unas manos que escriben o un corazón que sabe reconocer emociones y hacerlas surgir en otros; es todo ello, al mismo tiempo. Gran parte de este material está tan pegado a nosotros que, en ocasiones, es difícil de distinguir como tal. Porque no se trata de tomar la emoción y escribir desde ella, igual que no se trata tampoco de ignorar lo que sentimos o no sentimos en el momento de escribir. Veamos algunas pistas que pueden ayudarnos.

11.4.1. ESCRIBIR DESDE EL CUERPO: LOS SENTIDOS Y LAS SENSACIONES

En relación al cuerpo tenemos, como primer material, nuestros sentidos. Algunos autores coinciden en destacar dos o tres sentidos porque conectan más directamente con la infancia. Así lo recuerda Mercedes Monmany en el prólogo de uno de sus libros de entrevistas:

> Es conocida la teoría de Proust sobre esa obra oculta y silenciosa, que va trabajando en la clandestinidad, día a día, a costa nuestra y a nuestras espaldas: «Mientras que, tras la muerte de los seres, no queda nada, tras la destrucción de las cosas, más débiles pero más vivas, más inmateriales, más persistentes, más fieles, el olor y el sabor, a modo de almas, continúan aún durante mucho tiempo, acordándose, aguardando, esperando sobre las ruinas de todo lo demás, sosteniendo hasta desfallecer, sobre una pequeña brizna casi impalpable, el edificio inmenso del recuerdo».

Según Proust es «a modo de almas» como continúan el olor y el sabor en nosotros para ayudarnos a recordar. Siempre hay que darle la oportunidad al propio cuerpo para que se exprese. Al igual que las situaciones y experiencias de cada persona son distintas, lo son también las relaciones personales con el cuerpo. Igual que no es lo mismo escribir de pie que sentados, o tumbados, tampoco es lo mismo escribir a mano que en un teclado. Así describe Umbral la escritura desde el propio cuerpo, o más bien desde algún lugar más allá del mismo:

> Escribo por el placer de desaparecer. Es mi forma de transparencia. Todos hemos querido ser invisibles alguna vez. El éxtasis, la levitación. El mundo y la escritura se intercambian reflejos, luces, y yo estoy en medio, entre dos fuegos, desaparecido, sin peso. Un adelgazamiento súbito. Qué insoportables, luego, mis setenta u ochenta kilos.

> *Mortal y rosa*
> Francisco Umbral

El cuerpo está con nosotros y nos envía información. Siempre podemos volver al cuerpo cuando, en medio de un párrafo, nos atasquemos. Dejar que se exprese, darle voz a esas piernas que en ese momento de la escritura tal no dejan de moverse nerviosas, o dejar que hable ese punto de tensión que surge de repente en medio de las cejas. Como dice Marguerite Duras en *Escribir*: «No se puede escribir sin la fuerza del cuerpo. Para abordar la escritura hay que ser más fuerte que uno mismo, hay que ser más fuerte que lo que se escribe».

11.4.2. ESCRIBIR DESDE LA EMOCIÓN

Cuando vivimos una experiencia intensa y tenemos la costumbre de escribir, es probable que tengamos la necesidad de correr a contarla en un papel. Es igual de probable que el resultado, días después, no nos parezca el adecuado. Para hacerlo bien debemos, como decía William Wordsworth, volver a ello posteriormente, porque «el poema nace de la emoción revivida en tranquilidad». No podremos modelar bien la arcilla si tenemos las manos manchadas de agua y barro, ni podemos describir un incendio cuando estamos en el centro mismo del fuego.

Ocurre algo parecido con el trabajo de los músicos, como explica Lawrence Parsons en una entrevista: «Si soy músico y estoy tocando un concierto, no puedo estar demasiado implicado en la música emocionalmente, porque tengo que poner los dedos en el lugar correcto». El escritor debe tener el control de las emociones que está plasmando. Para poder emocionar al lector con la descripción de una manzana, el escritor tiene que haber, previamente, tragado, saboreado y digerido la manzana. Y, muchas veces, haberse alejado de ella:

> El arte no permite que lo veamos como refugio o sucedáneo de la vida; intentar que lo sea degrada tanto a la obra como a su creador. Pero, cuando nos hallamos en un estado de gran aflicción o depresión emocional y nuestro arte se niega a reconocernos, ¿qué habremos de hacer para mantener viva nuestra parte de escritor sin explotarla ni falsearla? […] En estos momentos, el diario puede ser un auténtico salvavidas, como afirmaba Kafka del suyo: «Tengo que esperar allí, es el único lugar donde puedo hacerlo». El acto diario de trasladar la realidad al lenguaje, en un dietario o un diario, o la modesta acción de registrar los sueños, mantiene abierta la puerta de regreso al arte.

Sobre el bloqueo del escritor
Victoria Nelson

Es decir, puede que no todos los momentos que atravesamos sean los idóneos para escribir esa novela que tanto nos toca por todas partes. Pero es bueno mantener los músculos de la escritura activos, para que cuando pasen esos momentos no cueste regresar a la tarea. Y es probable que en esta escritura de fondo se realice un trabajo de minería sin que nos demos cuenta de ello, sin que apliquemos un esfuerzo totalmente dirigido. Y, más tarde, de ese material en bruto, extraeremos diamantes.

11.4.3. Escribir desde la mente racional

Para cerrar esta radiografía del escritor y sus emociones como recurso literario tenemos que atender cómo trabaja la mente racional en el momento de la escritura. Esa que se encarga no solo de juzgar lo que estamos escribiendo, sino de juzgar lo que van a pensar los lectores. También es la que se encarga de recopilar, memorizar y ordenar la documentación o las decenas de características que decidimos listar del protagonista en lugar de ponernos a escribir. Si permitimos que la mente racional nos envíe toda esa información al mismo tiempo, no nos dejará trabajar. Un buen consejo para lograr escapar de esto consiste en escribir a toda velocidad: cuanto más rápidos seamos al escribir, menos oportunidades tendrá esa mente racional de inmiscuirse.

¿Y qué podemos hacer si el consejo de la velocidad ya no nos sirve? Tal vez sea, simplemente, una idea de seriedad, un cambio de actitud en la manera con la que vivimos la escritura. La solución pasa por lo que Victoria Nelson llama «devolución de los juguetes»:

> Una actitud mental […] que podría llevar por mal camino los intentos de lanzarse de cabeza del primerizo incauto es la falacia de «ponerse serio». […] Para su eterna perdición tales personas deciden que, a partir de ese momento, no deben ya jugar, sino escribir. Está decisión tiene un efecto claramente silenciador sobre esa otra parte de la persona que aún no desea otra cosa que seguir jugando. No quiere que se le envíe a la academia militar y se niega a cooperar en ese plan enloquecido. Tal es el mensaje que nos transmite en forma de bloqueo del escritor […]. No hemos de permitir a nuestro nuevo sentimiento de compromiso que cambie la naturaleza de lo que estamos haciendo ni que acelere artificialmente su crecimiento. Nuestra escritura se desarrollará con más naturalidad si resistimos de mo-

mento la tentación de imponernos la corona de escritor y continuamos considerándonos, sencillamente, como alguien que se dedica a jugar.

Sobre el bloqueo del escritor
Victoria Nelson

Lo cual no significa que no tengamos que ponernos algo serios, y dedicarnos con cuerpo y alma —y corazón—, a la escritura. Eso sí. Pero sin olvidar que todo es una cuestión de equilibrio, y que la manera más adecuada de afinar un instrumento de cuerda es dejarlo justo en el punto entre la tensión y la relajación: si la cuerda está demasiado tensa se romperá, y si está demasiado floja, no sonará. Con el instrumento afinado se puede, en cambio, deleitar al público —y a nosotros mismos—, con cualquier melodía.

ANEXOS

MIL METÁFORAS.
CONSEJOS PARA TERMINAR DE ESCRIBIR UNA NOVELA

Chiki Fabregat

Hay muchas metáforas que le sientan bien al proceso de escritura de una novela. Es, como se ha dicho ya desde el mismo prólogo de este manual, un viaje; es un barco en mitad de una tormenta; una especie de relación a largo plazo; es una semilla que regamos a diario y una partida de cartas; el juego del escondite y un secuestro mental. Pero el riesgo de metaforizar este proceso es que podemos caer en la idea romantizada de que el avance va a depender de algún tipo de azar o de destino, y que nosotros, autores y autoras, solo somos espectadores con escaso poder de decisión.

Y no.

Una novela es producto del trabajo de su autor, exclusivamente. Los aciertos y los errores son responsabilidad de quien escribe. No tienen cabida la suerte, las casualidades o el destino prefijado por algún dios caprichoso. Autores y autoras somos los únicos dioses —otra metáfora— y dueños absolutos de ese pequeño universo. El primer paso para que una novela salga adelante es que su autor o su autora se responsabilice del trabajo que tiene entre manos.

Hay días buenos y días malos; días de querer dejarlo todo y otros en los que sentimos que lo que hemos escrito es tan perfecto que hasta nos da miedo leerlo no vaya a ser que nos defraude. Pero hay también un primer momento en que todo es mágico. Cuando aparece *la idea*, nos sentimos invencibles. Luego, como hemos visto, la novela es necesario planearla. Y no solo se planean la trama, los acontecimientos y los arcos de los personajes: se planean la escritura, la rutina; los sacrificios que haremos para escribirla, las herramientas que utilizaremos y hasta el regalo que nos haremos al terminarla. Porque terminar una novela (no importa tras cuantos intentos) es un logro importante y hay que celebrarlo. Esa idea tan buena que tenemos en la cabeza para escribirla más adelante es solo humo. En cambio, la peor novela del mundo es un boceto sobre el que trabajar y es un proceso de aprendizaje.

Por una novela luchamos, nos esforzamos. Hay que estar enamorado de ella si queremos pasar un tiempo largo juntos. Si la abandonamos después de haberle dedicado tiempo no debemos considerarlo un fracaso, sino un escalón más en el proceso de aprendizaje. Los escritores somos muy dados a la tortura y la flagelación, a ponernos trampas para demostrarnos que, como ya sabíamos, no servimos para esto. No te hagas eso. Bastantes escollos vas a encontrar en el proceso de escribir una novela: no te conviertas en tu peor enemigo. Nuestra intención en este epílogo es identificar algunas de esas trampas —y brindaros los trucos para sortearlas—.

1. El kit de herramientas del novelista

Todo escritor, como el músico, el bailarín, el pintor o el cocinero, debe tener un kit propio de herramientas. Uno con el que le sea fácil trabajar y que le ayude a lograr su objetivo. Uno propio, como el cuarto de Virginia Woolf, que vamos construyendo novela a novela, proyecto a proyecto, poniendo en práctica los consejos que otros nos dan y las ideas que se nos ocurren para vencer las dificultades. Mi kit básico —el mío, que no tiene por qué ser el mismo que tú necesitas— se compone solo de tres elementos: pijama, gafas y cuaderno.

1.1. El pijama de escritor

Mis hijos ya son grandes, pero desde que eran muy pequeños los acostumbré a no molestarme cuando estaba frente al ordenador o frente a un cuaderno, *en pijama*. Ese pijama era un cartel de «no molestar». «Mamá está trabajando». Para escribir es bueno encontrar un espacio cómodo y —más o menos— solitario. Sobre todo esto último. No es fácil escribir con la televisión a todo volumen y la familia jugando al dominó y estampando fichas contra la mesa; pero si ese es el caso, hay que buscar forma de aislarse. Pero también necesitamos la colaboración de los que nos rodean. Por eso el pijama, *mi* pijama, sirve como advertencia a los demás y como recordatorio para mí misma. No es el momento de poner lavadoras, preparar desayunos, llamar a esa amiga que hace tanto tiempo que no veo. Es tiempo de escribir. De trabajar. El pijama es la metáfora. Es una prenda cómoda, como debe serlo el espacio y el tiempo de la escritura, pero es también un uniforme de trabajo. Reconocible para los míos y para mí misma. Porque muchas veces somos nosotros los que más boicoteamos nuestra escritura.

Busca tu propio *pijama*. Puede ser un cartel, una lucecita encendida sobre tu mesa o una rebeca vieja y desgastada. Una fotografía envejecida de Chéjov, como Raymond Carver. Algo que señale, para ti y para los que te rodean, que estás escribiendo. Y no olvides activarlo siempre que te sientes a trabajar en tu novela.

1.2. LAS GAFAS DE ESCRITOR

Las gafas no son una herramienta menos metafórica que el pijama: no me pongo unas gafas especiales para mirar el mundo. Pero sí decido *mirarlo* y hacerme preguntas como escritora. Porque en esa mirada y esa búsqueda están muchas de las soluciones que después va a demandar mi novela. Cada persona con la que me cruzo es un potencial personaje; cada sonido que escucho, un posible misterio; las conversaciones a medias, un drama —o una comedia—. Las historias están ahí: en la calle, en el metro, en el autobús, en el patio de vecinos o en la mesa contigua del restaurante. Tenemos que ser curiosos, buscar, mirar. La realidad es anodina y aburrida —la mayor parte de las veces—, pero en nosotros está convertirla en algo interesante. Solo tenemos que estar entrenados para encontrar ese algo que convierte una anécdota cualquiera en una buena historia.

Igual que el médico lo es veinticuatro horas al día y, si alguien se desmaya frente a él, no mira el reloj para saber si está en su turno de trabajo antes de atenderlo, considérate escritor a tiempo completo. Algunos lo llaman *trabajo blando*. Cada minuto que dediques a mirar, a preguntar, a imaginar, es tiempo dedicado a la escritura; y cada pequeña anécdota que ocurre a tu alrededor es una historia desmayada esperando tu atención.

1.3. El cuaderno de escritor

Las ideas para una historia, como decíamos, aparecen cuando menos las esperas: en el autobús, mientras conducimos, en la cola de la pescadería. Por eso es bueno llevar un cuaderno en el que anotarlas. Para mi generación son moleskines y bolígrafos, y para las más cercanas notas de voz en el teléfono. Pero este cuaderno ya no es ninguna metáfora. Al margen de soportes y dispositivos, es un objeto bien real —y tan imprescindible como el cuchillo del cocinero o las gubias del tallador—. Lo importante es tener un lugar donde registrar lo que vemos y lo que se nos ocurre a partir de lo que vemos para volver a ello más tarde.

Observa lo que te rodea, recuerda lo que has vivido, hazte preguntas ante cualquier cosa que te sorprenda, ante cualquier persona que te genere interés. No descartes ninguna idea, ninguna pregunta. No abandones el cuaderno ni la costumbre de anotar aunque hayas empezado a escribir. Es probable que en algún momento necesites volver a ello.

Los escritores tenemos amigos, familiares, conocidos que a menudo quieren demostrarnos su apoyo regalándonos ese cuaderno. Y no cualquier cuaderno, no: uno con tapas de cuero y remaches en las esquinas, con papel verjurado y ribetes en oro. Tan bonito que nos da reparo escribir ahí algo que no esté a la altura, hacer tachones, apuntar con mala letra.

Mejor busca uno baratito o a medio usar. Que no te dé miedo profanarlo.

2. LOS OBSTÁCULOS DEL ESCRITOR

En el proceso de escritura de una novela vamos a encontrarnos con muchos momentos en los que sentimos que vamos por el buen camino, que la historia avanza y que nada puede detenernos. En estos ratos, lo mejor que podemos hacer es disfrutar y cargar las pilas, regodearnos en el placer de sabernos escritores y seguir escribiendo. Pero también habrá momentos de desencanto; de frustración e inseguridad. En esos momentos en los que algo nos impide escribir, lo más sensato es identificar el problema y buscar formas para superarlo.

Muchos de esos obstáculos se resumen en uno solo: el bloqueo.

Si no existiera el bloqueo, empezaríamos a escribir un día y no pararíamos hasta terminar nuestra historia; pero ahí está, como un monstruo informe capaz de hacerse fuerte en nuestra debilidad y paralizarnos en cuanto le damos ocasión.

Hay tres momentos diferentes, por reducirlo a términos sencillos, en el proceso de escritura de la novela: pensar, escribir y corregir. Y cada uno de ellos tiene sus propios obstáculos y dificultades específicas. Tened en cuenta además que cada escritor tiene sus fortalezas y debilidades y encuentra soluciones para sus problemas: lo que vale para uno no siempre es útil para otro. Aprendemos por prueba y error, ponemos en práctica los consejos que nos dan quienes han escrito antes que nosotros, elegimos lo que nos ayuda y descartamos lo que entorpece. No es una lista de mandamientos escritos en mármol, sino una caja de herramientas para que seleccionemos las que nos sean útiles. Así que aquí va el primer consejo de este apartado: construye tu propio kit de herramientas a partir de la experiencia ajena.

2.1. Pensar no es escribir

La fase de gestación es la única del proceso de escritura de una novela que no tiene un resultado tangible e inmediato. La necesidad de demostrarnos que somos escritores nos empuja muchas veces a saltarnos esta fase de pensar y buscar ideas. Cada vez son más los retos de escritura en redes sociales, bibliotecas o grupos de escritores aficionados que marcan un número de páginas o de palabras como objetivo. Nos sentimos más escritores si escribimos mil palabras al día que si solo escribimos cien. Y, desde luego, más que si no escribimos ninguna porque estamos pensando, así que nos lanzamos a escribir una historia sin saber siquiera qué queremos contar.

Es posible que al principio funcione, que escribamos unas cuantas páginas de corrido y la sensación de éxito, de objetivo casi logrado, se apodere de nosotros. Pero llegará un punto en el que toparemos con una dificultad y no sabremos cómo seguir. Aquí es donde el cuaderno de ideas, las notas, el esquema de la historia, la escaleta con tramas y subtramas o los perfiles de los personajes —y muchas de las técnicas exploradas en este manual— pueden venir en nuestra ayuda.

Un calendario orientativo con fechas y objetivos para el primer borrador también puede ser útil. No es un contrato, solo sirve para que vayas comprobando cómo avanzas. Dale espacio a la planificación, no te precipites en empezar a escribir sin ese cuaderno de ideas bien nutrido. Considera ese período como parte de la escritura de la novela, como los preliminares antes de pedirle relaciones formales a la historia que vas a escribir.

2.2. La originalidad

Muchos escritores primerizos intentan contar la gran historia que no ha sido contada, inaugurar el estilo que nadie ha inaugurado y fundar una nueva corriente literaria. Lo cierto es que las ideas en sí mismas no valen gran cosa. Tan poco valen que no es posible registrar una idea en el Registro de Propiedad Intelectual, porque lo que marca la diferencia, lo que convierte una historia en única, es el resultado, el producto de nuestro trabajo y nuestra mirada, la forma particular en la que cada uno la cuenta y el traje impecable con el que la vestimos.

No busques la originalidad como fin en sí mismo. Antes de ponerte a escribir, repasa las novelas, series o películas que te han emocionado, las que te han provocado una reacción. Trata de dar con el porqué. Comprueba si lo que hace que esas historias sean especiales para ti es la idea central, el planteamiento, algún personaje, el tratamiento del tema, la voz del narrador... Y no pierdas esas notas porque puede que en algún bloqueo durante el camino te sirvan de ayuda.

2.3. El mito de la inspiración

Inspiración, musa, epifanía: podemos ponerle mil nombres. La escritura es un trabajo que no depende de un ser intangible que aparece a mitad de la noche para murmurarnos al oído una idea brillante. Algunas historias nos encuentran, pero también sabemos desde «La carta robada» de Poe que uno no encuentra lo que no está buscando. Si queremos encontrar la historia que nos acompañe durante meses o años más nos vale buscarla. Esperar el momento en el que llame a la puerta es una buenísima forma de no escribirla nunca.

2.4. Las expectativas

Tanto si se trata de la primera novela o si ya hemos escrito diez, todos sufrimos en algún momento el bloqueo fruto de las expectativas. Esperamos *tanto* de ese texto que estamos escribiendo, queremos que sea tan bueno, que antes de coger el bolígrafo ya sabemos que no lo lograremos y desistimos porque, total, para qué. En eso consiste el miedo al folio en blanco.

No te sientes a escribir nunca con la seguridad de que ese día, justo ese, vas a escribir algo tan bueno que será una parte importante de tu novela. Solo escribe con la esperanza de lograrlo. Y, cuando te bloquees, quítate las gafas de escritor y lee lo que has escrito como si no fuera tuyo. Desde el principio, subrayando todo aquello que genere una pregunta (*¿por qué lleva la camisa abierta?, ¿quién es el que observa desde la ventana?, ¿por qué eligieron para él ese nombre?*) y tratando de dar respuesta. Es muy probable que parte de la información que necesitas para continuar esté en tu cabeza, o estuviera cuando lo escribiste. Y, si no, es un buen momento para ponerla allí. Pero escribe. Escribe hasta que encuentres la respuesta que te provoque el deseo de seguir.

2.5. La procrastinación

Vivimos rodeados de estímulos placenteros. La televisión, la lectura, el cine, los amigos, ese juego de bolitas que llevamos en el móvil… Todos ellos nos proporcionan gratificación con poco esfuerzo. El placer de escribir, en cambio, requiere tiempo, energía, concentración, capacidad de gestionar la frustración. Es una batalla injusta ante la que nos rendimos muchas veces. Esa rendición es tan adictiva que dejamos de escribir para hacer cualquier otra cosa —incluso, como veremos, relacionada con la novela—, y así nace la procrastinación, el arte de postergar la escritura y fingir que lo hacemos porque estamos muy atareados.

Comprométete con tu novela, ponte un horario para escribir y respétalo como si fuese la promesa que le has hecho a alguien en su lecho de muerte. Pero no lo hagas de forma precipitada, medita sobre tus posibilidades y obligaciones. Sé realista sobre el tiempo que puedes dedicar a escribir y, una vez que lo decidas, no busques excusas. Si te bloqueas, cambia de problema. Relee lo escrito, corrige, escribe un monólogo de tu protagonista, resume su infancia, inventa una anécdota que no tenga nada que ver con tu historia, describe en detalle a un secundario que apenas ha aparecido... Y no te levantes de la silla ni despegues los dedos del teclado mientras dure ese tiempo de escritura.

2.6. La huida hacia la documentación

Muchas novelas necesitan documentación. Diría que todas, en mayor o menor medida. Antes de escribir o durante el proceso de escritura necesitamos saber cómo es un lugar, cómo funciona un sistema organizado, sea de gobierno o de préstamo de libros en la biblioteca, o cuál es la esperanza de vida de una especie. Y esa búsqueda de información se convierte a veces en un estupendo lugar al que escapar, una variante perfecta, porque no nos hace sentir culpables, de la procrastinación. Es bueno buscar la información que la historia necesita, siempre que no se convierta en un pretexto para dejar de escribir.

Cuando te surja la necesidad de recabar información, anótala —ya sabes, el cuaderno— y planifica una sesión de trabajo, dentro de ese horario que te has fijado para escribir, para buscarla. No dejes de escribir lo que tienes entre manos, no abras la puerta a la procrastinación no culpable, porque luego te costará cerrarla.

2.7. El refugio de la creación de mundos

En algunas novelas —sobre todo en las de fantasía o ciencia ficción— el autor crea un mundo por el que se moverán sus personajes en el que todo —la geografía, el sistema de gobierno, los seres que lo habitan, la cultura y costumbres— han de ser inventadas y sostenidas verosímilmente por el autor. En estas novelas se requiere un trabajo previo de creación de mundos o *worldbuilding* y que a menudo exige mucho tiempo. Crear mundos es divertido, es apasionante incluso, pero puede convertirse en otro lugar confortable en el que refugiarse de la escritura.

Hay otro riesgo añadido: creamos el mundo con tanto detalle, sabemos tanto e invertimos tanto tiempo y esfuerzo, que después no somos capaces de renunciar a lo innecesario y convertimos la novela en una suerte de enciclopedia sobre el mundo nuevo. Volcamos todo lo que hemos inventado y se lo ofrecemos al lector apabullándolo.

Anota en ese calendario que hiciste de la novela cuánto tiempo vas a dedicar a construir el mundo de la novela. Haz una lista de lo que necesitas conocer y cíñete a ella. Apunta las ideas nuevas que te surjan, pero no las desarrolles de momento. Solo cuando más adelante precises de alguna puedes dedicarle un tiempo y desarrollarla tanto como sea necesario; pero no te refugies en la construcción del mundo para postergar la escritura.

2.8. LA NECESIDAD DE CORREGIR

Corregir es la tercera fase en la escritura de una novela, aunque muchos autores corregimos y escribimos al mismo tiempo. Hay quien prefiere escribir sin fijarse en el sonido, las repeticiones, el ritmo…, y quien mima cada palabra antes de poner la siguiente, lo que ralentiza el ritmo de la escritura pero acorta los tiempos de corrección. No hay una opción mejor que otra. Elegir la forma en la que vamos a trabajar depende de cuánto nos moleste leer un texto sin terminar o de cuánta necesidad tengamos de vomitar toda la historia de la novela en un espacio corto de tiempo. Encuentra tu método. La primera novela suele ser de hecho donde el novelista construye su método de escritura, y encuentra su particular balance entre creación y corrección.

Déjate llevar por tu hábito de escritor. Si corriges más mientras escribes la novela que mientras escribes un relato, un artículo o cualquier otro tipo de texto, señala con tu propio código lo que necesite revisión y vuelve sobre ello más tarde. Marca en tu calendario con qué periodicidad vas a dedicar una sesión de escritura a la corrección y trata de ceñirte a ello.

2.9. LA PLANIFICACIÓN

Una buena escaleta es —casi siempre— la mejor forma de enfrentarse a la escritura de una novela. No a todos los escritores les gusta. Hay quien se aburre si ya sabe todo lo que va a pasar en la historia y picrde el interés; hay quien necesita escribir para pensar, para encontrar la historia. Pero en general, y especialmente si nuestra novela se apoya en la estructura clásica que hemos visto en los capítulos siete, ocho y nueve, escribir sin planificar suele ser una mala forma de enfrentarse a la novela. Podemos pensar que saltándonos la planificación llegaremos antes a la meta, pero es una creencia falsa —y peligrosa—. También hay quien piensa que en una escaleta debe aparecer absolutamente todo, y que una vez hecho ese trabajo escribir ya no tiene sentido. Nada más equivocado: la historia no existe hasta que no es contada por alguien. La planificación, incluso en aquellos casos en los que parezca menos necesaria, nos va a ayudar siempre al menos a entender mejor la arquitectura, el ritmo. A capturar en un vistazo el conjunto.

Así pues, planifica lo que vas a escribir. No descartes la escaleta por prisa o por pereza: si no la usas tardarás más, y te costará más esfuerzo terminar tu novela que si lo haces. Si lo has probado y te sientes incapaz, construye un modelo de escaleta menos exigente: un esquema mínimo de la historia con los personajes que intervienen y sus características y deseos. Una línea sobre la que escribir en orden cronológico lo que sí sabes que va a ocurrir, aunque aún no tengas la historia entera. Un esbozo del final. Todo ese trabajo estará en tu cuaderno cuando te bloquees, pero también se fijará en tu cabeza y te marcará la dirección en la que avanzar.

2.10. LOS PERSONAJES QUE SON PERSONAS

Una de las mejores formas de conocer a nuestros personajes, de no cometer incongruencias —como que en un capítulo tengan voz grave y, tres capítulos después, aguda— es pensar en alguien real cuando construimos ese personaje. Da igual si es el vecino del cuarto o el amor de nuestra vida. Aunque nos cueste, en este último caso, convertirlo en un personaje con defectos. Esa suerte de fidelidad y homenaje nos frena y, a veces, nos impide crear un personaje verdaderamente bueno, porque ningún buen personaje carece de defectos, aristas, complejidades.

Cambia algún rasgo de la persona en la que te has basado: el sexo, la altura, el color de pelo, el timbre de voz. Esto te ayudará a tomar conciencia de que se trata de un personaje y no de una persona. De *esa* persona.

2.11. EL DISFRAZ (TRANSPARENTE) DE LA PRIMERA PERSONA

Al narrar en primera persona algunos lectores pueden confundir al narrador con el autor, como si quien escribe se hubiese puesto un disfraz y se le vieran por debajo los zapatos o la tela fuese tan trasparente que no ocultara quién es. Este no es un problema del autor de un texto sino de los lectores. De algunos lectores, para ser justos. No debemos condicionar nuestra escritura por lo que un hipotético lector vaya a pensar. Nada mejor para enfrentar este miedo que escribir un relato breve desde la voz de un asesino en serie, un dictador o una estafadora sin escrúpulos.

Asume que escribes ficción y que quien no lo entienda tiene un problema de lectura que tú no debes asumir. Busca un rasgo del narrador que no compartas, busca todos los rasgos que no compartas si es necesario para convencerte a ti mismo de que no eres esa persona. Pero nunca lo hagas para convencer a otros. Los textos se exponen al lector despojados de explicaciones.

2.12. LOS PERSONAJES EMANCIPADOS

Todos hemos oído alguna vez eso de que los personajes cobran vida y hacen lo que quieren. Es verdad que, durante el tiempo que pasamos enfrascados en nuestra novela, nos familiarizamos con la historia, con el espacio, con los personajes hasta el punto de creer que existen o que forman parte de nuestro día a día.

No hay nada malo en ello: ahí late el deseo de profundizar, que a su vez aporta verosimilitud a la escritura. Pero los personajes son eso: personajes. Están en la novela porque nosotros hemos decidido incluirlos o contar su historia. A veces el mismo subconsciente —porque tener la historia siempre en la mente hace que el motor creativo esté en marcha, aunque sea en segundo plano y busque soluciones sin que seamos conscientes de ello— nos aporta una buena idea, un giro, un cambio que mejora su redondez o la de la trama. No es malo jugar con la metáfora de los personajes como entes vivos y con capacidad de decisión; siempre que no nos escudemos en ella y no esperemos que, ante un problema, sean los personajes los que aporten la solución. Sé consciente de tu autoría en todo momento.

2.13. Las novelas que parimos

Todos hemos oído comparar una novela con un hijo. Es otra metáfora con muchas caras, el amor que sentimos por lo que estamos haciendo, el esfuerzo, el dolor con el que traemos al mundo la historia. Una metáfora que casi viene dada. Pero no, nuestros libros no son nuestros hijos.

Es una comparación peligrosa que se extiende y se acomoda en el idioma, en la expresión cotidiana. No parimos libros, los escribimos. El peligro de la comparación es doble. Por un lado, nos legitima para ofendernos cuando un lector critica la novela. Una crítica argumentada no es un ataque. Decía José Martí que hay un niño más bonito que ninguno en el mundo y lo tiene cada madre en su casa, y estoy de acuerdo. No esperes pues escribir la novela más bonita del mundo ni te ofendas cuando a alguien no le guste lo que has escrito.

Por otro lado, es una comparación acomodaticia. No está en nuestra mano que nuestros hijos sean más guapos, pero sí lo está hacer que nuestros personajes sean como queremos. Podemos mejorar sus voces, afinar una descripción para que no suene a otras veinte mil escritas antes. Y no negociamos. Con los hijos negociamos, porque no queremos que se equivoquen, pero es culpa nuestra que se equivoquen. Sí lo es en cambio que el narrador de la novela yerre. Somos creadores. Nuestra capacidad de crear, de emocionar, de contar una historia no puede verse limitada porque la novela nació así, porque tiene su personalidad y nuestra obligación es acompañarla en su desarrollo sin modelarla a nuestro gusto. Destierra de tu mente y de tu discurso la metáfora de la maternidad o paternidad y, de nuevo, sé consciente de tu autoría.

2.14. El aburrimiento

A veces nos aburrimos de escribir, nos cansamos de la historia en la que llevamos meses trabajando. Es normal. Es solo una consecuencia de sumergirnos en ese mundo y esos personajes y aparcar todo lo demás. Sentimos que estamos perdiendo la oportunidad de escribir otras historias. Y sí, a lo mejor ha desaparecido la chispa que nos provocaba el deseo de escribir esa novela. O a lo mejor solo es una fase de cansancio, de miedo a perder el tiempo.

No tires la toalla a la primera. Si te aburre lo que estás escribiendo, compagina la escritura de la novela con la de algo más. Puede ser un relato, ideas para otra novela, artículos para tu blog o entradas en redes sociales. Concédete un respiro, pero sin abandonar. Si al cabo de unas semanas sigues pensando lo mismo, que ya lo has dado todo por esa historia y te aburre, déjala dormir. Siempre la tendrás en una carpeta en tu ordenador o entre las páginas de un cuaderno cuando decidas volver.

2.15. El dolor de borrar (y despedirse)

Sea en una corrección final o en una simultánea a la escritura, a veces descubrimos que una frase que nos ha costado mucho escribir, una incluso que nos parece brillante, sobra en la novela. Puede ser una frase, un párrafo o un capítulo entero. El caso es que nos gusta tanto, y nos ha costado tanto dar con ella, que nos resistimos a borrarla. Y sigue ahí, revisión tras revisión. Pero hay que quitarla.

No la borres. Llévala al final del documento —o a un documento aparte en el que acumules frases o fragmentos que has ido quitando de la novela, pero de los que te cuesta despedirte—. La experiencia me dice que cuando termines el primer borrador ya no te importará y no verás la cicatriz; pero si me equivoco, si descubres que la novela era mejor con esas pocas palabras, puedes volver a ponerlas. Y, sobre todo, te permitirá avanzar sin dudar constantemente de si has hecho bien al quitarlas.

Hemos llegado al final de un listado de monstruos y consejos que, seguro, ampliarás a medida que vayas embarcándote en diferentes proyectos. Descubrirás obstáculos a los que yo no me he enfrentado y pasarás por encima de otros que a mí y a muchos escritores nos atormentan una y otra vez. Construirás tu proceso de escritura. Armarás tu propia caja de herramientas, pues escribir no consiste en mezclar ingredientes, batir y hornear. Escribir no es como hacer croquetas o pastel de puerros: no hay una receta. Celebrarás los éxitos. Te acostumbrarás a hacerlo con cada pequeño logro. Trabajarás la rutina del éxito, porque la del fracaso, la de los días oscuros, vendrá sin que la planees y así, al menos, compensarás esa fuerza que intenta arrastrarte hacia el abandono. Aprenderás a dar lo mejor de ti en cada proyecto. Porque de eso se trata, solo de dar lo mejor de uno mismo. No está en nuestras manos que la novela se venda, gane un concurso, encuentre lectores o se convierta en la sensación del año de un gran grupo editorial. De ti depende acabar la mejor novela que seas capaz de escribir. El resto es otro trabajo para el que también podemos encontrar mil metáforas.

BIBLIOGRAFÍA Y LECTURAS RECOMENDADAS

Bibliografía citada

Alas «Clarín», Leopoldo, *La regenta*. Espasa, 1999.
Ambler, Eric, *La máscara de Dimitrios*. El País serie negra, 2004.
Amis, Martin, *El libro de Rachel*. Anagrama, 2005.
Amis, Martin, *La flecha del tiempo*. Anagrama, 1993.
Anderson Imbert, E., *Teoría y técnica del cuento*. Ariel, 1991.
Anderson, Sherwood, *Winesburg, Ohio*. Acantilado, 2009.
Austen, Jane, *Orgullo y prejuicio*. Espasa, 2001.
Baquero Goyanes, Mariano, *Estructuras de la novela actual*. Castalia, 1995.
Baricco, Alessandro, *Seda*. Anagrama, 1997.
Benedetti, Mario, *La tregua*. Cátedra, 2005.
Benet, Juan, *Ensayos de Incertidumbre*. Lumen, 2011.
Bértolo, Constantino, *La cena de los notables*. Periférica, 2008.
Bioy Casares, Adolfo, *El sueño de los héroes*. Alianza Editorial, 2009.
Bolaño, Roberto, *Los detectives salvajes*. Anagrama, 2010.
Bowles, Paul, *El cielo protector*. Alfaguara, 1991.
Bradbury, Ray, *Zen en el arte de escribir*. Minotauro, 1995.
Buzzati, Dino, *El desierto de los tártaros*. Alianza, 2003.

Calvino, Italo, *Si una noche de invierno un viajero*. Siruela, 2012.

Calvisi, Daniel, *Story Maps. How to write a great screenplay.* Act Four Screenplays, 2012.

Caren Gussoff, «Escenario y ritmo: estoy, ergo soy», en Gotham Writer's Woorkshop (Alexander Steele, ed.): *Escribir ficción*. Alba, 2012.

Carver, Raymond, «Intimidad», en *Tres rosas amarillas*. Anagrama, 2000.

Cather, Willa, *Mi enemigo mortal*. Alba, 1999.

Cela, Camilo José, *La colmena*. Edaf, 2002.

Cercas, Javier, *Anatomía de un instante*. Debolsillo, 2010.

Cercas, Javier, *Soldados de Salamina*. Tusquets, 2001.

Cervantes, Miguel de, *Don Quijote de la Mancha*. Ed. del Instituto Cervantes, Crítica, 1999.

Cheever, John, *Cuentos completos*. RBA, 2012.

Chéjov, Antón, *Sin trama y sin final*. Alba, 2007.

Chesterton, Gilbert Keith, *El hombre que fue jueves*. Losada, 2008.

Chirbes, Rafael, *Crematorio*. Anagrama, 2010.

Christie, Agatha, *Asesinato en el Orient Express*, RBA, 2011.

Codes, María José, *Intriga y suspense. El gancho invisible*. Alba, 2013.

Coetzee, J. M., *Juventud*. Mondadori, 2004.

Coetzee, John Maxwell, *Desgracia*. Debolsillo, 2003.

Conrad, Joseph, *El corazón de las tinieblas*. Alianza, 2012.

Conrad, Joseph, *El duelo*. Alianza, 2008.

Conrad, Joseph, *La línea de sombra*. Alianza, 2004.

Cortázar, Julio, *Cartas (Volumen II) 1937-1963*. Alfaguara, 2000.

Cortázar, Julio, *Rayuela*. Cátedra, 2010.

Dickens, Charles, *Grandes esperanzas*. Cátedra, 2004.

Dinesek, Isak, *Memorías de África*. Alfaguara, 2002.

Doctorow, E. L., *Homer y Langley*. Miscelánea, 2010.

Doctorow, E. L., *Cómo todo acabó y volvió a empezar.* Miscelánea, 2013.

Dos Passos, John. *Manhattan Transfer.* Mondadori, 2004.

Duras, Marguerite. *Escribir.* Tusquets, 1994.

Durrell, Lawrence. *Cuarteto de Alejandría.* Edhasa, 2012.

Ebenbach, David Harris, «Trama: una cuestión de enfoque», en Gotham Writer's Workshop (Alexander Steele, ed.): *Escribir ficción*. Alba, 2012.

Eco, Umberto, *El nombre de la rosa*. Lumen, 1988.

Egan, Jennifer, *El tiempo es un canalla*. Minúscula, 2011.

Emerson, Ralph Waldo, *Ensayos escogidos*. Austral, 1951.

Ernaux, Annie, *La ocupación*. Herce, 2008.

Fante, John: *Al oeste de Roma. Mi perro Idiota y La orgía*. Anagrama, 2007.

Faulkner, William, *Mientras agonizo*. Anagrama, 2012.

Fernández Burgos, Alfonso, *Skins*. Gens, 2009.

Field, Syd. *El libro del guión. Fundamentos de la escritura de guiones.* Plot, 2001.

Field, Syd, *El manual del guionista.* Plot, 1995.

Fitzgerald, Francis Scott, *El gran Gatsby.* Debolsillo, 2008.

Flaubert, Gustave, *Madame Bovary.* Planeta, 1984.

Flaubert, Gustave, *Querida maestra.* El olivo azul, 2009.

Forster, E. M., *Aspectos de la novela.* Debate, 1995.

Franzen, Jonathan, *Libertad.* Ediciones Salamandra, 2011.

Fuentes, Carlos, *Aura.* Alianza, 1994.

García Márquez, Gabriel, *Cien años de soledad.* Sudamericana, 1973.

García Márquez, Gabriel, *Crónica de una muerte anunciada.* Mondadori, 2000.

García Márquez, Gabriel, *El amor en los tiempos del cólera.* Mondadori, 1987.

García Márquez, Gabriel, *La hojarasca.* Plaza & Janés, 1979.

García, Eduardo, *Escribir un poema.* Ediciones y Talleres de Escritura Creativa Fuentetaja, 2003.

Gardner, John, *Para ser novelista.* Ediciones y Talleres de Escritura Fuentetaja, 2001.

Genette, G., *Ficción y dicción.* Lumen, 1993.

Genette, G., *Figuras III.* Lumen, 1989.

Genette, G., *Nuevo discurso del relato.* Cátedra, 1998.

Gotham Writer's Workshop (Alexander Steele, ed.): *Escribir ficción.* Alba, 2012.

Haddon, Mark, *El curioso incidente del perro a medianoche.* Salamandra, 2004.

Hammet, Dashiell, *Cosecha roja.* Alianza, 2004.

Hedges, Peter, *¿A quién ama Gilbert Grape?* Plaza & Janés, 1994

Hemingway, Ernest, «Los asesinos», en *Relatos,* Mundo Actual de Ediciones, 1975.

Hemingway, Ernest, *Ernest Hemingway on Writing.* Granada Publishing, 1985.

Hernández, Felisberto, *Cuentos selectos.* Corregidor, 2011.

Hesse, Herman, *Siddhartha.* Plaza & Janés, 1999.

Highsmith, Patricia, *El talento de Mr. Ripley.* Anagrama, 2019.

Highsmith, Patricia, *Suspense.* Anagrama, 2003.

Homero, *La Ilíada.* Ediciones Ibéricas, 1965.

Homero, *La Odisea.* Ediciones Ibéricas, 1965.

Iglesias, Karl, *Writing for emotional impact.* Wing Span Press, 2005.

Imízcoz, Teresa, *Manual para cuentistas. El arte y el oficio de contar historias.* Península, 1999.

James, Henry, *Los europeos.* Fontamara, 1980.

James, Henry, *Otra vuelta de tuerca.* Siruela, 2001.

James, Henry, *Washington Square.* Alianza, 2005.

James, P. D., *Todo lo que sé sobe novela Negra.* Ediciones B, 2010.

Jelinek, Elfriede, *Deseo.* Destino, 2004.

Kafka, Franz, *La metamorfosis y otros cuentos.* Siruela, 2011.

Kristof, Agota, *Claus y Lucas*. Libros del Asteroide, 2014.

Knight, Sebastian, *The Doubtful Asphodel*, Chatto & Windus, 1936.

Lahiri, Jhumpa, *Tierra desacostumbrada*. Salamandra, 2012.

Lee, Harper, *Matar a un ruiseñor.* Círculo de Lectores, 1969.

Lodge, David, *El arte de la ficción.* Península, 1998.

London, Jack, *La llamada de lo salvaje*. Nórdica, 2016.

Lorenzo Vime, Ángeles. *Curso de Narrativa. La técnica y el arte.* Vértice-books, 2013.

Lowry, Malcom, *Bajo el volcán.* Tusquets, 2013.

Machen, Arthur, *Un fragmento de vida*. Siruela, 1987.

MacLeod, Alistair, *Isla: Todos los cuentos*. RBA, 2011.

Mankell, Henning, *Pisando los talones.* Tusquets, 2009.

Mann, Thomas, *La montaña mágica*. Edhasa, 2009.

Martín Gaite, Carmen, *El cuento de nunca acabar*. Destino, 1982.

McCarthy, Cormac, *La carretera*. Mondadori, 2007.

McCarthy, Cormac, *Meridiano de sangre*. Mondadori, 2007.

McCourt, Frank, *Las cenizas de Ángela*. Maeva, 1997.

McCullers, Carson, *Frankie y la boda*. Bruguera, 1982.

McCullers, Carson, *La balada del café triste*. Seix Barral, 2009.

McEwan, Ian, *Expiación*. Anagrama, 2011.

McKee, Robert, *El guion. Sustancia, estructura, estilo y principios de la estructura de guiones.* Alba, 1997.

Melville, Herman, *Moby Dick*. Planeta, 1992.

Melville, Herman, *Bartleby, el escribiente.* Siruela, 1984.

Méndez, Alberto, *Los girasoles ciegos*. Anagrama, 2004.

Mendoza, Eduardo, *Sin noticias de Gurb.* Seix Barral, 1991.

Monmany, Mercedes, *Una infancia de escritor.* Xórdica, 1997.

Moravia, Alberto, *El tedio.* Mondadori, 2008.

Moravia, Alberto, *Los indiferentes.* Mondadori, 1973.

Muñoz Molina, Antonio, *El jinete polaco.* Seix Barral, 2006.

Murdoch, Iris, *El mar, el mar.* Lumen, 2004.

Mutis. Álvaro, *Empresas y tribulaciones de Maqroll el Gaviero.* Alfaguara, 2001.

Nabokov, Vladimir, *Lolita.* Anagrama, 2003.

Navarro, Elvira, *La ciudad en invierno.* Caballo de Troya, 2007.

Navarro, Justo, *Finalmusik.* Anagrama, 2007.

Nelson, Victoria, *Sobre el bloqueo del escritor.* Península, 1997.

Némirovsky, Irène: *El baile.* Salamandra, 2006.

Páez, Enrique, *Escribir, manual de técnicas narrativas.* SM, 2001.

Piglia, Ricardo, *Blanco nocturno.* Anagrama, 2010.

Pimetel Anduiza, Aurora, *El relato. Estudios de teoría narrativa.* Siglo XXI, 2005.

Plath, Sylvia, *La campana de cristal.* Edhasa, 1982.

Proust, Marcel, *A la sombra de la muchachas en flor.* Alianza, 1997.

Proust, Marcel, *En busca del tiempo perdido. Por el camino de Swann*. Alianza, 2000.

Robbe-Grillet, Alain, *Por una novela nueva*. Seix Barral, 1979.

Roth, Philip, Zuckerman encadenado. Debolsillo, 2011.

Rulfo, Juan, *Pedro Páramo*. Fondo de Cultura Económica, 1987.

Sabato, Ernesto, *El túnel*. Seix Barral, 1978.

Sagan, Françoise, *Buenos días, tristeza*. Cátedra, 1996.

Sagarna, Javier, *Mudanzas*. Gens, 2006.

Salinger, J. D., *El guardián entre el centeno*. Edhasa, 2001.

Salinger, J. D., *Franny y Zooey*. Alianza, 1987.

Sampedro, José Luis, *La sonrisa etrusca*. Debolsillo, 2010.

Sánchez Ferlosio, Rafael. *El Jarama*. Austral, 2012.

Sanz, Marta, *Black, Black, Black*. Anagrama, 2010.

Saramago, José, *Ensayo sobre la ceguera*. Alfaguara, 1995.

Segal, Lore, *En casas ajenas*. Xordica, 2020.

Seger, Linda, *Cómo convertir un buen guión en un guión excelente*. Rialp, 1999.

Stanislavski, Konstantin, *El arte escénico*. Siglo XXI, 2005.

Stein, Sol, *Stein on writing*. St. Martin's Press, 1995.

Steinbeck, John, *Las uvas de la ira*. Alianza, 2008.

Sterne, Laurence, *Tristam Shandy*. Alfaguara, 2007.

Stevenson, Robert Louis, *La isla del tesoro*. Anaya, 2000.

Stromdberg, August, *Teatro contemporáneo*. Bruguera, 1982.

Strout, Elisabeth, *Olive Kitteridge*. El Aleph, 2010.

Süskind, Patrick, *El perfume*. Seix Barral, 2001.

Swift, Jonathan, *Los viajes de Gulliver*. Espasa, 2008.

Tabucchi, Antonio, *Nocturno hindú*. Anagrama, 1985.

Thompson, Jim, *1280 almas*. Bruguera, 1980.

Tobias, Ronald B., *El guion y la trama*. Ediciones Internacionales Universitarias, 2004.

Tolkien, J. R. R., El Señor de los Anillos. Minotauro, 2002.

Tolstoi, León, *La muerte de Ivan Ilich*. Orbis Fabbri, 1982

Tomeo, Javier, *Diálogo en re menor*. Anagrama, 1998.

Truffaut, François, *El cine según Hitchock*. Alianza, 2010.

Twain, Mark, *Las aventuras de Huckleberry Finn*. Alianza, 2013.

Umbral, Francisco, *Mortal y rosa*. Planeta, 2003.

Vargas Llosa, Mario, «El narrador», en *Cartas a un joven novelista*, Planeta, 1997.

Vargas Llosa, Mario: *La ciudad y los perros*. Seix Barral, 1967.

Vian, Boris, *Los perros, el deseo y la muerte*. Tusquets, 1974

Villanueva, Darío, *Comentario de textos narrativos: la novela*. Júcar, 1989.

Villanueva, Darío, *Estructura y tiempo reducido en la novela*. Anthropos, 1994.

Wells, Herbert George, *La guerra de los mundos*. Anaya, 1999.

Wetzsteon, Ross, «Nabokov as Teacher». Triquarterly 17, 1970.

Wolff, Tobias, *De regreso al mundo.* Alfaguara, 1998.

Wood, James, *Los mecanismos de la ficción.* Gredos, 2009.

Woolf, Virginia, *The common reader: First Series.* Penguin Books, 2012.

Woolf, Virginia, *Diario de una escritora.* Ediciones y Talleres de Escritura Fuentetaja, 2003.

Woolf, Virginia, *La señora Dalloway.* Lumen, 2003.

Woolf, Virginia, *Las olas.* Cátedra, 2007.

Woolf, Virginia: *Orlando.* Edhasa, 1983.

Wright, Edward A., *Entendiendo el teatro.* Prentice Hall, 1959.

Yongey Mingyur Rinpoché, *La alegría de vivir.* Océano, 2012.

Yourcenar, Marguerite. *Memorias de Adriano.* Edhasa, 2009.

Zürn, Unica, *Primavera sombría.* Siruela, 2005.

Lecturas recomendadas

Amis, Martin, *La flecha del tiempo.* Anagrama, 1993.

Atwood, Margaret, *El cuento de la criada.* Salamandra, 2017

Bachmann, Ingeborg, *Malina.* Akal, 2008.

Ballester, Torrente, *Don Juan.* Punto de lectura, 2008.

Balzac, Honoré, *Eugenie Grandet.* Mondadori, 2013.

Buzzati, Dino, *Sesenta relatos.* Acantilado, 2006.

Camus, Albert, *El extranjero.* Alianza, 2003.

Casares, Bioy, *La invención de Morel.* Cátedra, 1998.

Doctorow, E. L., *Cómo todo acabó y volvió a empezar.* Miscelánea, 2013.

Duras, Marguerite, *El amante.* Tusquets, 2010.

Egan, Jennifer, *El tiempo es un canalla.* Minúscula, 2011.

Fante, John, *Al oeste de Roma. Mi perro Idiota y La orgía.* Anagrama, 2007.

Faulkner, William, *¡Absalon, Absalon!* Cátedra, 2008.

Faulkner, William, *El ruido y la furia.* Cátedra, 2005.

Goethe, Johann Wolfgang, *Las aventuras del joven Werter.* Cátedra, 2009.

Hedges, Peter, *A quién ama Gilbert Grape.* Plaza & Janés, 1994.

Hemingway, E., *El viejo y el mar.* Editorial Planeta, Barcelona, 1975.

James, Henry, *Retrato de una dama.* Mondadori, 2010.

Jelinek, Elfriede, *La pianista.* Debolsillo, 2011.

Kressmann Taylor, Kathrine. *Paradero desconocido.* RBA, 2008.

Kureishi, Hanif, *Intimidad.* Anagrama, 1999.

Mamet, David, *Oelana.* Cuadernos del Teatro Español, 2011.

Mann, Thomas, *La muerte en Venecia.* Edhasa, 2007.

Marai, Sandor, *El último encuentro.* Salamandra, 2006.

McCullers, Carson, *El corazón es un cazador solitario.* Seix Barral, 1989.

Poe, Edgar Allan, *Cuentos completos.* Páginas de Espuma, 2008.

Saccomanno, Guillermo, *El oficinista.* Seix Barral, 2010

Sartre, Jean Paul, *La náusea.* Alianza, 2010.

Sartre, Jean Paul, *Muertos sin sepultura.* Losada, 1999.

Shakespeare, William: *Tragedias.* Losada, 2008.

Sófocles, *Antígona.* Gredos, 2010.

Updike, John, *Corre, conejo.* Tusquets, 2010.

Ward, Jesmyn, *Quedan los huesos.* Siruela, 2013.

West, Rebecca, *El regreso del soldado.* Herce Editores, 2008.

Wilde, Óscar, *El cuadro de Dorian Gray.* Cátedra, 1992.

Zola, Emilé, *La bestia humana.* Capitán Swing, 2011.

BIOGRAFÍAS DE LOS AUTORES

Rubén Abella es doctor en Filología Inglesa y ha cursado estudios de postgrado en las universidades de Tulane (Nueva Orleans, Estados Unidos) y Adelaida (Australia). Su primera novela, *La sombra del escapista*, recibió en 2002 el Premio de Narrativa Torrente Ballester y con su segunda, *El libro del amor esquivo*, resultó finalista del Premio Nadal en 2009. En 2007 *No habría sido igual sin la lluvia* mereció el Premio Mario Vargas Llosa NH de Relatos, feliz incursión en el género del microrrelato que quedó revalidada en 2010 con *Los ojos de los peces*. Sus tres últimas novelas son *Baruc en el río* (2011), *California* (2015) e *Ictus* (2020). Su libro de relatos *Quince llamadas perdidas* ha sido galardonado con el Premio Kutxa. Compagina la escritura con la fotografía y la docencia. Ha impartido cursos y conferencias sobre diversas materias en universidades de todo el mundo y es profesor de la Escuela de Escritores y de la Universidad Pontificia Comillas de Madrid.

Elena Belmonte (Alcázar de San Juan, 1958) es autora de dos libros de relatos *Que hablen las farolas* (Ediciones Libertarias, 1998) y *Comamos algo*, (Gens, 2006); y de la novela *La época del agua*, (Editorial Mondadori, 2005). Como dramaturga es autora de las piezas breves: *Ventanas, Años de agua, Un tipo responsable, Nadie tiene la culpa, Molly mi Molly, No metamos a Dios en esto, Perséfone fuma, Mejor al aire, Sacar la basura, Campos de trigo, Diseño para la ira, De ayer, De noche sueño con tu mano, Humo en las flores, Que lo escuche el viento* y *Café con hielo*. Autora de las obras de teatro *Los vanidosos, Clara sin burla* —ganadora del Premio Textos Teatrales Villa de Pinto 2007 y del Certamen Nacional de Teatro José Baeza Clamares 2009—, *Baile de huesos* —ganadora del Premio Internacional Lázaro Carreter 2010—, *La herida* y *Humo en las flores*. Todas sus obras han sido editadas y representadas tanto en teatros españoles como extranjeros.

Isabel Calvo (Bilbao, 1951-2016). Licenciada en Bellas Artes. Ha desarrollado su actividad docente, en el campo de la escritura y la lengua, en España y Latinoamérica. Fue alumna del Taller de Escritura de Madrid, ha dirigido talleres de relato, escritura creativa y novela desde 1999 en Escuela de Escritores, donde fue coordinadora de temarios. Ha sido alumna de Víctor de la Concha, Ricardo Piglia, Bernardo Atxaga, Alessandro Baricco y Ray Loriga. Colaboró en la creación del Master de Narrativa de Escuela de Escritores, en el que impartió la asignatura de Literatura autobiográfica y autoficción.

Isabel Cobo nace en 1958 en Madrid. Es licenciada en Filosofía y Ciencias de la Educación por la UCM. Desde 1997, recibe formación en talleres de escritura con Isabel Cañelles, Ángel Zapata y Eloy Tizón. Desde 2007 ha impartido cursos de escritura creativa, relato y novela en la Escuela de Escritores de Madrid, donde ha sido también profesora en el Máster de Narrativa hasta 2021. Ha recibido el premio Luna de aire de poesía infantil, convocado por la Universidad de Castilla La Mancha en 2003, por *Versos para estar guapo*, publicado en 2004 y reeditado en 2006 en España y en 2010 y 2012 en México y Chile respectivamente. En 2007 publica la novela *Utilidades de las casas*, editorial Caballo de Troya. Es autora de los relatos publicados en *El gorrión lunar*, de la Colección Libros de la Micronesia, Ediciones De la Pulcra Ceniza, 2011 y los de *Galaxia Golosina*, en la misma colección, en 2009. En 2020 participa en la antología de poesía infantil *Aquí la tierra*, editorial Valparaíso.

María José Codes es historiadora del arte. Máster de Escritura Creativa por la ELDM, es autora de las novelas *Los intactos* (Pre-Textos, 2017, Premio Juan March de Novela Breve), *La peluca de Franklin* (Menoscuarto, 2014), *Control remoto* (Calambur, 2008, Premio Río Manzanares de novela) y de *La azotea* (El Brocense, 2009, Premio Cáceres de novela corta). Ha publicado relatos breves en varias antologías colectivas y ha recibido, entre otros, el premio del Club del Libro en Español de las Naciones Unidas. En ensayo ha publicado *Intriga y suspense. El gancho invisible*, en la Colección guías del escritor de Alba editorial (2013) y en poesía *Conservar al vacío* (Trea, 2020). Colabora con el Instituto Cervantes de Madrid y escribe para las revistas *Ámbito Cultural*, *Turia*, *Revista de Letras*, *El genio maligno* y *La manzana poética*.

Chiki Fabregat es escritora de Literatura Infantil y Juvenil y profesora de escritura. Dirige el departamento de LIJ de la Escuela de Escritores, donde imparte cursos tanto para adultos como para niños y adolescentes. También imparte cursos de animación a la lectura para profesores y maestros en colegios, institutos y Centros de Formación de Profesorado y colabora en la coordinación del posgrado de Especialización en la Enseñanza de la Escritura Creativa fruto de una colaboración entre la Escuela de Escritores y la Universidad de Alcalá. Ha publicado la trilogía *Zoila* (premio Inmortales de Herencia) y la novela *Cuando la luna llora*, con la editorial Edebé, ambas de literatura juvenil, y las novelas infantiles *Trece días para arreglar a papá*, con la editorial Diquesí, y *La segunda piedra más rara del mundo*, con la editorial Edebé. Ha sido finalista del premio Edebé en tres ocasiones y ha obtenido el Premio Gran Angular 2021 con la novela juvenil *El cofre de Nadie*.

Ignacio Ferrando (Trubia, Asturias, 1972) es autor de las novelas *Referencial* (Tusquets, 2019), *La quietud* (Tusquets, 2017), *Nosotros H* (Tropo, 2015), *La oscuridad* (Menoscuarto, 2014) y *Un centímetro de mar* (Alberdania, 2011) que obtuvo el Premio Ojo Crítico de RNE y el Premio Ciudad de Irún. También ha publicado los libros de relatos *La piel de los extraños* (Menoscuarto, 2012; Premio Setenil 2013), *Sicilia, invierno* (JdeJ, 2009) y *Ceremonias de interior* (Castalia, 2006; premio Tiflos 2006). Su trabajo ha sido reconocido con galardones como el Premio Internacional Juan Rulfo, el premio Gabriel Aresti, el NH Mario Vargas Llosa, el premio de narrativa de la UNED, el Hucha de Oro o el Ciudad de San Sebastián, entre otros. Sus textos han sido incluidos en varias antologías y libros colectivos, entre ellos *Siglo XXI. Los nuevos nombres del cuento actual* (Menoscuarto, 2010), *Madrid, Nebraska* (Bartleby ediciones, 2014), *Perturbaciones* (Salto de página, 2009) y *Un nudo en la garganta* (Trama editorial, 2009). Como docente, ha impartido conferencias sobre escritura y lectura crítica en la Universidad de Turín, el CSIC, el Orivesi College of Arts (Finlandia), Creativa Schrijven (Bélgica), Universidad Complutense (Madrid), Universidad de Alcalá o la Escuela de Escritura del Ateneo barcelonés, el Liceo Italiano en Madrid, entre otros centros. Actualmente es el jefe de estudios del Máster de Narrativa de la Escuela de Escritores de Madrid, donde además imparte talleres de novela, relato y lectura crítica.

Alejandro Marcos (Madrid, 1986) es licenciado en Periodismo y ha formado parte de la Primera promoción del Máster de Narrativa de Escuela de Escritores. En 2010 participó en el programa *Urban Storytelling* en Turín, donde escribió los textos de la exposición *No Shelter* que aúna textos con fotografías (a cargo de Jaime Alekos) sobre un refugio subterráneo de la Segunda Guerra Mundial, y que se mostró en la Noche en Blanco de ese mismo año en Madrid, en Escuela de Escritores, y posteriormente en Scuola Holden de Turín y en Schule für Dichtung de Viena. En septiembre de 2012 y con motivo de las Olimpiadas Culturales celebradas en Inglaterra, participó en el evento internacional WEYA (World Event of Young Artists) en la ciudad de Nottingham. En julio de 2017 participó en el *II teachers training course* en Normandía organizado por la EACWP. Es, junto con Inés Arias de Reyna, creador y coordinador del itinerario de literatura fantástica, ciencia ficción y terror *Centauros más allá de Orión*. Su segunda novela, *El final del duelo*, fue publicada en 2015 por la editorial Orciny Press, y recientemente reeditada. En 2018 publica su tercera novela *Vendrán del este* (Orciny Press). Ha participado en varias antologías de cuentos de la misma editorial.

Fernando Maremar (F. M.) nació en Madrid en 1967 y es escritor. Entre su actividad literaria destacan los libros *Cuentos de X, Y y Z* (1997), *Ciclos* (2000), *El sentido* (2002), *Corazón* (2007) y *Mente* (2012), así como numerosos artículos periodísticos y relatos, algunos publicados en antologías como: *Páginas amarillas* (1997) y *Pequeñas resistencias: antología del nuevo cuento español* (2002). En su faceta cinematográfica ha escrito los guiones de *Trasmallo* (2003), *Hazme soñar* (2004); *Acaso yo* (2007) y *Objetivo Irak* (2005), que recibieron numerosos premios y galardones. Asimismo, ha publicado el libro *Cómo escribir el guion de un cortometraje* (2011). Imparte clases en la Escuela de Escritores de Madrid desde el año 2010, donde intervino en el diseño del programa *Itinerario de Novela*, del cual es profesor desde su implantación.

José Ovejero (Madrid, 1958) ha escrito poesía, ensayo, libros de viajes, cuentos, teatro y novelas. Sus obras han merecido numerosos premios, entre ellos el Ciudad de Irún de poesía 1993 por *Biografía del explorador*; Grandes Viajeros 1998 por *China para hipocondríacos*; Primavera de novela 2005 por *Las vidas ajenas*; Gómez de la Serna 2012 por *La comedia salvaje*; Anagrama de ensayo 2012 por *La ética de la crueldad* y el Alfaguara de novela 2013 por *La invención del amor*. Su último libro de relatos, *Mundo extraño*, ha recibido el premio Setenil 2019. Su última novela es *Humo*. Colabora frecuentemente con sus artículos y relatos en periódicos y revistas de España y de otros países y dirige *El Periscopio*, la sección de cultura de *La Marea*. Ha impartido cursos y talleres de escritura y pronunciado conferencias en universidades e instituciones de numerosos países, como Estados Unidos, México, Italia, Francia o Canadá..

Javier Sagarna (1964) es escritor y profesor de escritura creativa. Licenciado en Farmacia, director de Escuela de Escritores y presidente de la European Association of Creative Writing Programmes (EACWP), es responsable de la participación de Escuela de Escritores en intercambios pedagógicos a nivel internacional y en programas europeos como el proyecto CELA. Profesor de novela y relato breve desde 1998, tanto de forma presencial como a través de internet, así como de las asignaturas de Géneros Literarios y Proyectos Narrativos del Máster de Narrativa de Escuela de Escritores. Ha impartido clases en instituciones como la Universidad Nacional de Colombia, el Orivesi College of Arts (Finlandia), Scuola Holden (Italia), la Universidad de la Artes de los Países Bajos (ArtEZ), la Universidad Menéndez Pelayo, la Universidad de Alcalá o el Instituto Cervantes. Ha publicado la novela *Mudanzas*, la novela infantil *Rafa y la jirafa* y los libros de relatos *Ahora tan lejos* y *Nuevas aventuras de Olsson y Laplace*. Es colaborador del programa La Ventana de la Cadena SER.

Mariana Torres nació en Angra dos Reis, Brasil, en 1981, y actualmente reside en Madrid. Su libro de relatos, *El cuerpo secreto*, fue publicado en Páginas de Espuma en 2015. Es directora del cortometraje *Rascacielos*, estrenado en 2010. Diplomada en Guion por la ECAM y socia-fundadora de Escuela de Escritores, imparte clases regularmente. Forma parte de la Asociación Europea de Programas de Escritura Creativa (EACWP) y del proyecto CELA (2017-2019), coordinado por la institución holandesa Wintertuin. Ha sido seleccionada por el Hay Festival dentro de los 39 mejores escritores de ficción menores de cuarenta años en América Latina (Bogotá39-2017). Ha publicado relatos en varias antologías, entre las que destacan *Sólo Cuento* IX de la UNAM, 2017; *Nuevas voces de ficción latinoamericanas*, Galaxia Gutemberg, 2018 y *Aquelarre de cuentos*, Huso Editores, 2021.

Esta tercera edición de
Escribir novela.
Manual para novelistas
se terminó de imprimir
en septiembre de 2024